Treasures for Scholars Worldwide

广西古籍工作规划项目

杨东甫 杨骥 笺注

土官底簿笺注

广西师范大学出版社
·桂林·

土官底簿笺注
TUGUANDIBU JIANZHU

图书在版编目（CIP）数据

土官底簿笺注 / 杨东甫，杨骥笺注. -- 桂林：广西师范大学出版社，2024.5（2024.12 重印）

ISBN 978-7-5598-6822-0

Ⅰ.①土… Ⅱ.①杨… ②杨… Ⅲ.①官制－史料－中国－古代 Ⅳ.①D691.42

中国国家版本馆 CIP 数据核字（2024）第 049284 号

广西师范大学出版社出版发行

（广西桂林市五里店路9号　邮政编码：541004）

网址：http://www.bbtpress.com

出版人：黄轩庄

全国新华书店经销

广西广大印务有限责任公司印刷

（桂林市临桂区秧塘工业园西城大道北侧广西师范大学出版社集团有限公司创意产业园内　邮政编码：541199）

开本：710 mm × 1 000 mm　1/16

印张：21.5　　　字数：300 千

2024 年 5 月第 1 版　　2024 年 12 月第 2 次印刷

定价：118.00 元

如发现印装质量问题，影响阅读，请与出版社发行部门联系调换。

《〈土官底簿〉笺注》编委会

编委会主任　韦如柱

编委会副主任　方维荣

编委会成员（按姓氏笔画顺序排列）

　　　　　　　　韦如柱　方维荣　卢子斌　李珊珊

　　　　　　　　岑奕璇　何元凯　郑钦才　钟　奕

钦定四库全书

土官底簿卷上

雲南

雲南府安寧州知州

董節雲南府安寧州人叔祖董賜前本州世襲土知州洪武十四年投附十六年備馬赴京朝貢十七年正月授鶴慶軍民府世襲土知府節授安寧州世襲土知州十八年正月賜赴京謝恩改除雲南前衛世襲指揮僉

《土官底簿》四库全书本书影一

欽定四庫全書

土官底簿卷下

雲南

永平驛丞

李宗本縣馬站戶前元萬戶洪武十六年同土官楊陵等歸附總兵官擬充永平驛丞十七年實授故無子嫡長親姪李定備馬赴京進貢告襲永樂三年十二月奉聖旨著他去永平驛做驛丞只不世襲他若不志誠

《土官底簿》四庫全書本書影二

與他實授流官欽此十八年正月傳友德傅鶴慶府土
知府董賜原係安寧州知州有男董節見襲知州職事
今董賜朝覲到京退讓知州職事欽奉太祖皇帝聖旨
准他欽此本月又該兵科給事中陸景宣傳奉太祖皇
帝聖旨土官董賜男董節見做安寧州知州著他閑了
欽此已經行移欽邊年久叅照董節係是土官董賜姪
男比先冒作親男襲任安寧州知州後因董賜退讓知
府政除挦揮僉事已蒙欽依著令閑了到今十八年餘

《土官底簿》四庫全書本書影三

山井鹽井鹽課司副使

楊堅大理鄧川州浪穹縣民洪武十六年總兵官劉充本司土官副使十七年實授三十二年裁革調除廣南府花架驛驛丞未仕丁母憂起復永樂元年仍除山井鹽課司副使故正統元年男楊生奏襲祭係伊父故後十年之上方纔奏襲又不經由上司保勘行勘未報

順盪鹽井鹽課司副使

楊生大理府浪穹縣竈戶洪武十五年歸附總兵官擬

《土官底簿》四庫全書本書影四

明

（1368—1644）

太祖（朱元璋）	洪武（31）	1368
惠帝（朱允炆）	建文（4）*	1399
成祖（朱棣）	永乐（22）	1403
仁宗（朱高炽）	洪熙（1）	1425
宣宗（朱瞻基）	宣德（10）	1426
英宗（朱祁镇）	正统（14）	1436
代宗（朱祁钰）（景帝）	景泰（8）	1450
英宗（朱祁镇）	天顺（8）	1457
宪宗（朱见深）	成化（23）	1465
孝宗（朱祐樘）	弘治（18）	1488
武宗（朱厚照）	正德（16）	1506
世宗（朱厚熜）	嘉靖（45）	1522
穆宗（朱载垕）	隆庆（6）	1567
神宗（朱翊钧）	万历（48）	1573
光宗（朱常洛）	泰昌（1）	1620
熹宗（朱由校）	天启（7）	1621
思宗（朱由检）	崇祯（17）	1628

*建文四年时成祖废除建文年号，改为洪武三十五年。

前　言

中国古代文献浩如烟海,但其中与土司、土官相关的著述却不多。而在本就很少的相关文献中,《土官底簿》是极为独特的一种。

土官,循名责实,乃是"土著官员"之意。"土著"一词,并非如今天某些人所理解的那样有贬义,它只是一个中性词,是指世世代代居住在某地的人士,是相对于外来人士而言的。明张岱笔记《夜航船》卷二《地理部》:"土著,音'着',言着土地而有常居者,非流寓迁徙之人也。今人误读为'注'。"他说"土著"的"著"字要读如"着"音而不应读如"注",这是他的意见,今天并不遵从;但他对"土著"一词内涵的解释是对的,今天的权威解释仍是如此。如《现代汉语词典》就说"土著"即"原住民"。

从明代开始,出现了与"土官"相对而称的"流官"一词,指朝廷派往少数民族地区任职的官员。"流",意为"流动",不固定。正与土官的世代固定于某地不动形成对比。当然,土官与流官,区别并非简单的"流动与否"。

而"土司",则是与土官有着千丝万缕关系的另一个概念。"土司"与"土官"这两个概念,内涵相近但并不等同。《汉语大词典》称"土司"一个义项是:"亦称'土官'。元、明、清时期于西北、西南地区设置的由少数民族首领充任并世袭的官职";另一个义项是:"指土司官吏所辖少数民族聚居的地区。"实际上,还应该有第三个义项,即指这些土官所主管的土司机构,如长官司、土巡检司、土府、土州、土县之类。

土官,是历史时期的产物,当然也是政治制度的产物。

如何处理边远地区的少数民族问题,是中国自先秦以来中央政府都必须面对的重大政策考量。而历朝历代中央政府此类政策,虽然不尽相同,但归纳而言,大抵皆以"羁縻"为其核心。

所谓"羁縻",即在基本控制的前提下笼络怀柔。《史记·司马相如列传》:"盖闻天子之于夷狄也,其义羁縻勿绝而已。"《汉书·萧望之传》:"外夷稽首称藩,中国让而不臣,此则羁縻之谊,谦亨之福也。"两千多年前,这种政策就已出现。其实施要点是,将少数民族地区纳入国家版图,与内地一样在这些地区设立州县之类行政区划,以示这些地方都是国家领土的一部分。但是,中央政权并不实际参与这些地区的行政管辖,当地一切事务仍由原来那些部落酋长们管理,实际上仍近乎一个个独立王国。不过,这些原来的酋长们大抵都由中央政府授予新的官职,如知州、县令之类。

古代"四夷"之地,都可以理解为土著地区。其整体特点,一是地处边远,二是文明程度较低,经济文化落后。这些都意味着对其进行实际的本地治理是困难的,在古代尤其如此。虽然统治者们都在宣称"普天之下,莫非王土;率土之滨,莫非王臣"(《诗经·小雅·北山》)的观念,但对于所谓"四夷",即四方边境少数民族地区,中央政府一直是缺乏真正的管辖的。这并不是统治者不想管,而是因为他们力有未逮,鞭长莫及。但是,对一个统一的大王国而言,当然又不能让这些土著地区从国家版图分离出去。那么,折中而可行的"羁縻"政策就应运而生了。

从唐代开始,就专门有羁縻州县的设置。《新唐书·地理志七下》有《羁縻州》一节:

唐兴,初未暇于四夷,自太宗平突厥,西北诸蕃及蛮夷稍稍内属,即其部落列置州县。其大者为都督府,以其首领为都督、刺史,皆得世袭。虽贡赋版籍,多不上户部,然声教所暨,皆边州都督、都护所领,著于令式。今录招降开置之目,以见其盛。其后或臣或叛,经制不一,不能详见。突厥、回纥、党项、吐谷浑隶关内道者,为府二十九,州九十。突厥之别部及奚、契丹、靺鞨、降胡、高丽隶河北者,为府十四,州四十六。突厥、回纥、党项、吐谷浑之别部及龟兹、于阗、焉耆、疏勒、河西内属诸胡、西域十六国隶陇右者,为府五十一,州百九十八。羌、蛮隶剑南者,为州二百六十一。蛮隶江南者,为州五十一;隶岭南者,为州九十二。又有党项州二十四,不知其隶属。大凡府州八百五十六,号为羁縻云。

这些林林总总的羁縻府州县,数量近千,实际上就是后世土司土官的前身。真正的土官、土司制度,萌芽于元代,而在明代得到完善。这是前代的羁縻政策的延续与强化。

《明史·土司列传》阐述明代土司制度,有云:

> 迨有明踵元故事,大为恢拓,分别司郡州县,额以赋役,听我驱调,而法始备矣。然其道在于羁縻。彼大姓相擅,世积威约,而必假我爵禄,宠之名号,乃易为统摄,故奔走惟命。然调遣日繁,急而生变,恃功怙过,侵扰益深,故历朝征发,利害各半。其要在于抚绥得人,恩威兼济,则得其死力而不足为患。……尝考洪武初,西南夷来归者,即用原官授之。其土官衔号曰宣慰司,曰宣抚司,曰招讨司,曰安抚司,曰长官司。以劳绩之多寡,分尊卑之等差,而府州县之名亦往往有之。袭替必奉朝命,虽在万里外,皆赴阙受职。天顺末,许土官缴呈勘奏,则威柄渐弛。成化中,令纳粟备振,则规取日陋。孝宗虽发愤厘革,而因循未改。嘉靖九年始复旧制,以府州县等官隶验封,宣慰、招讨等官隶武选。隶验封者,布政司领之;隶武选者,都指挥领之。

这也是强调制度的政策核心"其道在于羁縻"。

《土官底簿》即为一种主要记载明代中前期南方土官土司世袭情况的文献，具有重要的文献价值。

《土官底簿》收录于《四库全书》中。根据四库馆臣所写提要和朱彝尊跋语，此书作者不详，原书藏于浙江海盐郑氏家。郑氏家藏本今天未见传世，所以存世的唯一原本就是抄录于《四库全书》的版本了。

《土官底簿》分为两卷，所记载的土官涉及云南、广西、四川、贵州、湖广、广东六省。但实际上，全书内容详于云南、广西两省土司，略于其余各省，如广东居然只有一家。这并非其余四省土官均少之故，因为明代四川、贵州两省土官为数亦众。

四库馆臣所写《土官底簿》提要云："所载云南百五十一家，广西百六十七家，四川二十四家，贵州一十五家，湖广五家，广东一家，共三百六十三家。"此所谓"家"，应当指土司机构。如"田州府知府""思明府上思州知州""上林县知县"（《土官底簿》中的各土官职名，皆不加"土"之修饰语，这是因为书名本就点明，本书所涉官职，皆为"土"官，无须特别说明），这就是三家。

但是，提要所列这一数据，无论是来自自己的统计还是依据朱彝尊跋语所云，显然有误。根据笔者的统计，全书所载土官家数为：云南144家（包括其中误入广西部分的两家），广西79家（含仅有机构名称和首任土官姓名之外没有其他内容的"嘉靖七年添设三十员"。又：广西本列81家，但其中两家属云南，排除），四川15家，贵州15家，湖广3家，广东1家。只有广东、贵州的数字相符，其余皆有出入，特别是广西数字差异较大。

那么，所谓"家"是否不指土司机构而是指所有土官、每个土官各算一家呢？这固然可以是一种假设，但问题是：如此一来，得出的数字又远高于提要的统计数据。同样不相符。

也许有人会认为，四库馆臣包括朱彝尊都是有名的学者，难道连这么简单的数字还会弄错？这可不一定。一般的数字统计，不需要高深知识，但需要细心、耐心。而且，正因为这是简单而枯燥的工作，知名学者往往不会亲力亲为，而是委托他人代做。而他人因为本非自己的事，又往往并不尽心，遂而致误。笔者多年前就曾遇到这样的事：《全元散曲》一书，编者为北京大学知名教授隋树森先生，书后附有该书《作品曲牌索引》，收218种曲牌；笔者因为要论及曲牌问题，而感觉这个统计可能有误，因而自己作了重新统计，结果发现全书总共用了473种曲牌，原统计数据漏收率竟达54%！此即一例。而这样的事情绝非孤例。

世袭，是明代土官土司制度最中心的内容，是这一制度的前提与基础，也是《土官底簿》的核心内容。它主要记载各土司机构的设置、承袭情况与相关的"圣旨"批复内容等。

推测起来，在被封建王朝"收编"之前，各少数民族酋长们也应该是实行实际上的世袭制。这是家族权力的延续，一方面是一种荣耀，另一方面也是保障自己生命财产的措施。千辛万苦征战杀伐而得的成果，应该不会拱手让人的。不过，这一点缺乏文献依据。同时，如果属实，那种世袭也不会是真正的制度，大约也多是对力量对比与血腥争斗结果的默认。

至于明代土司的世袭，则得到皇帝和朝廷的默认与实际支持，成为虽无法律明文但实际上毫无疑问存在并得到完全执行的隐形制度。如果大环境不改变，土司内部不发生变故，则土官的世袭几乎是"子子孙孙无穷尽也"。如广西思恩府王姓土官的白山土巡检司，建于明代嘉靖初年，直到民国初年才撤销，历时近四百年。

从《土官底簿》可以看到，土官死，其子女、孙辈、母亲、兄弟、叔伯、侄辈等皆可承袭，其顺序依亲疏程度包括嫡庶关系等定夺。不过，这些可能的继承者们，其姓名必须在呈报给主管官府作备查存根的"宗图"之内。所谓"宗图"，就是土官直系宗族图谱，记载着所有直系宗亲的姓名和辈分等。

土官的承袭者，并不限于男性，已故土官的妻子、母亲、女儿等皆有继承资格。当然，这种情况并不普遍。因为，男性继承者显然有优先权。女性继承者只有在实在找不到男性继承者，或者虽有男性继承者但因年幼之类原因无法履职的情况下才有机会。这些,在《土官底簿》中都能找到不少证据。

一、《土官底簿》一书,其文献价值是不可否定的

(一)《土官底簿》是最早的记载明代土官土司的文献,也是这一内容的唯一专门文献

明代之前,并无记载土官土司的专门文献。而涉及这一内容的明代文献,还有几种:刘文征的《滇志》中的《羁縻志》,应槚、凌云翼、刘尧诲等人的《苍梧总督军门志》,瞿九思的《万历武功录》,田汝成的《炎徼纪闻》。

从成书时间看:《土官底簿》数百篇短文,涉及时间是明洪武至嘉靖间。最晚为嘉靖十九年(1540),见《沾益州知州》篇:"嘉靖十九年二月,亲男安正,奉钦依,准令冠带就彼,到任管事。"它的成书时间基本上可以据此推定,不会迟于嘉靖十九年。而其他几种,没有任何一种成书在《土官底簿》之前:《万历武功录》成书于万历四十年(1612),《滇志》成书于天启五年(1625),均远在《土官底簿》之后。其余两种,《炎徼纪闻》成于嘉靖三十七年(1558);《苍梧总督军门志》则先成于嘉靖三十二年(1553),后补辑于万历九年(1581)。同样均在《土官底簿》之后。

所以,《土官底簿》是后世研究明代土官土司的时间最早而又最具集中性的文献。

从"专门"与否看:《苍梧总督军门志》《万历武功录》《炎徼纪闻》几种,都没有对土司土官的专章记载,相关内容是零散分布;《滇志》中的《羁縻志》虽属专章,但也只是志书中的一个部分。均非明代土官土司内容专书。唯有《土官底簿》,才能称为这方面的专书。

至于清代毛奇龄的《蛮司合志》以及《明史》《清史稿》和各相关地方志中的土司传志,既非明代文献,时代又远在《土官底簿》之后,也大多不能称为专书。

(二)《土官底簿》是相对最为可靠的明代土司资料

尽管《土官底簿》的文字还存在不少技术性错误(参见下文),但整体观之,瑕不掩瑜,它的权威性是不容置疑的。

《土官底簿》的作者情况,今天已无法得知。但从文献内容分析可以得知,作者很可能是朝廷吏部的下层人员,进一步说,他的工作,应与吏部的档案保管有关系。如此判断的依据是:

首先,文献中近三十次提到在"文选司缺册内查得"某土官职位的补缺等情况。例如:《石门关巡检司巡检》:"文选司缺册内,查得成化九年,除流官李隽。"《弥勒州知州》:"文选司缺册内,查得弘治六年十一月,改设流官讫。"《冯祥县知县》:"文选司缺册内,查得成化十八年改为祥州,土官李广,成化十一年袭知县,十八年升本州知州。"吏部是封建时代朝廷六部中极为重要的一部,主管全国官员的任免、考核、升降、调动等事;文选司是明代吏部的一个司,主管全国官员的选任等;缺册则是记录官职空缺及补任等情况的档案。毫无疑问,这样的档案资料,一般人或者说圈外人是很难看到的。而《土官底簿》的作者,很显然有条件随时阅读、抄写吏部的机密档案。如果他本人的工作与这些档案完全无关的话,那么这种情况是很难解释的。

再次,文献名本身也说明,此文献内容,就是源自官方档案。所谓"底簿",意为"存根""底册",指记录档案原始依据的簿册。这就直接证明了此文献内容的材料来源。

因此,可以肯定,此文献的材料源于国家级的原始档案,应具有相当高的权威性。

其次,虽然今天已无法得知《土官底簿》作者抄录成书的动机,但以常理推论,他没有理由随意改动那些档案的内容文字。别的不说,私下抄录官方档案本身就不是合法的事情,如果万一被发现还篡改内容,那可是罪加几等。他犯不着去做这种事。

据此,可以认为,《土官底簿》基本内容的可靠性,应是可以肯定的。

(三)《土官底簿》是研究土司史之必不可少的文献,对研究明代西南民族史、政治史等亦为有用史料

如上所述,《土官底簿》是关于明代土官、土司历史的时代最早的权威可靠的专门性文献,而中国土官、土司制度的真正形成主要就在明代,因此,它对于研究明代土官土司史乃至中国土官土司史的重要价值是不言而喻的。

举一例:明代土官世袭制的存在是得到公认、不可否定的(实际上其他朝代的土官亦应如此)。但是,明代土官的世袭究竟是约定俗成的现象,还是官方认可、有文字依据的条规? 这在其他文献中,未见到明确的诠释。清人毛奇龄《蛮司合志》谈明代土司世袭时有云:

> 按有明洪武初年,凡西南夷来归者,即用原官授之。而稽其土官、土兵及赋税、差役、驻防、守御之制,但定铨选,不立征调。其定铨选法,凡土官名号,曰宣慰司,曰招讨司,曰安抚司,曰长官司。初皆隶吏部验封,而后以土兵相制,半隶武选;每袭替,则必奉朝命。其无子弟者,即妻女皆得袭替。虽数年之后,万里之遥,亦必赴阙受职。迨天顺末,诏许土官缴呈勘奏,即与袭替。于是控制稍疏,动多自恣。至成化中,又有纳谷备赈急公补授之令,则规取日陋,离畔日生。虽孝宗发愤厘革,而正德以还,陋习未除。暨嘉靖九年,始毅然复祖宗之旧令。该府、州、县正贰、经历、巡检、驿传三百六十,隶验封;宣慰、宣抚、招讨、安抚、长官一百三十三,隶武选。其隶验封者,布政司领之;隶武选者,都指挥使司领之。文武相维,机权攸寓,细大相关,股掌易运。

毛氏也未说清土官世袭是否为朝廷明文规定,只是模模糊糊地说"每袭替,则必奉朝命。其无子弟者,即妻女皆得袭替"。

而在《土官底簿》中,就可以找到答案。

通览《土官底簿》即可发现明代土官袭替的一些规律：

所有土官的承袭，都必须由土官所在省份的长官联名上奏朝廷，这些长官一般以三司（布政使司、按察使司、都指挥使司）居多，也有抚按（巡抚、巡按御史）和镇巡（镇守太监、巡抚）。在非常情况下，也偶有由在该省实施军事行动的高级将领保奏者，但这并非常规，为数甚少。除了省级地方长官的保奏文书，还须附上经过官方认证的土官宗图，以证明被保举袭替者确为原土官的合法继承人。

在大多数情况下，奏请承袭的"准土官"必须备办进贡礼物（一般是马匹），亲自前往京城听命。

要求承袭的文书先由主管全国官员的吏部审核并签署意见（也有少数被归入军事性质的土司如宣慰使司之类的土官，由兵部处理），所签意见要明确该土官申请者是否具备承袭资格，吏部是否同意其袭职，根据何种理由。然后呈请皇帝核准定夺。

然而，有些滑稽的是，吏部签署的意见几乎全部都是：申请者虽然具备承袭资格，但其前任土官的任职批文并没有"准许世袭"的文字，不拟批准。而皇帝的圣旨也是几乎没有例外地准许袭职，而又都是几乎没有例外地注明"不世袭"。次次如此，花样依旧，大家心照不宣。此种例证俯拾即是。如：

《定远县主簿》：

男李英告袭。永乐十三年六月，奉圣旨："发回去，再着三司保勘将来。钦此。"勘回，永乐十七年二月，奉圣旨："着他做，只不世袭。不守法度时，换了。钦此。"故。男李祥保袭，本部查得不系世袭土官。宣德六年四月，奉圣旨："准他做，只不世袭。钦此。"故。成化二年，男李普照护应袭。查照伊祖父，节奉钦依，只不世袭。本年五月，奉圣旨："准他做，还不世袭。钦此。"故。庶长男李元珍，弘治十二年九月奉圣旨："着他做，还不世袭。钦此。"

《昆阳州易门县县丞》：

长男王忠保送，查得不系土官世袭，欲将本人发回原籍，为民当差。正统元年五月，奉圣旨："着他还做易门县丞，不世袭。但犯了法度，便革罢不叙。钦此。"故。三司会奏男王应麟应袭，查伊祖父节奏钦依不世袭。成化三年十一月，奉圣旨："着做县丞，不世袭。钦此。"故。正德十二年二月，布政司奏保亲男王臣应袭，查得祖来不曾开有世袭字样。奉圣旨："是。王臣着做县丞，不世袭。钦此。"

《赵州蔓神寨巡检司巡检》：

长男董祯，送部，查系不是世袭人数，难准。正统五年八月，奉圣旨："他是土人，也准他袭，只不世袭。若不守法度时，换了。钦此。"景泰二年，董祯照例纳米填注宣抚司经历，仍管蔓神寨巡检司事。风瘫，长男董琳告袭。成化三年十二月，奉圣旨："董琳准做巡检，不世袭。钦此。"故。

《左州同知》：

后有耆民人等周安等，随本官朝贺，告保同知黄胜爵升除知州。本部议拟不准。永乐元年正月，奉圣旨："他首先来朝，又有人保他，升做知州，只不做世袭。若不守法度时，换了。钦此。"故。男黄蕴亮年幼，宣德七年出幼，奉圣旨："准他做，只不世袭。钦此。"

那么，为何如此？这是一种统治权术，一种驾驭土官的方法。土官袭职必须有一套繁琐手续，而且要皇帝亲自批准，这就能让土官了解朝廷的威严和职位的来之不易，让他们更为小心地履职。圣旨上不准世袭与实际上准许世袭，也是同样的用意。规定不准世袭，就使土官有后顾之忧。倘若明文规定土官可以世袭，那么他们就不必请示而合法自行袭职，这不但令朝廷失去威权，而且容易生出乱子。至于实际上又准许世袭，这是有前提条件的，即每一次承袭都要重新申请，并得到皇帝批准。这就使土官感到，他们的袭职是皇帝的恩典，并非理所当然。

如此微妙的明代土官政策，以及数以百计的生动例证，在其他文献中是找不到的。

(四)《土官底簿》所载白话"圣旨"为其他明代文献所少见,即使作为语言学资料亦有价值

此文献载数百道明代皇帝圣旨,均为简短批文,但其文体都是纯粹白话文,这是值得注意之处。现存《皇明诏令》《皇明诏制》《明实录》等明代文献所载圣旨,全部为文言文,与《土官底簿》所载迥异。何以对土官的诏令如此浅白?其原因,想来一是受到不通文墨的元朝皇帝圣旨的影响,二是这可能原来是口头旨意,由相关朝臣照搬原话记下来的。不论怎样,这些白话圣旨都是研究元明语言的珍贵资料。

二、《土官底簿》一书,存在不少文字上的错误

当然,必须指出,《土官底簿》也有明显的不足。最重要的是存在不少技术性错误。

据笺注者的校勘结果,篇幅并不很大的《土官底簿》,原书中存在技术性问题的文字,超过一百一十处。

造成这些错误的原因可能有:一是作者(抄录整理者)文化水平不高,文字能力不强;二是时间可能有些仓促,因为抄录官方档案毕竟不是十分光明正大之事,不太能够像从事正式工作那样从容不迫;三是这些档案资料中可能有一些来自于土官的原奏报材料,那些文字本身就不高明。此外,作者的工作态度也稍欠严谨,一些很明显的错漏也没有检查发现纠正。同时,也不完全排除《四库全书》抄录者可能也有一些责任,因为《四库全书》文字也是存在不少问题的。

如果大致分类(很难做到类与类之间完全不交叉,分类只能是就其侧重点而言),那么,《土官底簿》原书存在的问题可以分为以下几类,每类各举数例为证:

(一)土司省域归属之误

例如:

1.《土官底簿》广西部分,有《广南府同知》和《宜良县汤池巡检司巡检》两篇。然而,无论是明代还是清代,广南府与宜良县均为云南省辖地。

《明史·地理志·云南》:"广南府,元广南西路宣抚司,洪武十五年十一月改置广南府。西北有牌头山,土人筑砦其上。南有西洋江,东南至广西田州府,入于左江。领州一。西北距布政司七百九十里。富州,元至元十三年置,属广南西路。洪武十五年改属府。东南有者鸥山,东北有西宁山。又东有楠木溪,至州南与南汪溪合,伏流十五里,东出于西洋江。西南有安宁州,东北有罗佐州,俱元至元十三年置,属广南西路。洪武十五年因之,后俱废。西距府二百里。"《明史·土司列传·云南土司》亦有类似内容。

也就是说,广南府之地,元代曾属广南西路,明初已改属云南。

至于宜良县,则与广西并无关系。《明史·地理志·云南》:"云南府,元中庆路。洪武十五年正月改为云南府。领州四,县九:……宜良,府东少南。东有大池江,一名大河,亦曰巴盘江。西有汤池巡检司。"

2.《土官底簿》四川部分,有《平乐府照平堡巡检司巡检》一篇。而所谓"平乐府照平堡",乃属广西地域。按平乐府,无论明代还是清代,都是广西的一个府。而"照平"为"昭平"之误,昭平是平乐府的一个县。《明史·地理志·广西》:"平乐府,元大德五年十一月置,洪武元年因之。领州一,县七。……昭平,府南少东。万历四年四月析平乐、富川二县地置,五年又析贺县地益之。东有五指山。又有漓江。又有思勤江,下流入于漓江。"今天广西仍有昭平县。

(二)土官亲属关系混乱

例如:

1.《阿迷州知州》:"普宁和,罗罗人。相继承袭阿迷州万户府土官。洪武十六年,赴京朝觐,授阿迷州知州。故。男普救告袭,二十年准袭。二十六年故。

嫡长男普誓,西平侯札付接缺管事。二十九年正月,奉太祖皇帝圣旨:'既是西平侯着他署事,与他实授。钦此。'故。男普宁,年二岁,未堪承袭。乡老告保普哲正妻沙保暂署州事,候普宁长成袭职。永乐二年十月,奉圣旨:'是,如今着沙保做知州,等他男长成时,着他袭。钦此。'回还,在途病故。把事耆老等告保普哲次女沙虚暂袭,八年四月,奉令旨:'先准沙虚做知州,等普宁长大袭职。敬此。'沙虚故,普宁先故。普显宗,系沙虚嫡长孙男,亦系普宁男。"

按:前文已说明,沙虚是普哲(文中又误为"普誓")次女,普宁是普哲之子,如此则沙虚与普宁乃是姐弟。后文说"普显宗,系沙虚嫡长孙男,亦系普宁男",如此则沙虚与普宁又成了姑侄关系。

2.《云南府安宁州知州》:"董节,云南府安宁州人。叔祖董赐,前本州世袭土知州。……参照董节,系土官董赐侄男。比先冒作亲男,袭任安宁州知州。"

按:前文说董节是董赐的侄孙,后文说董节是董赐的侄子。

3.《元江军民府知府》:"那直,百夷人,……洪武十五年,赍金牌文凭象马归附,拟土官。十六年赴京朝觐,实除。故。男那荣,二十年实授知府。为恶逆事,擒拿赴京。庶弟刀部,永乐十二年正月奏准袭。本年三月,保送嫡次弟那邦照勘。永乐十三年十二月,奉钦依:'那邦既是嫡孙,着他袭了,便着回去管事。庶孙刀部,且着在这里听候。钦此。'"

按:前文已说明,那荣为那直之子,而刀部与那邦皆为那荣之弟,如此则刀部与那邦两人亦为那直之子,后文却说"那邦既是嫡孙",无论说那邦是相关三人中谁的嫡孙,都不合逻辑。

4.《归德州知州》:"黄胜聪,本州在城籍。有兄知州黄安,丁未年病故。男黄碧,年方一岁,胜聪接袭。洪武二年实授知州。十三年,将印信交与黄胜妻岑氏收管,弃职。弟黄胜全,掌署州事。十九年,自愿逊职与祖父黄碧承袭。"

按:依文意,黄胜聪是黄安的弟弟,黄碧是黄安的儿子,则黄胜聪是黄碧的叔叔。而黄胜全是黄胜聪的弟弟,也是黄碧的叔叔,黄胜全不可能称黄碧为祖父。

（三）文字重复，叙事混乱

例如：

1.《（临安府嶍峨县）主簿》："堂弟王钦，正德六年五月，奉圣旨：'是，王钦准他袭。钦此。'故，绝。正德六年三月，保勘王锜同祖堂弟王钦应袭，查祖来不曾开有世袭字样。奉圣旨：'是，王钦准他袭。钦此。'"

按：同一段文字中两次记载王钦正德六年奏请袭职得到允准之事，且第一次在五月，第二次在三月。

2.《陆凉州知州》："正统六年十二月，杀贼有功，升府同知，仍管州事。嘉靖十三年闰二月，资徽奏乞承袭资曹原袭知州管理州事。正统六年，杀贼有功，升府同知职事，仍管州事。景泰六年，遇例纳粟，升宣慰司使副使，仍管州事。后革纳级。今袭府同知职事，仍管州事。奉圣旨：'是。钦此。'"

按：前文"正统六年，杀贼有功，升府同知职事，仍管州事"一节，与后文"正统六年，杀贼有功，升府同知职事，仍管州事"一节重复；"嘉靖十三年闰二月，资徽奏乞承袭资曹原袭知州管理州事"一节，应移至文末；末段"今袭府同知职事，仍管州事"一节，既重复又与其前后文字脱节。

3.《楚雄县主簿》："阿星，罗罗人，充本乡火头。归附，洪武十七年赴京，除楚雄府通判。故。……男普救，拟注本县主簿。洪武十八年十二月，奏准到任。故。……后保普救侄普故承袭，保送无布政司保勘公文，将普救发回。病故，保妻设札承袭。查得阿星男普救，已经拟注楚雄县主簿，令设札告，要承袭通判，难以准理，欲将设札仍授主簿普救职事。宣德五年四月，奉圣旨：'是。钦此。'"

按：上文已称阿星死后，其子普救请求袭职而得改任楚雄县主簿，洪武十八年（1385）到任，然后"故。男普鼎袭职。故"。后文又重复普救任主簿事，而又说普救患病，由侄子普济袭职。自相矛盾。

4.《冯祥县知县》："李德愈，思明府冯祥洞土人。洪武二十八年赴京，除授上石西州知州。故。男李寿贤，接管洞事。洪武元年归附，将本洞印记，差头目李处等赍赴总兵官交割后，各洞兵罢。洪武二年，授广西省冯祥洞知洞。"

按：前文称李德愆洪武二十八年赴京得任上石西州知州，那么此前他仍是冯祥洞主，他的儿子李寿贤怎么能在洪武元年（1368）接管洞事并在洪武二年（1369）任冯祥洞知洞？洪武元年归附、洪武二年任冯祥洞知洞的，应是李德愆而非李寿贤。

（四）事实之误

例如：

1.《备溪江巡检司巡检》："字白，大理蒙化州山外罗罗人。前充山外火头，洪武十七年投拜，总兵官拟充土官巡检，当年实授。二十二年，跟云南都司等官剿捕昆仑，被贼杀死。"

按：洪武二十二年（1389）无"剿捕昆仑"之事。此事发生在永乐二十二年（1424）。"剿捕昆仑"指永乐二十二年云南都指挥使李英等人越昆仑山征讨安定卫土酋哈三孙散哥之事。

2.《（楚雄县黑盐井巡检司）巡检》："樊子得，姚安军民府魏州人。"

按：魏州，应为"姚州"之误。明代姚安军民府辖一州一县，即姚州和大姚县。无所谓魏州。

3.《向武州知州》："（洪武）三十五年十一月，奉圣旨：'已前太宗皇帝时，有罪的人便罪了，饶了便是好人。……'"

按："太宗皇帝"应为"太祖皇帝"。洪武，是明太祖朱元璋的年号，总共只有三十一年，所谓洪武三十五年实际上是建文四年（1402，朱棣称帝后故意抹掉建文年号）。"太宗"是朱棣的庙号，建文四年他都还未做皇帝，何来"圣旨"？

4.《（北胜州）副同知》："长男章辅，该三司会奏应袭。成化二年十二月准行，令就彼冠带承袭。故，无嗣。因请择其近族承袭。奉圣旨：'是。钦此。'故。弘治八年十月，长男章宏，奉圣旨：'章宏准袭副同知。钦此。'"

按：前文已说章辅"故，无嗣"，后文又说"长男章宏"奉旨袭职。"无嗣"和"长男章宏"，二者必有一个是错误的。

（五）文字错漏

此类最多。例如：

1.《大理府洱西驿驿丞》："祖父张山，袭曾祖父职事，故。曾祖父洪武十五年首先归附，招谕人民复业。十六年，总兵官札拟在城驿土官驿丞，十七年实授。故。长山系嫡长亲男，备马赴京进贡告袭。"

按："长山"应为"张山"。

2.《（亦佐县）县丞》："本州地方人民，分拨陆凉、沾盘等州。"

按："沾盘"应为"沾益"。

3.《（镇南州）判官》："永乐元年正月，奉圣旨：'还着他做判官，不做世袭。若不守法度时，换了。钦此。'老疾，带男陈恭，赴京告替。洪熙元年六月，奉圣旨：'着他替。照太祖皇帝圣旨，还不做世袭。若不守法度时，换了。钦此。'"

按："太祖皇帝"应为"太宗皇帝"。（永乐帝朱棣庙号太宗，后改为成祖）

4.《姚安府土官》："奉清远伯王骥准，令高贤次男高贵袭土官知府。"

按："清远伯"应为"靖远伯"。靖远伯即王骥，官总督、尚书等，封靖远伯，他曾几次率军平定云南四川土司之乱。

5.《弥沙井巡检司巡检》："与同大军攻破邓州州等寨。"

按："邓州州"应为"邓川州"。

6.《潞江驿驿丞》："该三司会同总兵官木晟。"

按："木晟"应为"沐晟"。

例不赘举。

《土官底簿》唯一存世原版本出自《四库全书》，那么，照理说来，应该不至于存在这么多错漏。此点不难解释：首先，《四库全书》对所收数千种文献，除了少数被发现的"犯忌"的文字存在改动现象外（犯忌现象多的文献是不收的，严重者被下令禁毁），其他大抵都是原文照抄。所以如此。其次，《四库全书》编辑质量并非那么高。笺注者早年曾有专文论述，此处不赘。

本书名曰"笺注"而不称"校注",主要原因是没有其他版本作为校本。

此书原本仅有《四库全书》本,后来有一些抄本及1935年商务印书馆《四库全书珍本初集》影印本,全部以四库本作为底本。影印本固然没有校勘价值,抄本亦同。因为这些抄本全部是照抄《四库全书》本,无论抄对抄错,都不可以用来校正《四库全书》本,这是常识。

但是,事实上,笺注者对本书原文并非不校,而是有校勘的,写了将近一百二十条校语(以注释形式出之),上文所列原书错误,就是校勘结果的一部分。只是此种校勘并非依照其他版本校勘彼此异同,而是依据逻辑事理、事实、常识等作出正误判断,即所谓"理校"。

"笺注"虽然也可以理解为"注解",但严格说来,"笺"与"注"并不完全等同。"注"是就词解词,不作引申;"笺"则可以或者说需要对所注释的对象涉及的事实引申、铺展、比较,表示意见。《说文解字》:"笺,表识书也。"徐锴系传:"于书中有所表记之也。"段玉裁注:"郑《六艺论》云:'注《诗》宗毛为主,毛诗若隐略,则更表明。如有不同,即下己意。'注《诗》称笺,其意自明。"就是这个意思。

《土官底簿》原文虽有可靠的文献来源,但原文献内容本身是否完全合乎事实却不能贸然下结论,更何况抄本中文字多有抄录者自身所造成的错误。其间所涉史实,其他非专门文献中也多有记载,而且与《土官底簿》所载时有出入。此种出入,笺注时加以引申列举,间或做出初步判断,以此为读者提供一些相关文献资料和思路,想来对读者包括研究者或者不无裨益吧。

本书得到了广西少数民族古籍工作办公室(广西少数民族古籍保护研究中心)的出版资助。在此,对古籍办主任韦如柱先生的支持帮助谨表谢意!

杨东甫

目 录

土官底簿　卷上

云南 …………………………………………………………… 3

　云南府安宁州知州 …………………………………………… 5

　昆明县清水江巡检司巡检 …………………………………… 9

　赤水鹏巡检司土官巡检 ……………………………………… 12

　禄脿巡检司巡检 ……………………………………………… 13

　罗次县知县 …………………………………………………… 15

　炼象关巡检司巡检 …………………………………………… 17

　禄丰县南平关巡检司巡检 …………………………………… 18

　昆阳州易门县县丞 …………………………………………… 20

　大理府洱西驿驿丞 …………………………………………… 21

　大和县神摩洞巡检司巡检 …………………………………… 23

　金沙江巡检司巡检 …………………………………………… 24

　赵州定西岭巡检司巡检 ……………………………………… 25

　赵州蔓神寨巡检司巡检 ……………………………………… 27

德胜关驿丞	28
云南县知县	29
云南县主簿	31
安南坡巡检司巡检	32
你甸巡检司巡检	33
云南驿驿丞	34
邓川州知州	35
青索鼻巡检司巡检	36
邓川州浪穹县典史	37
师井巡检司巡检	38
十二关巡检司巡检	39
巡检	40
凤羽乡巡检司巡检	40
下江嘴巡检司巡检	42
箭杆场巡检司巡检	43
蒲陀崆巡检司巡检	44
顺荡井巡检司巡检	45
蒙化府知府	47
备溪江巡检司巡检	49
样备巡检司巡检	50
浪沧江巡检司巡检	51
蒙化府样备驿驿丞	52
云龙州知州	53
临安府嶍峨县知县	54
主簿	55
蒙自县知县	56

宁州知州	57
阿迷州知州	59
东山口巡检司巡检	60
曲靖军民府南宁县白水关巡检司巡检	61
亦佐县知县	62
县丞	64
沾益州知州	65
松韶铺巡检司巡检	67
陆凉州知州	68
马龙州知州	69
罗雄州知州	69
澂江府江川县关索岭巡检司土官巡检	71
新兴州铁炉关巡检	72
楚雄府楚雄县县丞	73
楚雄县主簿	74
本县土官巡检	75
定远县主簿	76
黑盐井巡检司巡检	77
巡检	78
南安州判官	79
广通县主簿	81
回蹬关巡检司巡检	82
回蹬关巡检司巡检	83
定边县县丞	83
镇南州同知	84
判官	85

英武关巡检司巡检 …………………… 86

镇南巡检司巡检 …………………… 87

沙桥驿驿丞 ………………………… 88

阿雄府巡检司巡检 ………………… 89

姚安府土官 ………………………… 90

姚州同知 …………………………… 92

普昌巡检司巡检 …………………… 93

鹤庆军民府知事 …………………… 93

在城驿驿丞 ………………………… 94

观音山巡检司巡检 ………………… 95

观音山驿驿丞 ……………………… 96

宣化关巡检司巡检 ………………… 96

剑川州弥沙盐井盐课司副使 ……… 97

弥沙井巡检司巡检 ………………… 98

顺州同知 …………………………… 99

武定军民府知府 …………………… 100

和曲州元谋县知县 ………………… 102

和曲州龙街关巡检司巡检 ………… 103

金沙江巡检司巡检 ………………… 104

巡检 ………………………………… 105

广西府知府 ………………………… 105

弥勒州知州 ………………………… 107

师宗州同知 ………………………… 108

元江军民府禾摩村巡检司巡检 …… 109

广南府富州知州 …………………… 110

永宁府知府 ………………………… 111

镇沅府知府	113
孟艮府知府	115
湾甸州知州	116
镇康州知州	118
威远州知州	120
孟定府知府	121
景东府知府	123
澜沧卫军民指挥使司北胜州知州	125
副同知	126
判官	127
宁番巡检司巡检	128
顺宁府知府	129
菠萝州知州	130
大侯州知州	131
巡检	134
干崖宣抚司经历司经历	134
干崖长官司古剌驿驿丞	136
永平县县丞	136
打牛坪巡检司巡检	138
打牛坪驿驿丞	138

土官底簿　卷下

云南 ……143

永平驿驿丞	145
山井盐井盐课司副使	146

顺荡盐井盐课司副使…………… 146

丽江军民府知府…………… 147

本府照磨…………… 149

通安州同知…………… 149

石门关巡检司巡检…………… 150

巨津州同知…………… 151

兰州知州…………… 152

宝山州知州…………… 152

腾冲驿驿丞…………… 153

元江军民府知府…………… 154

陇川宣抚司戛赖驿署驿事土官巡检…………… 156

晋宁州晋宁驿驿丞…………… 157

更山巡检司巡检…………… 158

鹤庆军民府知府…………… 158

寻甸军民府知府…………… 160

禾摩村巡检司巡检…………… 162

潞江驿驿丞…………… 163

金齿军民指挥使司水眼巡检司巡检…………… 163

甸头巡检司巡检…………… 164

南甸州知州…………… 165

罗卜思庄驿驿丞…………… 166

孟哈驿驿丞…………… 167

炼象关巡检司巡检…………… 167

楚场巡检司巡检…………… 168

楚雄府同知…………… 169

澂江府路南州知州…………… 170

易龙驿驿丞…………………………………… 171

维摩州知州…………………………………… 172

新化州摩沙勒巡检司巡检…………………… 172

广西 ………………………………………… 175

田州府知府…………………………………… 177

思明府上思州知州…………………………… 182

上林县知县…………………………………… 184

果化州知州…………………………………… 185

归德州知州…………………………………… 186

思恩军民府知府……………………………… 187

向武州知州…………………………………… 189

都康州知州…………………………………… 190

江州知州……………………………………… 192

罗白县知县…………………………………… 193

镇安府知府…………………………………… 194

归顺州土官知州……………………………… 195

思明府知府…………………………………… 196

冯祥县知县…………………………………… 198

忠州知州……………………………………… 199

下石西州知州………………………………… 200

思明府思明州知州…………………………… 201

思陵州知州…………………………………… 202

利州知州……………………………………… 203

太平府罗阳县知县…………………………… 204

永康县知县…………………………………… 205

陀陵县知县……………………………… 206

太平州知州……………………………… 207

龙英州知州……………………………… 208

安平州知州……………………………… 209

结伦州知州……………………………… 210

镇远州知州……………………………… 212

恩城州知州……………………………… 213

万承州知州……………………………… 214

都结州知州……………………………… 215

全茗州知州……………………………… 216

茗盈州知州……………………………… 217

上下冻州知州…………………………… 218

思同州知州……………………………… 219

左州同知………………………………… 220

龙州知州………………………………… 221

庆远府那地州知州……………………… 224

广南府同知……………………………… 225

宜良县汤池巡检司巡检………………… 227

南丹州知州……………………………… 229

东兰州知州……………………………… 231

奉议州知州……………………………… 232

泗城州知州……………………………… 234

田州府上隆州…………………………… 236

恩城州知州……………………………… 238

庆远府忻城县知县……………………… 239

崇善县知县……………………………… 240

太平府养和州知州 …………………………… 241

　　上石西州知州 ……………………………… 242

　　永平寨巡检司巡检 ………………………… 242

　　结安州知州 ………………………………… 243

四川 …………………………………………… 247

　　乌撒军民府土官知府 ……………………… 249

　　建昌卫军民指挥使司白水马驿土官驿丞 …… 250

　　建昌卫军民使司使司泸沽驿驿丞 …………… 251

　　乌蒙军民府知府 …………………………… 252

　　重庆府信宁巡检司巡检 …………………… 254

　　成都府茂州汶川县寒水巡检司巡检 ………… 255

　　芒部军民府知府 …………………………… 256

　　东川军民府知府 …………………………… 258

　　同知 ………………………………………… 259

　　判官 ………………………………………… 260

　　龙州宣抚司经历司知事 …………………… 260

　　天全六番招讨太平驿土官驿丞 …………… 262

　　平乐府照平堡巡检司巡检 ………………… 262

　　马湖府知府 ………………………………… 263

　　龙州知州 …………………………………… 264

贵州 …………………………………………… 265

　　婺州县知县 ………………………………… 267

　　县丞 ………………………………………… 268

　　都儒五堡三坑等处巡检司巡检 …………… 268

目录　9

贵州都司普安卫军民指挥使司安顺州同知……… 269
镇远府同知…………………………………… 270
镇远府通判…………………………………… 273
推官…………………………………………… 274
覃韩徧刀水巡检司巡检……………………… 275
新添卫新添长官司瓮城河土官巡检………… 276
宣慰司谷龙巡检司土官巡检………………… 277
的澄河巡检司巡检…………………………… 277
永宁州盘江巡检司巡检……………………… 278
普安州判官…………………………………… 279
黄沙渡巡检司土官巡检……………………… 280
思南宣慰使司司狱司司狱…………………… 281

湖广 …………………………………………… 283
永顺军民宣慰使司上溪州知州……………… 285
南渭州知州…………………………………… 286
施溶州知州…………………………………… 287

广东 …………………………………………… 289
广州府新设龙门县龙门巡检司土官副巡检……… 291

附录 …………………………………………… 293
附录一 《四库全书·土官底簿》提要 ………… 295
附录二 《土官底簿》跋 …………………………… 298

土官底簿　卷上

云南

云南府安宁州[1]知州

董节[2],云南府安宁州人。叔祖董赐[3],前本州世袭土知州。洪武十四年投附,十六年,备马[4]赴京朝贡。十七年正月,授鹤庆军民府[5]世袭土知府。节授安宁州世袭土知州。十八年正月,赐赴京谢恩,改除[6]云南前卫[7]世袭指挥佥事[8]。无子,奏准令节在闲操习听袭[9]。十九年四月,总兵官发放[10]随赐领兵富民县[11],杀贼董定,又招谕土官出降。二十二年,备马赴京朝贺。

赐有续生庶长男[12]董保,袭职,节原授职事奏夺[13]。尚衣监[14]官传奉钦依[15]:"说与吏部[16]知道:查得洪武十六年[17]正月,奉太祖皇帝圣旨:'云南土官来朝的,你吏部家与安庆侯[18]同王佐[19]指挥商议定夺,你每[20]来奏。钦此[21]。'会议[22]土官申保[23]等归附缘由节奏[24],太祖皇帝圣旨:'安宁土官董节,做本州世袭知州。鹤庆府知府董赐,与他实授流官[25]。钦此。'"十八年正月,傅友德[26]传:"鹤庆府土知府董赐,原系安宁州知州。有男董节,见[27]袭知州职事。今董赐朝觐到京,退让知州职事。钦奉太祖皇帝圣旨[28]:'准他。钦此。'"本月又该兵科给事中陆景宣[29]传:"奉太祖皇帝圣旨:'土官董赐男董节,见做安宁州知州,着他闲了[30]。钦此。'"已经行移钦遵年久[31]。参照[32]董节,系是土官董赐侄男。比先[33]冒作亲男,袭任安宁州知州。后因董赐退让知府,改除指挥佥事,已蒙钦依,着令闲了。到今十八年余,一向不曾告明改正。及董赐自有庶生男董保袭职,董节才称董赐侄男。又以先前征进有功,备马朝贺,仍求定夺知州原职。缘比先冒作董赐男,系在赦前[34],免问[35]外,所奏董赐世袭知府,查系流官;及查董节,止是着他闲了,亦无听袭缘由。所奏功迹,亦难稽考。又查董节革闲之后,已于洪武二十六年另除知州孙原祥赴任,为事故[36]。洪武三十三年[37],除授知州李志名在任。

永乐元年二月，奉圣旨："见任[38]的流官知州不动。这董节是土人，还着他做知州，一同管事，不做世袭。他若不守法度时，换了。钦此。"故男董福海备马赴京告袭，十一年四月奉圣旨："着他做，不世袭[39]，止终本身。若不守法度时，拿来废了。钦此。"洪熙元年，给诰命[40]，不世袭。老疾，三司[41]会奏，袭[42]长男董玉应替。成化元年，奉圣旨："董玉既保勘[43]明白，着他做，不世袭。钦此。"弘治十年[44]，患疾，长男董方应袭。十一年，奉圣旨："是[45]。董方还着他做知州，不世袭。钦此。"老疾。嘉靖元年，本部题[46]，工部咨开[47]、云南布政司呈送董方男董沂该袭缘由，并已完纳木价[48]印信，领状粘咨到部[49]，查得本舍[50]祖来不曾开有"世袭"字样。奉圣旨："是。准他袭。钦此。"

【注释】

[1]云南府：明代府名，属云南省，治所在今云南昆明。《明史·地理志·云南》："云南府，元中庆路。洪武十五年正月改为云南府。领州四、县九。"按明代云南有云南府、云南县。安宁州：明代州名，治所在今云南安宁。《明史·地理志·云南》云南府："安宁州，西有呀峻山，有煎盐水，设盐课提举司，辖盐井四。"

[2]董节：按本则不言董节为何人之子，而明刘文征《滇志·羁縻志》篇载其父为董通："安宁州土官董通，洪武中率众从傅颍国为乡导，供资粮。后元遗孽作乱，通保境拒之，乃录其子董节奉训大夫、安宁州土知州。设流以来，政归有司，每征调，则倩乡氓充行伍焉。今沿至应袭董九成。"

[3]叔祖董赐：此处称董节为董赐侄孙，与下文内容冲突。下文称"董节，系是土官董赐侄男。比先冒作亲男"。按：《明史·土司列传》篇称董赐为董节之父："洪武中，大军平云南，……置鹤庆府，以土官高隆署府事。十七年以董赐为知府，高仲为同知，赐子节为安宁知州、杨权为剑川知州。赐率其属来朝，贡马及方物，诏赐冠带并织金文绮、布帛、钞锭。十八年，以赐为云南前卫世袭指挥佥事。赐，安宁州人，世为酋长。大军入滇，率众来降，复从军讨贼有功，故与子节并有世袭知府、知州之命。"乾隆《云南通志·土司志·鹤庆土知府》则云："董赐，原系安宁土知州，明洪武开滇，俾署鹤庆府。传子仲，以同知授知府。沿至高伦，正统间以淫暴革除。"

[4]备马：筹备进贡朝廷的马匹。马匹是明代土司进贡朝廷的主要物品。

[5]鹤庆军民府：明代府名，治所在今云南鹤庆。《明史·地理志·云南》："鹤庆军民府，

元鹤庆路。洪武十五年三月为府,三十年十一月升军民府。"军民府:明代在少数民族地区设置的行政区划名,与一般的府有区别。

[6]除:授予官职。

[7]前卫:军事机构名称。明代在全国各地设置卫、所,作为军队驻防机构。

[8]指挥佥事:军官名。指挥使的副手。

[9]在闲:赋闲。即免去官职。操习:操练军事技能。听袭:准许他等候袭任董赐的指挥佥事之职。

[10]发放:命令;安排。

[11]富民县:明代县名,在今云南富民。《明史·地理志·云南》云南府:"富民,府西北。东有螳螂川,源自滇池,下流入金沙江。东南有安宁河。"

[12]续生:后来生的。庶长男:妾生的大儿子。

[13]奏夺:奏明朝廷免去。

[14]尚衣监:明代宫内官署名,太监掌管。

[15]钦依:皇帝的旨意。

[16]吏部:朝廷六部之一,主管全国官员任免、考课、升降、调动等事务。

[17]按:此处所载太监传达皇帝旨意之事,依下文"到今十八年余"之语推算,应在建文三年(1401),所传乃是建文帝朱允炆的旨意。明成祖朱棣篡位之后,处处抹杀建文朝的痕迹,此处故意不写其年号,即是一例。

[18]安庆侯:指仇成。仇成为元末明初江南含山人,明朝开国功臣,封安庆侯,当时镇守云南。

[19]王佐:未详其籍贯,明朝开国功臣,封顺昌伯。

[20]你每:你们。

[21]钦此:皇帝圣旨的收结语。

[22]会议:官员会同商议。

[23]申保:申请保留世袭。但此"申保"亦有可能是"董保"之误。

[24]节奏:摘要上奏。

[25]实授:正式授予。流官:由朝廷任命、管理的官员。因其有任职年限,与世袭土官不同,有流动性,故称流官。

[26]傅友德:元末明初凤阳府宿州人,明朝开国功臣,封颖国公,率军平定四川、云南。

[27]见:通"现",现在。

[28]钦奉太祖皇帝圣旨:此语不是傅友德之语,是《土官底簿》作者追述之语。因为傅友德被朱元璋所杀,他不可能称活着的皇帝为"太祖"。"太祖"是庙号,死后方有。

[29]兵科给事中:官名。属谏官。陆景宣:未详。按:此处陆景宣所称"奉太祖皇帝圣旨"亦为《土官底簿》作者追述之语。

[30]着他闲了:让他闲下来。即免去他的官职。

[31]已经行移钦遵年久:这道圣旨多年前已经执行。

[32]参照:核查;查实。

[33]比先:先前。

[34]系在赦前:是发生在颁布大赦令之前的事。

[35]免问:可以免除问罪。

[36]为事故:成为先例。指安宁州知州由土官改为流官一事。此句理解为该知州孙原祥因事去世亦通。

[37]洪武三十三年:朱元璋的"洪武"年号只有三十一年,所谓"洪武三十三年"并不存在。朱元璋死后,其长孙朱允炆继位,年号"建文"。建文四年,朱允炆被其叔父朱棣推翻。朱棣篡位之后,竭力灭去建文朝痕迹,不承认建文朝的存在,将建文朝四年算为洪武朝所有,以掩盖其谋反篡位之举。《明史·成祖本纪》:"秋七月壬午朔,大祀天地于南郊,奉太祖配。诏:'今年以洪武三十五年为纪,明年为永乐元年。建文中更改成法,一复旧制。'"即记其事,"洪武"年号由原来的三十一年延伸至三十五年。当然,此种荒谬之举得不到后世认可。所以,此处的"洪武三十三年",实即建文二年(1400)。

[38]见任:现任。

[39]不世袭:这是明代皇帝发布圣旨允准土司任职时所用套语,实际上都准许土司世袭,但文字上故作不允,以不留话柄,便于掌控。

[40]诰命:本指皇帝给官员家属某种称号的诏令,此处应指皇帝颁发给官员的任职命令。

[41]三司:明代一省之内设置的三个省级官署的合称。即:布政使司,主管民政;按察使司,主管司法;都指挥使司,主管军事。此处指云南三司。

[42]袭:此字疑衍。

[43]保勘:保举核查。

[44]弘治:明孝宗朱祐樘的年号。按:原文"弘"字缺末笔,是《四库全书》抄写者为避乾隆帝弘历之讳而改。以下全文"弘"字皆同此,不另出注。

[45]是:允许。

[46]本部:指吏部。题:署名上奏。文职土司的承袭事务归吏部处理。

[47]工部:朝廷六部之一,掌管全国工程、交通、水利等事务。咨开:开出证明文件。

[48]完纳木价:已交清应进贡木材的价钱。一些土司有向朝廷进贡木材的任务,但允许折价交钱充抵。指此。这一事务由工部负责,所以此处董氏土司在呈请承袭官职时,要有工部的相关证明。

[49]领状粘咨到部:各种文书整合粘贴,送到吏部。

[50]本舍:该土司本家。

昆明县清水江巡检司[1]巡检

李保[2],云南府昆明县人。永乐元年十一月,西平侯[3]取充通事[4],跟往车黑[5],抚谕土官刀暹答出官[6],将所占地方退还威远州知州刀弄党[7],及差[8]弟刀腊等赍[9]马匹方物[10]赴京谢罪,思得差委[11]。边方瘴疠[12],经涉[13]艰难。乞照洪武二十七年本县王四事例定夺。本部查得,先该兵部送到西平侯差送缅人入缅[14]回还通事王四,除授巡检,去云南附近处补缺,就差他。洪武二十七年六月,奏除授云南府安宁州罗次县炼象关[15]巡检司土官巡检。永乐二年四月,奉圣旨:"也除他本处做巡检。钦此。"当奏[16]本处巡检无缺,奉圣旨:"多设去[17]。着西平侯常州[18]差使他。钦此。"故。布政司咨长男李英永乐十四年[19]十二月袭。故。成化六年,三司会保[20]长男李安应袭。本年正月,题准行令就彼冠带替职[21]。故。奏保嫡次男李旻应袭。弘治五年十月,奉圣旨:"李旻准承袭。钦此。"

云南 9

【注释】

[1]昆明县:明代县名,在今云南昆明。清水江:地名,水名,明代属昆明县。今云南丽江亦有清水江。巡检司:明代土司机构名。其长官称土巡检。

[2]李保:此处载李保任昆明县清水江巡检司巡检,乾隆《云南通志·土司志·清水江土巡检》所载亦同。但《明史·土司列传·云南土司一》所载与此不同:"(宣德)八年,升南安州琅井土巡检李保为州判官。以乡老言:'本州俱罗舞、和泥、乌蛮杂类,禀性顽犷,以无土官管束,多致流移,差役赋税,俱难办理。众尝推保署州事,抚绥得宜,民皆向服,流移复归,乞授本州土官。'吏部言:'南安旧无土官,难从其请。'帝以为治在顺民情,从之。"据此,李保所任乃南安州琅井土巡检,宣德间又升任本州判。毛奇龄《蛮司合志》所载与《明史》同。

[3]西平侯:指沐晟。沐晟为沐英之子。沐英,字文英,明初凤阳府人,朱元璋养子,明朝开国功臣,封西平侯,任副帅领军平定云南,死后追封黔宁王,其子孙世代承袭其封爵留镇云南,直至明亡。沐晟继承其父西平侯爵位。

[4]通事:翻译官。

[5]车黑:应为"车里"之误。车里,地名,在今云南景洪。

[6]出官:到官府面见上级长官。

[7]将所占地方退还威远州知州刀弄党:车里土官刀暹答侵占威远州土官领地之事,《明史·土司列传·云南土司三》有载,其中,刀弄党之名作刀算党:"洪武十五年,蛮长刀坎来降,改置车里军民府,以坎为知府。坎遣侄丰禄贡方物,诏赐刀坎及使人衣服、绮币甚厚,以初奉贡来朝故也。十七年,复遣其子刀思拂来贡,赐坎冠带、钞币,改置军民宣慰使司,以坎为使。二十四年,子刀暹答嗣,遣人贡象及方物。二十八年,以赐诰命谢恩,予赐皆如例。永乐元年,刀暹答令其下剽掠威远知州刀算党及人民以归。西平侯沐晟请发兵讨,帝命晟移文谕之,如不悛,即以兵继。又以车里已纳威远印,是悔过之心已萌,不必加兵。晟使至,暹答果惧,还刀算党及威远之地,遣人贡马谢罪。帝以其能改过,宥之。"

[8]差:派遣。

[9]赍(jī):带着。

[10]方物:土特产。

[11]差委:委任官职。

[12]边方:边远地方。瘴疠:古人认为南方多瘴气,能使人得病,因瘴气所致的病泛称

"瘴疠"。

[13]经涉:经历跋涉。

[14]差送缅人入缅:缅,即今缅甸,明朝时归附中国,朝廷在该地设立土司机构"缅甸宣慰使司",属云南管辖。明刘文征《滇志·羁縻志》载其事较详:"缅甸军民宣慰使司,蛮名阿瓦。元世祖至元中,由吐蕃三讨之。后于蒲甘缅王城置邦牙等处宣慰使司。皇明洪武二十九年,始归附,立缅甸军民宣慰使司。永乐间,遣翰林张洪使其地。正统间,宣慰莽剌札系叛夷思任、思机,献于京师,益以地。嘉靖初,孟养思伦、猛密思真连兵侵缅,杀莽纪岁。缅目诉于朝,委官往勘,不听。本司金牌信符,贮永昌府库中。嘉靖中,纪岁枝子瑞体起洞吾,毒养父,有其地。已,计火得楞之弟兄,遂雄据之。东破缆掌,即老挝;西取土哑,即暹罗;攻景迈,服车里,囚思个,陷罕拔,号召三宣,为西南雄长,伪称为金楼白象召法补元莽哒喇弄。及瑞体死,应里继之。万历十一年,莽灼来归,应里怒攻之,灼奔腾越。应里以次子思斗莽肘者居之,而洞吾、猛别、雍会等处,悉授其弟侄守焉。其详别具本末。其疆,东至八百宣慰使司界,南至海,西至孟养界,北至猛密宣抚司界。自司东北,三十八程至布政司,转达于京师。其山曰小豹,江曰金沙,阔五里余,水势甚盛,缅人恃以为险。其俗柔诈剽悍。有屋庐以居,象马以乘,舟筏以济。其文字进上者用金叶写之,次用纸,次用槟榔叶,谓之'缅书'。男子善浮水,绾髻顶前,用青白布缠之。妇人绾髻顶后,不施脂粉。事佛敬僧,有大事,则抱佛说誓,质之僧然后决。其产象、犀、马、椰子、白毡布、兜罗绵。树类棕,高五六丈,结实如掌,土人以曲纳罐中,以索悬于实下,划实取汁,流于罐以为酒,名曰'树头酒'。或不用曲,惟取汁熬为白糖。其叶即贝叶,写缅书用之。石油自石缝流出,臭恶而色黑,可涂毒疮。古迹有:江头城,至腾冲十五日;太公城,在江头城南十日;马来城,在太公城南八日;安正国城,在马来城南五日;蒲甘缅王城,在安正国城西南五日。所谓'缅中五城'也。"《明史·土司列传·云南土司三》又载:"永乐元年,缅酋那罗塔遣使入贡。因言缅虽遐裔,愿臣属中国,而道经木邦、孟养,多阻遏。乞命以职,赐冠服、印章,庶免欺陵。诏设缅甸宣慰使司,以那罗塔为宣慰使,遣内臣张勤往赐冠带、印章。于是缅有二宣慰使,皆入贡不绝。""送缅人入缅"应指此事。

[15]罗次县:明代县名,在今云南禄丰。炼象关:明代地名,在今云南禄丰县炼象关村。

[16]当奏:当即上奏。

[17]多设去:在那里增设一个巡检官职。

[18]常州:应为"常川"之误。常川:经常;时时。

[19]按：据明刘文征《滇志·羁縻志》所载，永乐之后的洪熙元年，有李贤承袭清水江巡检司土巡检，且得升将仕郎衔："清水江巡检司土官李保，永乐中以通事译夷语，宣谕八百诸酋，授巡检。洪熙中，有李贤者入贡，褒以敕谕，进将仕佐郎。沿至李国柱袭。其地控昆、富二邑之交，武夷累犯省城，恒经之，李氏所辖地方，有篾浪九村。"此李贤应为李英之子，此处漏载。

[20]会保：会同保举。

[21]题准：奏请皇上获得批准。行令：向继位土司发布命令。就彼冠带替职：就在原地穿戴官服接替土司职位。即允许该土司不必赴京朝贡。

赤水鹏巡检司[1] 土官巡检

马速鲁麻，系元江[2]军民府人籍[3]，充云南中卫中左所[4]土军。父阿剌马丹[5]，洪武十八年九月，西平侯差作通事，跟随招谕[6]，洪武二十二年七月故。后将速鲁麻做通事，跟随云南右卫千户[7]赵芳招谕，及同本官赴京公干，具告照例冠带[8]。永乐二年八月，奉圣旨："送吏部，也除他做巡检，礼部[9]便与冠带。钦此。"本官多注[10]赤水鹏巡检司巡检。故。长男马麒，永乐八年三月奉令旨："他的父也曾出些气力，如今着他做赤水鹏巡检，还不做世袭。以后若不志诚[11]，违了法度时，却不要他做。敬此[12]。"故。男马骥告袭。天顺七年五月，题准就彼冠带袭职。故。男马英，三司保袭。成化十七年七月，奉圣旨："马英，着他做赤水鹏巡检，不世袭。钦此。"故，无嗣。奏保马英亲叔马骢应袭。弘治十年六月，奉圣旨："马骢准袭土官巡检。钦此。"

【注释】

[1]赤水鹏巡检司：明代土司机构名，在今云南昆明。《明史·地理志·云南》云南府昆明县："又东有盘龙江，西注滇池。东有赤水鹏、清水江二巡检司。"明刘文征《滇志·羁縻志》："昆明县赤水鹏巡检司土官阿喇马丹，洪武中从刘侍郎使车里，后从征阵亡，录其子马速鲁麻为

巡检。沿至马时申袭。"

［2］元江：明代地名，在今云南元江哈尼族彝族傣族自治县，其地设有军民府。《明史·土司列传·云南土司二》："元江，古西南夷极边境，……元时内附。至元中，置元江万户府。后于威远更置元江路，领罗槃、马笼等十二部，属临安、广西、元江等处宣慰司。洪武十五年改元江府。十七年，土官那直来朝贡象，以那直为元江知府，赐袭衣冠带。……二十七年，知府那荣及白文玉等来朝贡。永乐三年，荣复入朝贡。帝厚加赐予，遂改为元江军民府。"

［3］入籍：编入户籍。

［4］云南中卫：军卫名。云南都司所辖军卫十余，其中有云南左卫、云南右卫、云南中卫、云南前卫等。中左所：隶属于云南中卫的军事机构名。

［5］阿剌马丹：据明刘文征《滇志·羁縻志》所载，阿剌马丹洪武间本已任赤水鹏巡检司土巡检，并非其子首任："昆明县赤水鹏巡检司土官阿喇马丹，洪武中从刘侍郎使车里，后从征阵亡，录其子马速鲁麻为巡检。沿至马时申袭。"

［6］招谕：招抚晓谕。即对敌方或未归附的民众招降安抚。

［7］千户：军官名，千户所长官，属土官性质的世袭军职。

［8］具告照例冠带：奏告朝廷请求按惯例赐予官服继承爵位。

［9］礼部：朝廷六部之一，主管礼制、科举、文教等。

［10］注：注册；任命为。"多"字疑误，或者是指此地原已有此巡检，再多设一个同类职位之意。

［11］志诚：忠诚；诚实。

［12］敬此：义同"钦此"。《土官底簿》中多次出现，疑为笔误。

禄脿巡检司[1]巡检

赵兴，云南府安宁州禄丰县[2]民。洪武十四年归附。十五年十二月，总兵官[3]征进大理[4]等处，办纳粮草。十六年十二月，男赵宗告蒙总兵官拟充禄脿巡检司巡检。十七年实授。二十四年三月故。长男赵应备马赴京，进贡告袭。永乐二年五月,奉圣旨:"着他回去做巡检,只不做世袭。若不守法度时,不着他做。还着流官掌印[5]。钦此。"故。次男赵让,自备马匹[6]。正统二年三月,奉圣旨:"赵让照李正[7]例,且准他袭职。还行文书去覆勘,但[8]有虚诈,就拿解京。字样[9]及写县分差错,都记他罪不问[10]。钦此。"故。奏保长男赵元,天顺八年三月,奉圣旨:"是。钦此。"故。九年,男赵升告袭。正德六年三月,奉圣旨:"是,赵升准他袭。钦此。"故。长男赵邦奇在司听袭[11]。

【注释】

[1]禄脿(biǎo)巡检司:明代土司机构名,在今云南安宁。《明史·地理志·云南》:"安宁州……西有安宁河。又有禄脿、贴琉二巡检司。"

[2]禄丰县:明代县名,在今云南禄丰。《明史·地理志·云南》云南府安宁州:"领县一:禄丰,州西。西有南平山,上有关。东有大溪,即安宁河。西有星宿河,河东有老鸦关巡检司。又西有兰谷关。"

[3]总兵官:明代高级军职名。明初为临时职务,由征讨某处的大将兼任,后来成为固定军职。此处征讨云南的总兵官应为傅友德或沐英。

[4]大理:地名,在今云南大理。明初仍为段氏割据政权的都城,明军克之,于洪武十五年设大理府。

[5]掌印:掌管官印。

[6]自备马匹:此句未完。完整的文意应为"自备马匹赴京进贡请袭"。

[7]李正:应为当时云南某地的土司。但文献中未见相关记载。

[8]但:只要。

[9]字样:指上奏朝廷的文书的字迹。

[10]都记他罪不问:都算作他的罪过记下来,但不作处分。

[11]在司听袭:准许他在布政使司履行手续袭任土司。

罗次县[1]知县

杨大用,云南临安府宁州[2]民。洪武十六年,总兵官拟任景东府经历司知事[3]。赴京朝觐,除授通政司知事[4]。二十年六月,升本司经历[5]。差往云南宣布声教[6],承认[7]土军领把事刀思养将赍方物进贡。二十三年九月,升除户部郎中[8]。二十五年,除云南右参议[9]。故。三十三年[10]十二月,亲男杨正[11],原任镇安州[12]沙桥巡检,告袭父职。参照[13]杨正故父杨大用,先任景东府知事,改除通政司知事、经历,系是流官。后任户部郎中,转升云南参议,系出特恩。况方面大臣[14],别无世袭事例。巡检杨正,拟合仍依见职[15]发回原衙门管事。永乐元年正月,奉圣旨:"他父既曾做参议,病故了,虽不当袭,他首先来朝,升在云南做知县,只不做世袭。若不守法度时,换了。钦此。"故。男杨珍,十年袭。故。男杨晟,八年[16]袭。故。男杨永成应袭。二十二年[17]七月,奉圣旨:"杨永成准袭他父土官知县。钦此。"故。嘉靖九年十二月,抚按[18]奏保亲男杨雄应袭。奉钦依,准令冠带就彼,到任管事。

【注释】

[1]罗次县:明代县名,属云南府,在今云南禄丰。《明史·地理志·云南》云南府:"罗次,府西北。旧属安宁州,弘治十三年八月改属府。西有星宿河,自武定府流入。又有沙摩溪,即安宁河。"

[2]临安府:明代府名,治所在今云南建水。《明史·地理志·云南》:"临安府,元临安路。洪武十五年正月为府。领州六,县五,长官司九。北距布政司四百二十里。"宁州:明代州名,治所在今云南华宁。

[3]景东府:明代府名,治所在今云南景东。《明史·土司列传·云南土司一》:"景东,古柘南也,汉尚未有其地。唐南诏蒙氏始置银生府,后为金齿白蛮所据。元中统三年讨平之,以所部隶威楚万户。至元中,置开南州。洪武十五年平云南,景东先归附。土官俄陶献马百六十

匹、银三千一百两、驯象二。诏置景东府,以俄陶知府事,赐以文绮袭衣。……宣德五年置孟缅长官司。时景东奏所辖孟缅、孟梳,地方辽远,屡被外寇侵扰。乞并孟梳于孟缅,设长官司,授把事姜嵩为长官,以隶景东。……景东部皆僰种,性淳朴,习弩射,以象战。"经历司:隶属于布政使司、按察使司、府的办事机构名。朝廷一些官署亦有设置。知事:官名,其官级因所在官署不同而有差异。明代府经历司知事为正九品。

[4]通政司知事:明代通政司知事为正八品。通政司:即通政使司,朝廷官署名。

[5]经历:官名,其官级因所在官署不同而有差异。明代通政司经历为正七品。

[6]宣布声教:宣布告示朝廷的声威教化。

[7]承认:代表朝廷认定。

[8]户部郎中:官名,朝廷户部所辖各司的正长官。明代郎中为正五品。

[9]参议:官名,各省布政使的副手之一,分左右参议,从四品。

[10]三十三年:指洪武三十三年,但实际上并无这一年号,所谓洪武三十三年本是建文二年(1400)。

[11]杨正:明刘文征《滇志·羁縻志》:"罗次县土官杨大用,宁州人。洪武中归附,颍川侯录其功,表为景东府知事,累官右参议。其后有杨正者自请录用,初为邓川之上江巡检,后调楚雄之沙桥,寻授罗次土知县,世其官。米鲁、安铨、那鉴之乱,咸征其部兵,至五百而止。今沿至上舍杨耀德。"与此处所载略异。

[12]镇安州:明代州名,在今云南龙陵。

[13]参照:核查;查实。这是吏部文书的口吻。

[14]方面大臣:一般指省级地方官。但参议实在算不上方面大臣。

[15]见职:现任职务。

[16]八年:上句"男杨珍,十年袭"的"十年"应指永乐十年,此处的"八年",则不应是永乐八年,否则不合逻辑。这个"八年",应指宣德八年,即公元1433年。

[17]二十二年:应指成化二十二年(1486)。因为,上一个年号为宣德,从宣德到嘉靖,之间共有正统、景泰、天顺、成化、弘治、正德等六个年号,其中仅有成化有二十三年,其余均不足二十年。

[18]抚按:巡抚和巡按御史。均为明代省级大员。

炼象关[1]巡检司巡检

李阿白[2]，云南府罗次县民，前原[3]任炼象关防送千户[4]。洪武十六年四月，布政司札拟[5]炼象关巡检司土官巡检。十七年七月，总兵官奏云南土官未曾实授。十八年四月，明文[6]各处巡检司升为从九品，以升授日为始，再历月日署事[7]。土官不支俸米。故。长男阿赖备马进贡告袭。永乐元年正月，奉圣旨："准他做巡检，还不做世袭。若不守法度时，换了。钦此。"故。八年，嫡长男李训年幼，李俊系阿赖亲弟，备马赴京进贡，候侄长成袭替。十一年十二月，奉圣旨："准他做。钦此。"故。李训告袭。正统五年二月，奉圣旨："既有布政司保结[8]，且准他袭。还行文书去覆勘[9]，若果不实，拿解将来[10]。钦此。"故。三司奏保李暹系李训嫡长男，应袭。八年，题准李暹袭职。故。八年[11]，咨勘[12]李洪系李暹嫡长男，应袭。奉圣旨："准他袭。钦此。"故。正德七年八月，布政司奏保长男李爵该袭，查得本舍祖来不曾开有世袭字样[13]。奏，奉圣旨："是，准他袭。钦此。"

【注释】

[1]炼象关：明代地名，在今云南禄丰县。《明史·地理志·云南》云南府："罗次，府西北。旧属安宁州，弘治十三年八月改属府。西有星宿河，自武定府流入。又有沙摩溪，即安宁河。南有炼象关巡检司。"

[2]李阿白：据明刘文征《滇志·羁縻志》所载，明代炼象关首任巡检非李阿白，乃其父李者："炼象关巡检司土官李者，本县昆石乡夷人。初仕元为防送千户，洪武中率众从征，殁于阵。录其子李阿白为土巡检，弘治中铨注炼象。官兵讨武定凤氏及他役，李氏咸以兵从，多或至二百人。沿至今土舍李世膺。"乾隆《云南通志·土司志·云南府罗次县炼象关土巡检》亦有："元时李者为防送千户，明洪武中从征，殁于阵。录其子阿白为巡检，传十一世。"

[3]前原：应为"前元"之误，指元朝。

[4]防送千户:元代土官名。

[5]札:发布手令。拟:拟任。

[6]明文:发布命令明白规定。

[7]再历月日署事:再过一段时间就开始处理公务。

[8]保结:对他人身份或行为进行担保的文书。

[9]覆勘:复查相关事实。

[10]拿解将来:将他逮捕押解来。

[11]八年:此"八年"具体所指不详。因为上一个"八年"应为正统八年,下一个年份是"正德七年",中间的天顺、成化、弘治三个年号都有"八年"。

[12]咨勘:询问查勘。

[13]本舍祖来不曾开有世袭字样:该土官本家祖上的任命文书中从来没有"世袭"的文字。这是明代各省奏报朝廷袭任土官的文书中的常用套语,以使皇帝对土官是否袭任作最终定夺。

禄丰县南平关巡检司[1]巡检

李矣[2],本县罗罗[3]民。洪武十六年归附,本年五月,总兵官拟任南平关巡检司巡检。十七年实授。三十二年[4],为奸情事,起送到部[5],仍复旧制。永乐二年四月奏,奉圣旨:"李矣着复职,流官巡检一同去那里管事。钦此。"风疾[6],男李斌告替[7]。二十二年六月,奉令旨[8]:"照钦依,例着他替。只不世袭,不守法度时,换了。钦此。"故。天顺八年,男李琮奏行三司,勘奏应袭。查照[9]伊父李斌告袭节奉敬依[10],只不世袭。成化元年九月,奉圣旨:"准他袭,还不世袭。钦此。"十年,被盐徒[11]王龙等打死,保勘男李赐澄应袭。弘治十四年二月题[12],奉圣旨:"是,准他袭。钦此。"为事监[13]。故。男李朔,嘉靖八年八月保勘听袭。

【注释】

[1]南平关巡检司:明代土司机构名,在今云南禄丰。

[2]李矣:乾隆《云南通志·土司志·云南府禄丰县南平关巡检》所载李矣身世仕履与此处内容略有不同:"元时李喜怒为土官,明洪武中,子李矣以宣谕各蛮,升巡检。"明刘文征《滇志·羁縻志》所载李矣之得任土巡检,与《云南通志》所云略同:"禄丰县南平关巡检司土官李矣,洪武中以甲首宣谕,收招各酋,授巡检。阿克之变,有李印者,死于阵。今沿至李惟贤袭。"

[3]罗罗:少数民族名。明田汝成《炎徼纪闻》:"罗罗,本卢鹿,而讹为今称。有二种,居水西、十二营、宁谷、马场、漕溪者为黑罗罗,亦曰乌蛮;居慕役者为白罗罗,亦曰白蛮。风俗略同,而黑者为大姓罗,俗尚鬼,故又曰罗鬼。蜀汉时有火济者,从丞相亮破孟获有功,封罗甸国王,即今宣慰使安氏远祖也。自罗甸东西,若自杞、夜郎、牂牁则以国名,若特磨、白衣、九道则以道名,皆罗罗之种也。"

[4]三十二年:指洪武三十二年,实为建文元年(1399)。

[5]起送到部:将奸情事呈报到吏部处理。

[6]风疾:中风。

[7]告替:奏告请求继任土官职位。

[8]二十二年六月:指永乐二十二年六月。奉令旨:此处的"令旨"并非永乐皇帝发出的圣旨,而是由太子朱高炽发出,所以一开始就说"照钦依",即"按皇帝的旨意"。这是因为,永乐二十二年春,蒙古阿鲁台部侵犯大同、开平,永乐帝朱棣于三月率军亲征,"皇太子监国。……六月庚申,前锋至答兰纳木儿河,不见敌,命张辅等穷搜山谷三百里无所得,进驻河上。癸亥,陈懋等引兵抵白邙山,以粮尽还。甲子,班师。"七月,朱棣病死于军中:"秋七月庚辰,勒石于清水源之崖。戊子,遣吕震以旋师谕太子,诏告天下。己丑,次苍崖戍,不豫。庚寅,至榆木川,大渐。遗诏传位皇太子,丧礼一如高皇帝遗制。辛卯,崩,年六十有五。"(《明史·成祖本纪》)所以朱棣不可能在永乐二十二年六月于京城发出这份圣旨。

[9]查照:查得;查实。

[10]敬依:义同"钦依",皇帝的旨意。

[11]盐徒:盐工。

[12]题:题奏;上奏。

[13]为事监:因为犯事被监禁。

云南　19

昆阳州易门县县丞[1]

　　王节,鹤庆军民府人。前任丽江府知事[2],洪武十五年归附。十六年,总兵官札拟本府经历。十九年,备马赴京朝觐。为经历邹仁见任[3],将节调除昆阳州易门县县丞。故。长男王嵩告袭,被经历邹仁不准,发充儒学生员[4]。永乐元年十一月,状赴巡按云南御史[5]处告发,本府取结不准[6]。思父王节归附省谕[7]及实授文书见在,照本府知事董信[8]等事例,备马赴京告袭。二年十月奏,钦依:"不准他,还着做生员。钦此。"王嵩又行告袭,仍发回,充生员读书,依例选贡[9],系干告袭土官事理[10]。七年正月,启奉令旨:"他父虽不是世袭的官,终曾出些气力。还着在易门县做县丞,只不做世袭。若不守法度时,不着他做。敬此。"故。长男王忠保送[11],查得不系土官世袭,欲将本人发回原籍,为民当差。正统元年五月,奉圣旨:"着他还做易门县丞,不世袭。但犯了法度,便革罢不叙[12]。钦此。"故。三司会奏男王应麟应袭,查伊祖父节奏钦依不世袭[13]。成化三年十一月,奉圣旨:"着做县丞,不世袭。钦此。"故。正德十二年二月,布政司奏保亲男王臣应袭,查得祖来不曾开有世袭字样。奉圣旨:"是。王臣着做县丞,不世袭。钦此。"

【注释】

　　[1]昆阳州:明代州名,治所在今云南晋宁。《明史·地理志·云南》云南府:"昆阳州,东南有渠滥川,东北入于滇池。北距府百五十里。领县二。"易门县:明代县名,在今云南易门。《明史·地理志·云南》云南府昆阳州:"易门,州西。南有易门守御千户所,洪武二十四年置,旧县治在焉。万历三年复还县治于此。"县丞:知县的副手。明代县丞为正八品官。

　　[2]丽江府:明代府名,治所在今云南丽江。《明史·地理志·云南》:"丽江军民府,元丽江路宣抚司,洪武十五年三月为府,三十年十一月升军民府,领州四。东南距布政司千二百四十里。"知事:此处指府知事,为九品小官。并非知府。

［3］为经历邹仁见任：因为现任丽江府经历邹仁还在任。见：通"现"。

［4］生员：儒学学生，即秀才。按：生员是科举考试的低级功名，需通过县、府、院（提督学政）三级考试合格方可取得。洪武前期科举制度尚不稳定，故可由官员指定某人入学成为生员，此非常规。

［5］巡按云南御史：明代各省均有一名由朝廷派驻的巡按御史，该御史官级不高，但属"钦差大臣"性质，权力很大。

［6］取结不准：不给他出具担保书。

［7］归附省谕：当年归附时云南发给的证明文书。

［8］董信：乾隆《云南通志·土司志·鹤庆府土知事》："明初有董信，以征普颜笃有功，授知事。传至董禄，弘治六年革除。正德七年，禄之孙从贤，仍袭前职。传至堂荫，复革除。"应即此人。

［9］依例选贡：按照规定参加国子监生选拔。国子监为最高学府，明初国子监监生由各地选拔，毕业后可直接授予官职。

［10］系干告袭土官事理：意为王嵩几次告袭土官之职是干犯条例。这是官方口吻。

［11］保送：地方官保举其入京告袭。

［12］叙：铨叙。即审查官员的任职资格以确定其级别、职位。

［13］查伊祖父节奏钦依不世袭：查得他的祖父、父亲袭职时皇帝均曾下旨不准世袭。伊：他。

大理府洱西驿[1]驿丞

张铭，大和[2]县民，已故土官驿丞张鉴[3]（旧名张文秀）嫡次男。祖父张山，袭曾祖父职事，故。曾祖父洪武十五年首先归附，招谕人民复业。十六年，总兵官札拟在城驿土官驿丞，十七年实授[4]。故。长山[5]系嫡长亲男，备马赴京进贡告袭。为无世袭，难以准理。又查本驿见有[6]流官驿丞秦耕，合将张山发回原籍为民。永乐二年六月，启奉令旨："着他做驿丞，还着流官掌印。也不做世袭，若不守法度时，换了。敬此。"故。长男张福年幼，不能袭职，亲弟张海告借[7]。十

云南　21

二年正月，奉圣旨："不做世袭，且着他借职权管着，不做例[8]。钦此。"张福宣德二年六月袭职。故。天顺四年，三司保送张铭到部袭职，为无总兵等官会奏发回。又该张铭奏要冠带，仍取三司会奏。本部议，将张铭袭父驿丞职事冠带回还，不许到任管事。仍取三司会奏，至日定夺[9]。本年闰十一月，奉圣旨："是。钦此。"[10]故。保伊庶长男张济应袭。弘治元年八月，奉圣旨："是。钦此。"故。正德七年五月，布政司保勘亲男张守成应袭。查得本舍祖来不曾开有世袭字样，题奉圣旨："是，准他袭。钦此。"

【注释】

［1］洱西驿：明代驿站名，在今云南大理。

［2］大和：应为"太和"之误。太和：明代县名，属大理府，在今云南大理。《明史·地理志·云南》大理府："太和，倚。西有点苍山。东有西洱河，一名洱海，自浪穹县流入，经天桥下，又东合点苍山之十八川汇于此，中有三岛、四洲、九曲。西有样备江，一曰漾鼻水，自剑川州流入，经点苍山后，合于西洱河，又西南流入澜沧江。南有太和土巡检司。"

［3］乾隆《云南通志·土司·洱西驿土驿丞》："张鉴，为元时提举，率众归明，获元左丞伯都督等，又筑外城。累功授土驿丞。"明刘文征《滇志·羁縻志》亦有："洱西驿土官张鉴，元时为提举，率众来归，属于指挥周能。获故元左丞伯都督等，又筑外城，累劳授驿丞。沿至张从德死，无嗣。"

［4］总兵官札拟在城驿土官驿丞，十七年实授：此处内容疑误。首先，标题已表明，张铭家族世袭的土官驿丞，是大理府洱西驿驿丞，不是在城驿驿丞。其次，在城驿属云南鹤庆府，与大理府相去甚远，其土官驿丞亦非张氏家族。乾隆《云南通志·土司·在城驿土驿丞》："在城驿土驿丞：元末，田宗为府判。明洪武十五年归顺，以从征普颜笃佛光寨有功，授土驿丞。"可证。

［5］长山：据上文，应为"张山"之误。

［6］见有：现有。

［7］告借：奏告请求借职。即请求暂时代理职务。

［8］不做例：不能作为定例。

［9］至日定夺：到时候再决定。

[10]奉圣旨:"是。钦此":按此语表述不清。联系上下文,可知此圣旨之意,并非同意吏部"将张铭袭父驿丞职事冠带回还,不许到任管事"的意见,而是下令让张铭继续袭任其父的驿丞职位。否则下文记张铭死前"保伊庶长男张济应袭"之语就无从谈起。

大和县神摩洞巡检司[1]巡检

赵俊,本县籍,承袭前元大理府录事[2]。洪武十五年归附,总兵官着令招谕金齿[3]土军,授神摩洞巡检,十七年实授。故,无儿男。正妻杨观信,带同女观寿并自幼招到养老女婿杨药师名等,赴京进贡告袭。又该布政司咨呈,赵庆告系赵俊亲侄,赴部争袭,议发原籍。永乐五年三月,奉圣旨:"是,只准这妇人袭了。钦此。"故。观寿系亲女,告袭。永乐十三年八月,奉圣旨:"吏部不为常例,着他女儿替[4]了。钦此。"正统元年九月,女儿土官巡检赵观寿并侄监生赵里,各节次[5]奏告争袭。本月发回云南会勘,未报。文选司缺册[6]内查得,成化十二年四月,除流官张时益。

【注释】

[1]大和:应为"太和"之误。太和:明代县名,在今云南大理。神摩洞巡检司:明代土司机构名,在今云南大理。

[2]大理府:元代先后设大理金齿等处宣慰司都元帅府、大理路军民总管府,治所在今云南大理。录事:小官名。

[3]金齿:明代地名,在今云南保山。其地先后设军民指挥使司、千户所等土司官署。《明史·地理志·云南》:"永昌军民府,元永昌府,属大理路。洪武十五年三月属布政司。十八年二月兼置金齿卫,属都司。二十三年十二月省府,升卫为金齿军民指挥使司。嘉靖元年十月罢军民司,止为卫,复置永昌军民府。领州一,县二,安抚司四,长官司三。东距布政司千二百里。保山,倚。本金齿千户所,洪武中置。永乐元年九月又置永昌府守御千户所,俱属金齿军民司。

嘉靖三年三月,改二所为保山县。"

[4]替:继任。

[5]节次:逐次;连续几次。

[6]文选司:吏部的一个司,主管全国官员的选任等。缺册:记录官职空缺及补任情况的档案。

金沙江巡检司[1]巡检

得力石玉[2],云南府昆明县人,指挥[3]李观下头目。洪武十四年归附,攻打乌撒[4]等处城寨。后跟总兵官,征进有功。二十五年,除授曲靖军民沾益阿幢桥[5]巡检司巡检,食米一考[6],给由[7]。三十一年,改除太和县金沙江巡检司巡检。三十五年[8]朝贺。永乐二十年给由,本年十一月复职。故。庶男得彦中,二十二年六月奉令旨[9]:"照钦依[10],例着他做,只不世袭。若不守法度时,换了。敬此。"故。总兵官、三司保勘庶男得志隆。天顺元年九月,奉圣旨:"得志隆既是土官巡检的亲男,还着他做土官巡检。钦此。"故。庶长男得玺,十年五月,奉圣旨:"准他袭。"嘉靖九年十二月,抚按[11]奏保长男得从正,本月奉圣旨:"准令冠带就彼,到任管事。"

【注释】

[1]金沙江巡检司:明代土司机构名,在今云南大理。

[2]得力石玉:明刘文征《滇志·羁縻志》作"得力玉石",载其履历亦与此处略有异:"金沙江巡检司土官得力玉石,昆明人。从大兵攻乌撒、金齿,累功授曲靖阿幢桥巡检。给繇,调金沙江,后累效战功于武寻、赤石崖,然其众不满百。今沿至得富袭。"

[3]指挥:军官名,指卫指挥使。

[4]乌撒:明代地名,先后属云南、四川、贵州,设有土司机构,在今贵州威宁。《明史·地理

志·云南》:"乌撒军民府,元乌撒路,后至元元年九月属四川行省。洪武十五年正月为府,属云南布政司。十六年正月改属四川布政司。十七年五月升为军民府。西有盘江,出府西乱山中,经府南为可渡河,入贵州毕节卫界。有可渡河巡检司。又西有赵班巡检司。又有阿赫关、邬撒二巡检司。东南有七星关。东有老鸦关,又有善欲关,皆与贵州毕节卫界。"

[5]曲靖军民:指曲靖军民府,明代土府名,治所在今云南曲靖。《明史·地理志·云南》:"曲靖府,元曲靖路,洪武十五年三月为府,二十七年四月升为军民府。领州四、县二。西距布政司二百九十里。"沾益:明代州名,在今云南曲靖市沾益区。《明史·地理志·云南》曲靖府:"沾益州,东南有堆涌山。北有北盘江,其上流即贵州毕节卫之可渡河,流入州境,又东南入贵州安南卫。其西南又有南盘江,即南宁县之东山河。……又州南有松韶铺、阿幢桥二巡检司。"阿幢桥:地名,在今云南曲靖市沾益区阿幢桥村。

[6]食米:领取禄米。一考:经过一次考核。古代官员任职均须考核政绩,评定优劣,以决定升职或降职。一般三年一次大考。但明代土官是无俸禄的,故所谓"食米一考"仅指一个任期满并通过考核。

[7]给由:考核后发给被考核者考核结论文书。

[8]三十五年:洪武三十五年,实为建文四年(1402)。

[9]二十二年六月奉令旨:二十二年指永乐二十二年,但此令旨非永乐皇帝朱棣颁发,乃监国太子朱高炽发出。原因参看本书前文《禄丰县南平关巡检司巡检》"二十二年六月奉令旨"注。

[10]照钦依:按照皇帝的旨意。

[11]抚按:巡抚和巡按御史。

赵州定西岭巡检司[1]巡检

李青字,本州宁远乡前任弥只防千户[2]。洪武十七年归附,总兵官拟充定西岭土官巡检,本年实授。故。长男李得,备马赴京告袭。为无布政司起送公文及服制未终[3],永乐四年正月奏,发照勘明白[4]。本年九月,奉圣旨:"着他做巡检,还不做世袭。若不守法度时,罪他[5]。着流官掌印。钦此。"故。男李能亦故。侄李子成,系李得嫡长孙,备马进贡保送。洪熙元年六月,奉圣旨:"着他做。照太宗皇帝[6]圣旨,还不做世袭。不守法度时,罪他。钦此。"故。无子。李和,系李子成亲叔,保送。正统二年八月,奉圣旨:"是,准他袭。还行文书去覆勘,但有虚诈,就拿解京。钦此。"故。男李圆政告袭,亦故。李和嫡长孙李鉴告袭,行[7]三司会奏李鉴应袭。成化二年五月,奉圣旨:"着他做,还不世袭。钦此。"弘治五年三月故,奏保嫡长男李淮应袭。十二年二月,奉圣旨:"是,准他袭。钦此。"

【注释】

[1]赵州:明代州名,治所在今云南大理。《明史·地理志·云南》:"赵州,洪武十五年三月改名赵喜州,寻复。……东有干海子、南有迷度市二巡检司。又有定西岭土巡检司。"定西岭巡检司,乾隆《云南通志·土司·赵州定西岭土巡检》所载洪武十七年归附的土官姓名等与此处所述有异:"元末,李清宇为弥只防守千户,明洪武十七年归顺,授土巡检。传至李齐月,无子,弟齐斗袭。"明刘文征《滇志·羁縻志》作"李清字":"定西岭巡检司土官李清字,赵州弥只里民。元为弥只防户,洪武中归附,授土巡检。沿至李齐月袭。其部夷尝土而耕,约信不爽,从未闻征战之役。"

[2]弥只:地名,在今云南弥渡县。防千户:防为军事机构名,千户为其长官。

[3]服制未终:为已故父母服丧尚未达到规定期限。

[4]发照勘明白:发回文书要求查核清楚。

[5]罪他:治他的罪。

[6]太宗皇帝:即明成祖朱棣。"太宗""成祖"均为其庙号。《明史·成祖本纪》:"(永乐二十二年)九月壬午,上尊谥曰体天弘道高明广运圣武神功纯仁至孝文皇帝,庙号太宗,葬长陵。嘉靖十七年九月,改上尊谥曰启天弘道高明肇运圣武神功纯仁至孝文皇帝,庙号成祖。"

[7]行:行文禀报。

赵州蔓神寨[1]巡检司巡检

董宝,云南大理府太和县民。洪武十五年投降[2],十六年,总兵官札授大理府土官经历职事,奏闻实授。故。男董祐患病,不曾告袭。董禄,系嫡长亲孙,备马赴京告袭。本部[3]查无董宝实授缘由,况洪武十六年病故,到今年久,无凭查考,议得不准。永乐六年二月,奉圣旨:"他祖虽不是世袭的官,终曾出些气力。着在大理做巡检,只不做世袭。若不守法度时,换了。他封印[4],流官掌印。钦此。"故。长男董祯,送部,查系不是世袭人数,难准。正统五年八月,奉圣旨:"他是土人,也准他袭,只不世袭。若不守法度时,换了。钦此。"景泰二年,董祯照例纳米填注宣抚司经历[5],仍管蔓神寨巡检司事。风瘫[6],长男董琳告袭。成化三年十二月,奉圣旨:"董琳准做巡检,不世袭。钦此。"故。董伦告袭。弘治十三年九月,奉圣旨[7]。

【注释】

[1]蔓神寨:地名,在今云南大理。《明史·地理志·云南》宾川州:"弘治六年四月析赵州及太和、云南二县地置。……西有神摩洞。又南有蔓神寨、北有白羊市二巡检司,后废。"

[2]投降:投奔降顺。并非战败失利缴械认输。

[3]本部:指吏部。

[4]封印:封存官印。明人田汝成笔记《西湖游览志余》卷二十三云:"除夕,人家祀先及百神。……是日,官府封印,不复签押。至新正三日始开。"

[5]纳米填注宣抚司经历:交纳规定的米粮后得以注册宣抚司经历的官职。

[6]风瘫:中风瘫痪。

[7]奉圣旨:原文后缺。

德胜关驿丞[1]

王义,大理府太和县僰人[2]。洪武十五年四月,总兵官差往南鹤庆等府[3],招到土官土军归附[4]。十六年,总兵官札充河尾[5]驿丞,后改德胜关驿丞,十九年实授。二十四年故,长男王升告袭。永乐元年十二月,节该[6]奉圣旨:"着王升做驿丞,不做世袭。若不守法度时,换了。钦此。"故。嫡长亲男王斌,十六年五月奉圣旨:"着他做,只不世袭。若不守法度时,换了。钦此。"故。无子,弟王祥告袭。宣德三年四月,奉圣旨:"依太祖皇帝[7]旨意,着他做。不守法度时,换了。钦此。"故。长男王源保袭间病故,次男王长寿正统九年袭。年老,长男王永庆告替[8]。弘治元年十一月,奉圣旨:"是。钦此。"十四年故,奏保弟王永远。十八年十一月,奉圣旨:"是,准他袭。钦此。"

【注释】

[1]德胜关:地名,应在今云南大理。驿丞:官名,主管驿站,无品级。

[2]僰(bó)人:古代西南少数民族名。乾隆《云南通志·土司志·僰夷》:"一名摆夷,又称百夷,盖声近而讹也。性耐暑热,居多卑湿棘下,故从棘、从人。滇之西南,旷远多湿,僰夷宅之。种类数十,风俗稍别,名号亦殊。其俗,称宣慰曰昭华,言主人也。其官属有叨孟、昭录、昭纲,递相臣属。叨孟总统政事,兼领军民,多者数十万,少者则数万。昭录亦万余人,赏罚皆任其意。昭纲千人递减至十人。又有昭录调遣统数千人以行。其近侍名立者,亦领数百户,皆听其使、食其赋。取用无制节,上下借奢。微名薄职,辄系钑花金银宝带。官民皆冠箬叶,累金玉珠宝为高顶,上悬小金铃,遍插翠花翎毛,后垂红缨。贵者衣纻丝绫锦,以金花金钿饰之。以坐象为贵,象首十数银镜为络,银铃银钉为缘。象鞍三面以铁为栏,藉重茵,悬铜铃。鞍后象奴一人,铜帽花裳,执长钩制象,为疾徐之节,招摇于道。相见合掌为敬,敬于已者则跪拜,有所论则叩头受之。虽贵为叨孟,见宣慰,莫敢仰视。凡有问对,则膝行而前,三步一拜,退亦如之。贱见贵、少见长皆然。"

［3］南鹤庆等府：按明代云南有鹤庆府，无南鹤庆府。

［4］招到土官土军归附：明刘文征《滇志·羁縻志》云："德胜关驿土官王义，太和县人。国初附大将军，招集高奴、李珠等五百众，授驿丞。今沿至王绍恩袭。"

［5］札充：发布手令派其充当。河尾：小地名，未详。

［6］节该：使者宣布之意。

［7］太祖皇帝：依上文，应为"太宗皇帝"。

［8］告替：奏告请求顶替土官职位。

云南县[1]知县

杨奴[2]，大理府赵州云南县僰人。洪武十六年投降，总兵官拟任本县土官县丞[3]。患病，长男杨得，永乐元年十二月奉圣旨："他既曾来朝见，又照勘明白了，着他替职。钦此。"故。长男杨宗，二十二年五月奉令旨[4]："照钦依[5]，例着他做，只不世袭。不守法度时，换了。钦此。"正统三年，杨宗调征麓川[6]等处有功。六年正月，升任州判[7]，仍管县事。本年八月，复征麓川有功。七年二月，升本县土官知县[8]。故。男杨文瑛勘奏间故[9]，男杨金刚（应即杨镇）保袭。看得[10]杨镇祖杨宗，原袭土官县丞，有功历升土官知县，俱不曾开有世袭字样。今三司会奏，要照诏书事例，将杨镇承袭土官知县。成化二十一年十二月，奉圣旨："着做土官知县。钦此。"故。无嗣，奏保杨镇堂弟杨贵。洪治十五年[11]十二月，奉圣旨："杨贵准承袭。钦此。"故。正德十年七月，布政司奏保长男杨训。查得本舍祖来不曾开有世袭字样。奉圣旨："杨训准承袭。钦此。"

【注释】

［1］云南县：明代县名，属大理府赵州，在今云南大理。《明史·地理志·云南》："赵州……领县一。云南，州东。元云南州。洪武十五年三月改为县，属府。十七年改属州。"

[2]杨奴:按明刘文征《滇志·羁縻志》载杨奴元代即为县官,其他事迹亦较此处详细:"云南县土官杨奴,在城僰夷。元时典邑,以县降,授土县丞。初佥土兵一千五百名,其后陇川、蛮莫、木邦、寻武,咸效行间,多至六百名而止。近阿克杨礼叛,其部所向克捷。大略皆徒跣裹毡,无部伍,其长技以劲弩毒矢,为迤东诸夷所惮。居平,与洱海卫军杂耕相安。沿至杨如槚,以乡贤崇祀。今其子杨淇袭。"

[3]县丞:官名,知县的副手。明代县丞为正八品。

[4]二十二年五月奉令旨:二十二年指永乐二十二年,但此令旨非永乐皇帝朱棣颁发,乃监国太子朱高炽发出。原因参看本书前文《禄丰县南平关巡检司巡检》"二十二年六月奉令旨"注。

[5]照钦依:按照皇帝的旨意。

[6]征麓川:《土官底簿》多次提及此事。麓川,指麓川平缅军民宣慰使司,土司机构名,治所在今云南瑞丽。明代前期,麓川土司屡次反叛,明廷亦多次讨伐。各相关文献多有记载。如《蛮司合志·云南》:"麓川,一名白夷,在金沙江南,与缅接境。元时,思氏居之。洪武中,三将军下云南,思伦请降,授麓川平缅宣慰司使。未几,思伦叛,逐景东知府俄陶,大杀掠。西平侯沐英讨平之。已而思伦与土目刁干孟相杀,上命沐春、何福进讨。何福擒干孟,因分其地,设孟养、木邦、孟定三府,属云南;而以潞江、干崖、大候、湾甸四长官司隶焉。永乐元年,改设孟养、木邦为宣慰,以刁木旦为宣慰使,废思伦旧职。而木旦为缅甸土官那罗塔所杀,兄子刁宾玉以土同知典宣慰事,然又阻于缅,寄居金齿者有年。正统初,思伦子思任,性桀黠,善兵,每大言复祖父遗业。至是,乘衅据麓川,略孟养地,傍及孟定、湾甸、南甸、潞江,并攻陷腾冲,而自称曰'法'。法者,夷王号也。四年,敕黔国公沐晟为征夷将军讨之,并谕木邦宣慰罕门发协力会剿。师次潞江,思任遣其将缅检,截江拒守,师不得渡。……六年春命定西伯蒋贵为平蛮将军,同兵尚书王骥、监军曹吉祥,率湖广、四川、广西、贵州及京营军一十二万往征之。陛辞,赐金兜鍪、细铠、弓矢、蟒衣以行。遇贼大侯州,解其围,遂至金齿。分兵三道,径抵上江。会大风,纵火焚栅,斩贼数万级,贼将刁放戛、刁招汉俱死,生擒刁门项等,贼败走保险。骥等益麾兵入,破连环七寨于沙木笼山,又破象阵于马鞍山之阴。贼死者十余万,思任弃妻走缅甸。……十一年,改麓川为陇川,设宣抚司于陇把,以土目恭项为使。降敕赦思机、思卜罪,令其来朝,不至。时沐昂卒,兄子俨袭爵,又卒,斌又袭。屡敕之进兵,终不能克。十三年,复议征麓川。"

[7]州判:官名。即州判官,知州的副手之一,从七品。

[8]知县:官名。明代知县为从七品。

[9]勘奏间故:在查核其任职资格的过程中死去。

[10]看得:旧时公文开头的套语,意为"查得""查知"。

[11]洪治:即"弘治",《四库全书》抄写者为避乾隆帝弘历之名讳而改。

云南县主簿[1]

张兴,大理府赵州云南县僰[2]人,前职品甸管民千户所[3]世袭土官。洪武十五年归附,十六年,总兵官定注本县土官主簿[4],十七年实授。二十六年故。嫡长男张观(旧名张观音保),三十五年[5]十二月,奉圣旨:"张观还着他袭的是。钦此。"故。长男张颢保袭。未经三司体勘,拟将本人发回覆勘。六年三月,奉圣旨:"既土人,准他袭。还著文书去覆勘,若有虚诈,拿将来[6]。钦此。"老疾。男张端,天顺六年九月保替。故。长男张景,十三年八月,奉准就彼冠带袭职。患病,长男张大伦奏袭。弘治元年十一月,奉圣旨:"是。钦此。"

【注释】

[1]主簿:明代官名,知县的副手之一,正九品。

[2]僰(bó):古代西南少数民族名。

[3]品甸管民千户所:元代土官机构名,在今云南祥云。

[4]注本县土官主簿:明刘文征《滇志·羁縻志》载张兴事较详:"张兴,阜民乡七百庄僰民。元为品甸千户所土官。大军至楚雄,兴首效顺,为指挥脱例伯乡导。至品甸,招谕甸民,归附者累千,以甲马献。后又攻石寨有功,授土主簿,世袭。与杨氏分土而居。顺大之役,征其兵五百名;郑举之役,三百名。今沿至张纲,听袭。"乾隆《云南通志·土司志·云南县土主簿》则云:"元末有张兴者,张乐进求之后,世为品甸千户。明洪武中,大兵下楚雄,兴首倡效顺,为乡导招甸民降,献甲马。后又攻石寨有功,授土主簿,与杨氏分土而居。沿至张纲死,子福曜、福

星递袭,皆无嗣。弟张维袭。本朝平滇,维投诚,未几死,以子祖荫授世职。祖荫死,今子祚弘袭。"

[5]三十五年:洪武三十五年,实为建文四年(1402)。

[6]拿将来:逮捕押来。

安南坡巡检司[1] 巡检

李纳麟[2],大理府赵州人。洪武十五年归附,十六年四月,总兵官札拟[3]安南坡巡检司巡检,十七年实授。二十四年,调江西九江府湖口县[4]湖口镇巡检。告不识字、语言不通,照例复职。三十五年[5]九月,备马赴京朝贺。回还,故。庶长男李瑛,永乐八年三月启奏。令旨:"着他做巡检,不做世袭。以后不志诚时,却不教他做。钦此。"故。嫡长男李茂,宣德五年四月,奉圣旨:"是,照例袭。钦此。"故。嫡长男李郁,弘治五年十一月奉圣旨:"李郁准承袭。钦此。"患疾,嫡长男李胤[6]宗,正德五年八月,奉圣旨:"是,李胤宗准他替。钦此。"

【注释】

[1]安南坡巡检司:明代土司机构名,在今云南大理。《明史·地理志·云南》大理府赵州:"……领县一。云南,州东。元云南州,洪武十五年三月改为县,属府。十七年改属州。……南有安南坡三巡检司。"

[2]李纳麟:明刘文征《滇志·羁縻志》记其事云:"安南坡巡检司土官李纳麟,赵州人。洪武中,招白崖头目高添惠等户口五百,皆归附,授土巡检。今沿至李相,听袭。"乾隆《云南通志·土司志·安南坡土巡检》所载略同。

[3]札拟:以手令暂时委任。

[4]九江府:明代府名,治所在今江西九江。湖口县:明代县名,在今江西湖口。

[5]三十五年:实为建文四年(1402)。

[6]胤:原文此字缺末笔,为《四库全书》抄写者避雍正帝胤禛名讳而改。下文各"胤"字同此,不另出注。

伱甸巡检司[1] 巡检

李义,赵州云南县民。洪武十六年,招谕头目左丞李些等归附[2]。总兵官札拟前职,十七年实授。二十三年给由[3]。二十四年复职。故。嫡长男李花,备马赴京,进贡告袭。永乐三年七月,奉圣旨:"着他做巡检,只不世袭。若不志诚时,换了。那见任[4]的巡检掌印,着他封印。钦此。"患疾,同男李瑛赴京,朝贡奏替[5]。洪熙元年闰七月,奉圣旨:"准他替,还不做世袭。不志诚时,换了。钦此。"故。男李文,正统六年,告送总督尚书王骥[6]处,准袭。故。无嗣,弟李禄,未袭亦故。奏保男李钦告袭。弘治十三年十月,奉圣旨:"是,李钦准做土巡检。钦此。"

【注释】

[1]伱(nǐ)甸巡检司:明代土司机构名,在今云南大理。伱甸:指伱场、楚甸,皆地名。

[2]招谕头目左丞李些等归附:明刘文征《滇志·羁縻志》记此事云:"伱甸巡检司土官李义,本甸僰民。国初,招故元左丞李些、右丞赛因帖木儿不花、大王挪思鉴,俱听命。论功,授土官巡检。今沿至李尚松,听袭。"

[3]给由:考核后发给被考核者考核结论文书。此处兼指任职期满免职。

[4]见任:同"现任"。"见任的巡检"指流官巡检,原已在职。

[5]奏替:奏告请求让儿子替职。

[6]王骥:明代直隶束鹿人,永乐四年进士,官至兵部尚书,封靖远伯。正统间,王骥以总督军务身份几次率军征讨麓川等地。朝廷准许他在征伐云南、四川时可临时处理土官世袭之事。

云南驿[1]驿丞

袁奴[2]，大理府赵州云南县民。洪武十五年归附，十六年四月，总兵官札充前职，十七年实授。二十四年四月，调除江西九江府彭泽县龙城驿[3]驿丞。为因语言不同，又不识字，具告复职。三十五年[4]十月，赴京朝贺。回驿，年老。长男袁赐先，于洪武三十年九月为事问发洱海卫[5]充军。嫡长孙袁思聪告袭。永乐四年正月，奉圣旨："他儿子犯法，他却不曾犯法。既老了，着他孙袁思聪做驿丞，还不做世袭。若不志诚时，却着别人做。钦此。"故。宣德三年，男袁海袭。故。男袁让，成化十四年六月奏袭，查无三司会勘[6]，未报。文选司缺册[7]内查得，成化九年二月，除流官刘伏聪。

【注释】

[1]云南驿：明代驿站名，在今云南大理。

[2]袁奴：明刘文征《滇志·羁縻志》载其事云："云南驿土官袁奴，云南县站户僰人。洪武中，招故元同知自羌、万户自白及本处夷民三百户归附，复以馈粮累劳，授土驿丞。至征麓川，征其兵二百。是后本县土官杨氏奉令讨叛，袁氏皆以所部从。"

[3]九江府：明代府名，治所在今江西九江。彭泽县：明代县名，在今江西彭泽。龙城驿：明代驿站名，在今江西彭泽。

[4]三十五年：洪武三十五年，实为建文四年（1402）。

[5]问发：审判发配。洱海卫：明代军卫名，在今云南大理。

[6]无三司会勘：没有云南布政使司等三司会同查勘验证的报告。

[7]文选司：吏部的一个司。缺册：记录官职空缺及补任情况的档案。

邓川州[1]知州

阿这[2],本州小百夷[3]人。洪武十五年闰二月投拜[4],总兵官札拟本州知州,十七年正月实授。故。长男阿子贤,永乐二年六月,奉圣旨:"着他袭。钦此。"故。男阿永忠,自备象马[5],差把事[6]尹朝禄进贡。宣德二年九月,内官[7]吴诚传奉圣旨:"准他。着吏部知道。钦此。"患病,男阿照,正统九年袭。老疾,长男阿旻未袭故,奏保阿照嫡孙阿骥应袭。弘治六年六月,奉圣旨:"准他替。钦此。"故。正德十四年十二月,长男阿国祯纳完木价[8],并本舍[9]年幼,免其赴京,行令就彼冠带[10]。查得本舍祖来不曾开有世袭字样。奉圣旨:"是,准他袭。钦此。"

【注释】

[1]邓川州:明代州名,在今云南洱源。《明史·地理志·云南》大理府:"邓川州,北有钟山,又有普陀江,一名蒲萄江,又名弥苴佉江,南入西洱河。又东有豪猪洞,一名银坑。"

[2]阿这:明刘文征《滇志·羁縻志》所载此土官及其子孙阿国祯等人事,较此处为详:"邓川州土官阿这,羊塘里民。洪武十五年,蛮贼高生与故元右丞普颜笃之乱,惟这执忠不屈,为西平侯所旌。后以擒高生等功,授土知州,世袭。所部皆爨属,强者依山,弱半附郭。嘉靖中,阿国祯以兵一千奉调征安、凤,后又以兵一千从督抚邹侍郎荡赤石崖,论功,钦赍如例。万历中,阿荣以八百众护饷征岳、罕,建陇川土城,又以六百众搜捕寻甸贼李贤辈。其后矣堵、蛮莫、五井诸役,咸在行间,称用命焉。"乾隆《云南通志·土司志·邓川州土知州》所载略同。

[3]小百夷:古代西南少数民族名。明沈德符《万历野获编·补遗》卷四:"按小百夷为熟夷,在永昌府西南。大百夷在陇川之西,俱为滇中内地,而幻化丑秽乃尔。……百夷即僰夷,以音相近讹称。"

[4]投拜:降顺;归附。

[5]象马:大象和马匹。作进贡之物。

[6]把事：土官手下头目名。

[7]内官：宦官；太监。

[8]纳完木价：将应当进贡的木材折款缴纳完毕。明清时期，西南地区一些土司有进贡优质木材的任务，可以折价交纳。

[9]本舍：该土官。

[10]行令就彼冠带：发布命令让他就在本地穿戴官服袭任土官职务。

青索鼻巡检司[1] 巡检

杨良[2]，大理府太和县僰人。洪武十五年归附，十六年六月，总兵官拟充前职，十七年备马进贡。永乐八年五月，奉圣旨："着他回去做巡检，不做世袭。若不守法度时，不着他做。还着流官巡检掌印。钦此。"故。长男杨森，洪熙元年闰七月，奉圣旨："依着太宗皇帝圣旨，着他做巡检，还不世袭。钦此。"故。景泰二年九月，男杨仲告袭。为照钦依[3]，还不世袭人数[4]，又无三司保勘，难以准理。奉圣旨："是。钦此。"天顺八年十月袭，故。嫡长男杨杰，成化十四年奏袭，查无三司会勘，奏行勘间故。男杨璘未袭，亦故。男杨汉卿见在[5]，应袭。

【注释】

[1]青索鼻巡检司：明代土司机构名，在今云南洱源。《明史·地理志·云南》大理府："邓川州，……又有青索鼻土巡检司。南距府七十里。"

[2]杨良：明刘文征《滇志·羁縻志》所载杨良履历等，与此处略有异："青索鼻巡检司土官杨良，波溯邑里人. 为元蒙化州判官。天兵克大理，归附，招叛民，累功土巡检。所部兵不满百，每邓川出兵，则杨氏以所部从。今沿至杨胤龙，冠带巡捕。"乾隆《云南通志·土司志·邓川州青索鼻土巡检》则云："元末杨良为平化州判官，明克大理，以招叛功授土巡检世袭。沿至应龙无子，弟应鹏袭。本朝平滇，应鹏投诚，仍授世职。"

[3]为照钦依:因为按照先皇帝"不世袭"的旨意。

[4]还不世袭人数:而且此人还不在可以世袭的人员名单内。

[5]见在:通"现在",现在在世。

邓川州浪穹县典史[1]

王生[2],大理府邓川州民。洪武十五年投降,总兵官拟任邓川州吏目。后因普颜都[3]叛乱,大军后征,率众迎接。十六年九月,总兵官札改浪穹县典史,十九年实授。故。嫡长男王恭备马,赴京告袭。永乐六年七月,奉圣旨:"着他做典史,不做世袭,也不为例。犯了法度时,不饶。钦此。"告疾。男王保,十五年正月,奉圣旨:"准他替了罢。钦此。"故。男王宁,宣德六年二月,奉圣旨:"准他做,不世袭,也不为例。犯了法度时,不饶。钦此。"文选司缺册内,查得成化七年十月初三日,除流官黄志常。

【注释】

[1]邓川州:明代州名,在今云南洱源。《明史·地理志·云南》大理府:"邓川州。北有钟山,又有普陀江,一名蒲萄江,又名弥苴佉江,南入西洱河。又东有豪猪洞,一名银坑。又有青索鼻土巡检司。南距府七十里。"浪穹县:明代县名,在今云南洱源。《明史·地理志·云南》大理府邓川州:"浪穹,州东。东北有佛光山,山半有洞,可容万人,山后险仄,名一女关。又有莲花山,有蒙次和山,皆险峻。西南有凤羽山。北有罢谷山,洱水所出。西有样备江。西北有宁湖,亦曰明河,即普陀江上源。又有五盐井提举司,洪武十六年置,万历四十二年废。"典史:明代小官名。知县的属官。除大兴、宛平两县典史为从九品外,其余典史均不入流无品级。

[2]王生:乾隆《云南通志·土司志·浪穹县土典史》作"王药师",且叙其子孙世袭事亦有异:"明洪武中开滇,土官王药师以刍粟饷大军,授邓川州吏目。后以征普颜笃功,改浪穹典史。每有征调,皆以兵从。沿至梦祖死,子凤洲袭。本朝平滇,凤洲投诚,仍授世职。凤洲死,侄晋

袭。晋死，今孙之成袭。"明刘文征《滇志·羁縻志》所载略异："浪穹县土官王药师，初以刍粟饷大军，授邓川州吏目。后以征普颜笃功，改浪穹典史，世袭。官兵讨铁锁菁及米鲁武寻，咸以兵从阿氏，备一队。今沿至王梦祖，冠带管事。天启壬戌，沾益乱，亦调其众，犒以银牌。"

［3］普颜都：一般作"普颜笃"，元末明初蒙古人，本为元朝官员，投降明军，安置于云南。洪武间据浪穹县佛光寨等地反叛，被击平。

师井巡检司[1] 巡检

杨胜[2]，大理府邓川州民。洪武十五年归顺，十六年四月，总兵官札充大理府邓川州浪穹县师井巡检司巡检，十七年实授。二十三年给由，二十四年四月复职。三十二年[3]七月，调除黑盐井[4]盐课提举司阿陋猴井[5]盐课司副使。三十三年七月，复除师井巡检司巡检。永乐十五年，问罪禁[6]。故。孙男杨和，洪熙元年九月，奉圣旨："除他做巡检，只不世袭。钦此。"故。成化三年，三司会奏，本官庶长男杨永常应袭。本年十一月，奉圣旨："准他做巡检，不世袭。钦此。"故。男杨天然故，绝。轮该另枝[7]杨永镕长男杨志温应袭。病瘫，男时[8]应该替袭。

【注释】

［1］师井巡检司：明代土司机构名，本属浪穹县，后改属云龙州，在今云南云龙。《明史·地理志·云南》："云龙州，元云龙甸军民府，至元末置。洪武十七年改为州。……东有师井，北有箭杆场四巡检司，又东有十二关土巡检司，旧俱属浪穹县，后改属。"

［2］杨胜：明刘文征《滇志·羁縻志》载明前期景东府亦有土官杨胜，子孙亦任巡检："杨胜，本府人，世为把事。宣、正中，屡以麓川馈饷及者章、羽牙功，得冠带。弘治中，改三岔河哨为巡司，以当寇贼之冲也，胜之裔司其干觇。后又以一碗水、九窑坡二哨多寇，并责杨氏钤之。今沿至杨立程袭。"未知是否与此处之杨胜有关。

[3]三十二年:洪武三十二年,实为建文元年(1399)。

[4]黑盐井:明代地名,在今云南牟定。《明史·地理志·云南》楚雄府:"定远,府西北。西有赤石山。东有龙川江。又有黑盐井,设提举于此。"定远,明代县名,在今云南牟定。

[5]阿陋猴井:阿陋井、猴井。均明代地名,以有盐井而名,属楚雄府广通县,今云南禄丰。《明史·地理志·云南》:"广通,府东。元属南安州。洪武十五年因之,后改属府。……又东北有阿陋雄山,有阿陋井、猴井,俱产盐。"

[6]禁:监禁。

[7]轮该:应该轮到。另枝:同宗支派。

[8]时:杨时。明刘文征《滇志·羁縻志》载杨胜、杨时事云:"师井巡检司土官杨胜,邓川州玉泉乡人。洪武中,率众来归,以粮济师,授土巡检。后杨时,从征安、凤效力。今沿至杨勋袭。天启初,改属云龙。"

十二关巡检司[1] 巡检

李智[2],大理府邓川州民。洪武十五年归附,总兵官札任前职,十七年实授。故。嫡长男李福,赴京告袭。永乐元年正月,节奉圣旨:"都准他做巡检,还不做世袭。若不守法度时,换了。钦此。"正统八年七月,亲男李顺,赴总督尚书靖远伯王骥处袭职。故。成化十年三月,侄李祯奏袭。故。弘治十四年,男李文潼袭,故。男李伯琳,嘉靖十二年八月奏[3],钦蒙[4]准袭。

【注释】

[1]十二关巡检司:明代土司机构名,在今云南云龙。《明史·地理志·云南》:"云龙州,……东有师井,北有箭杆场四巡检司,又东有十二关土巡检司,旧俱属浪穹县,后改属。"按明代又有十二关长官司,亦为土司机构。明刘文征《滇志·羁縻志》:"十二关长官司土官李罗赛,直隶真定府赵州人。在元为防送千户。洪武初,以招附品甸大王及头目自些等功,授副长官。沿

云南　39

至李弼,出兵一百,于马头山攻安、凤之党,禽沙凹、者乌辈献馘。李国出兵三百,捣赤石崖、俄喇诸寨,招收阿曲朋夷民百六十余众。其后加兵蒙化、大侯、矣堵、奉赦、罕虔等,皆奉调遣,然其兵多不过三百。凤克叛,亦以三百众卫姚安。今沿至李祚昌袭。"与此处的十二关巡检司或非一地。

[2]李智:明刘文征《滇志·羁縻志》载其事云:"十二关巡检司土官李智,邓川州玉泉乡民。洪武中归义,授土巡检。后亦效力于寻甸、荞甸间。今沿至李应朝,听袭。四十五年,改隶云龙。"乾隆《云南通志·土司志·十二关土巡检》则云:"李智,明初归义授职。万历中改隶云龙,传至国柱,职除。"

[3]奏:奏告请袭。

[4]钦蒙:"蒙钦"之倒置,意为承蒙钦命。

巡检[1]

张成,大理府邓川州民。洪武十五年归附,十六年八月,总兵官札任前职,十七年实授。故。嫡长男张护,备马赴京告袭,照勘明白。永乐元年正月,奉圣旨:"都准他做巡检,还不做世袭。若不守法度时,换了。钦此。"

【注释】

[1]巡检:凡巡检官均应有管辖之地,否则其"巡检"责任无从落实;此处之巡检无归附之地,应漏。

凤羽乡巡检司[1] 巡检

尹胜,大理府邓川州民,前木光路[2]府判。洪武十五年归附,十六年十一月,总兵官札任凤羽乡巡检司巡检,十七年实授。三十二年[3]十月,裁革衙门,调署本县上江嘴巡检司[4]事。老疾,嫡长男尹宗赴京,朝贺告替。永乐元年正月,奉太宗皇帝圣旨:"都准他做巡检,还不做世袭。若不守法度时,换了。钦此。"年老,嫡长孙尹瑄应替,无布政司官吏保结,拟将发回覆勘。宣德九年六月,奉宣宗皇帝[5]圣旨:"且准他袭去。还行文书去覆戡[6],如有虚诈,就着总兵官黔国公[7]拿解来京。钦此。"故。成化三年四月,嫡长男尹酉奉宪宗皇帝[8]圣旨:"准他做,还不世袭。钦此。"故。正德元年十二月,布政司奏称长男尹镳眼双瞎,孙男尹澄应袭。奉武宗皇帝[9]圣旨:"准他做,还不世袭。钦此。"嘉靖五年六月,布政司奏嫡长男尹永基应袭。奉圣旨:"是,尹永基准承袭土官巡检。钦此。"

【注释】

[1]凤羽乡巡检司:明代土司机构名,在今云南洱源。《明史·地理志·云南》:"浪穹……西南有凤羽县,洪武十五年三月置,属邓川州,寻省。有凤羽乡巡检司。"

[2]前木光路:元代木光路。应误,元代行政区划名有木连路、木邦路、木朵路,均在今云南省。但并无木光路。明刘文征《滇志·羁縻志》所载尹胜履历亦可证其误:"凤羽乡巡检司土官尹胜,邓川州玉泉乡人。元末,为木邦府判。天兵克大理,归命和门,西平檄授土巡检。安、凤之乱,从阿氏攻李锁飞、李牙保等寨。今沿至尹世忠,听袭。"乃是"木邦"而非"木光"。乾隆《云南通志·土司志·凤羽乡土巡检》所载亦略同而续叙其世袭事云:"元末尹胜,为木邦府判。明初克大理,归顺。破佛光寨有功,授土巡检。安凤之乱,尝从阿氏攻李锁飞、李牙保等寨。沿至世忠,无子,弟秉忠袭。秉忠死,子德化袭。德化死,弟德明袭。本朝平滇,德明投诚,仍授世职。德明死,今子承祚承袭。"

[3]三十二年:实为建文元年(1399)。

[4]本县:指浪穹县,明代县名,在今云南洱源。上江嘴巡检司:明代土司机构名,在今云南洱源。觜,同"嘴"。按:明刘文征《滇志·羁縻志》所载上江嘴巡检司土官巡检姓杨:"上江嘴巡检司土官杨信,剑川州人。初为村长,以刍粮馈大军。后屡功于三营、佛光、宁北之间,授世袭土巡检。常从阿氏讨叛。今沿至土舍杨廷举。"乾隆《云南通志·土司志·上江嘴土巡检》则云:"明洪武开滇,杨信以刍粮馈大军,从破佛光寨,授土巡检。沿至廷举,传应接,应接传斌,斌

传康国。本朝平滇,康国投诚,仍授世职。康国死,弟福国袭。福国死,今子啞袭。"

［5］宣宗皇帝:朱瞻基,明代第五任皇帝,庙号宣宗。

［6］覆戡:为"覆勘"之误。

［7］总兵官黔国公:明代镇守云南的沐氏家族,封黔国公,宣德间的黔国公为沐晟。

［8］宪宗皇帝:朱见深,明代第九任皇帝,庙号宪宗。

［9］武宗皇帝:朱厚照,明代第十一任皇帝,庙号武宗。

下江嘴巡检司[1] 巡检

何海[2],大理府邓川州浪穹县土人,系旧日土官。洪武十六年归附,总兵官札除下江嘴巡检司巡检,十七年实授。故。嫡长男何名,备马赴京告袭。永乐二年五月,节奉圣旨:"都着他回去做巡检,只不做世袭。若不守法度时,不着他做。还着流官巡检掌印。钦此。"故。嫡长男何护,宣德五年八月,奉圣旨:"准他,还不世袭。钦此。"故。亲男何镛,本布政司[3]保送,缘不系世袭人数[4],难准。正统五年八月,奉圣旨:"既土人,准他袭,只不世袭。若不守法度时,换了。钦此。"文选司缺册内查得,成化九年五月二十六日,除流官巡检韦敏。亲供[5]查得,何镛故,男何寿暹亦故,未袭。男何贵故,未袭。男何文武,正德十六年上司查取,保送承袭,中途痼疾[6]。长男何枝接应袭。

【注释】

［1］下江嘴巡检司:明代土司机构名,在今云南洱源。《明史·地理志·云南》邓川州:"浪穹……西有上江嘴、西南有下江嘴二土巡检司。"

［2］何海:乾隆《云南通志·土司志·下江嘴土巡检》载其人及其子孙世袭事云:"明洪武开滇,何海率土民归顺,以破佛光寨功,授土巡检。沿至养正死,子光祖袭。光祖死,子应福袭。本朝平滇,应福投诚,仍授世职。应福死,弟一清袭。一清死,今子绍勋袭。"

［3］本布政司：指云南布政司。

［4］缘不系世袭人数：因为不属于可以世袭该土官职位的人员。

［5］亲供：土官亲自呈报的材料。

［6］中途痼疾：等待批复的过程中得了重病。

箭杆场巡检司[1] 巡检

字忠[2]，大理府邓川州浪穹县民，旧日土官。洪武十六年归附，总兵官札除本场巡检，十七年实授。故。嫡长男字良。备马赴京告袭。永乐二年五月，奉圣旨："着他回去做巡检，只不做世袭。若不守法度，不着他做。还着流官巡检掌印。钦此。"亲男字达，备马赴京，进贡袭职。为无布政司官吏保结[3]，及无宗图[4]随缴，拟将本人发回。续[5]该字达奏前事，宣德八年十月，奉圣旨："准他袭。如覆勘不实，不饶。钦此。"故。正统八年八月，男字保送靖远伯王骥[6]处，准袭。中风。成化三年，三司、户部会奏长男字安应袭。本年七月，题准行令[7]，就彼冠带袭替[8]。故。嫡长男字宸应袭，成化二十三年十一月，奉圣旨："是。钦此。"故。男字俸未袭，男字廷宣[9]亦未袭。止据本司兵夫火头[10]拾排里、老李荣等保呈，云南按察司分巡金沧道批县给帖[11]，令字廷宣协同管事。

【注释】

［1］箭杆场巡检司：明代土司机构名，在今云南云龙。《明史·地理志·云南》云龙州："东有师井、北有箭杆场四巡检司，又东有十二关土巡检司，旧俱属浪穹县，后改属。"

［2］字忠：乾隆《云南通志·土司志·云龙州箭杆场土巡检》载其人及子孙世袭事云："元时有字忠者，武定土府之次子也，明洪武开滇，率众归命，授土巡检。后廷宣屡从讨安铨、凤朝文诸贼。沿至元勋，从征奢酋有功，升州同。子显道，以明经不愿袭职，孙题凤袭。本朝平滇，题凤投诚，授世职，以土州同管巡检。"

[3]保结:担保文书。

[4]宗图:土官宗族图谱。

[5]续:后来。

[6]王骥:明代直隶束鹿人,永乐四年进士,官至兵部尚书,封靖远伯。曾几次率军到云南等地讨伐叛乱。

[7]题准:奏请皇上获得批准。行令:发布命令。

[8]就彼冠带替职:就在原地穿戴官服接替土司职位。

[9]字廷宣:明刘文征《滇志·羁縻志》记其事云:"箭杆场巡检司土官字忠,元时为土官。以众来归,授土巡检,与世袭。后字廷宣,屡从邓川阿国祯讨安铨、凤朝文、莽甸诸贼。天启初,以巡司改属云龙州。沿字显道袭。"

[10]火头:土兵小头目。

[11]分巡金沧道:明代各省按察使司负责一省司法刑狱等职责,将全省分为若干"道"(明代的道并非真正意义上的行政区划),设立"分巡道",实即按察分司,负责监督、巡察其所属州、府、县,分巡道长官均有按察副使或按察佥事的头衔。分巡金沧道即分管金沙江、澜沧江流域的分巡道。批县给帖:批复箭杆场巡检司所在的县,发给任职证明。

蒲陀崆巡检司[1] 巡检

杨顺[2],大理府太和县人。先蒙大理守御官取充通事[3],招安人民。洪武十六年六月,总兵官拟充巡检,十七年实授。给由[4]复任。老病。嫡长男杨祥,备马赴京告替。永乐七年正月,奉令旨:"准他替职,只不做世袭。若不守法度时,不着他做。还着流官掌印。敬此。"故。嫡长男杨资,洪熙元年闰七月奉圣旨:"着他做巡检,还不世袭。钦此。"故。嫡次男杨鉴,布政司不曾委官覆勘,亦不系世袭人数,仍难准理。宣德十年四月,奉圣旨:"既有云南布政司咨呈,且准他做巡检去。不为例,亦不世袭。还行文书去覆勘,如果有不实,就拿解来京。钦此。"故。男杨麒告袭。巡抚王都御史看系杨鉴袭时只不世袭,参革为民[5]。成化十五年,杨麒比例[6]告袭,三司未经会勘,行勘未报。故。男杨祯病瘫,未袭。男杨勇,未曾送部。嘉靖九年七月,巡按行[7]布政司查勘,未报。

【注释】

[1]蒲陀崆巡检司:明代土司机构名,在今云南大理。

[2]杨顺:明刘文征《滇志·羁縻志》载杨顺事云:"蒲陀崆巡检司土官杨顺,浪穹县坊长里民。洪武中,指挥周能典大理卫事,以顺充通事,招抚蒙化、白崖,傅颖川表为土巡检。其后,屡从阿氏建功。今沿至杨凤阶,冠带署事。"乾隆《云南通志·土司志·蒲陀崆土巡检》略同此而续叙云:"凤阶死,子瞽,孙争先袭。本朝平滇,争先投诚,仍授世职。争先死,子续鹏袭。续鹏死,今子遗龙袭。"

[3]取充通事:招去担任翻译。

[4]给由:任职期满发给考核结论。

[5]看系杨鉴袭时只不世袭,参革为民:看到杨麒的父亲杨鉴袭职时的圣旨中说"只不世袭",就将杨麒参奏革职贬为平民。

[6]比例:参照原有的成例。

[7]巡按行:巡按御史发出公文。

顺荡井巡检司[1] 巡检

李良,大理府邓川州浪穹县民。由义兵元帅[2],洪武十五年归附。十七年八月,跟同鹤庆府知府董赐[3]赴京朝觐。本年十一月,除本县顺荡井副巡检。三十二年[4]十二月,为事为民[5]。后为错罪[6],官员起取到部[7]。永乐元年十二月,奉圣旨:"着他复职。钦此。"故。嫡长男李泉,备马赴京告袭。亦故。嫡长孙李泰,赴京告袭,参照土官副巡检不系世袭,官员难以准理。永乐十一年五月,奉圣旨："不为例,还着他去做。犯了法度,不饶。钦此。"故。无子,亲弟李安保送。未经三司覆勘,亦不系世袭,难以准理。正统二年七月,奉圣旨："且准他袭。还行文书去覆勘,如果有不实,拿解将来[8]。钦此。"故。三司会奏,嫡长男李永亨应袭。本部查照李泰、李安吉袭[9]之时,节奉钦依"不为例并且准他袭"事理[10]。成化四年十二月,奉圣旨："且准他袭。不守法度时,不饶。钦此。"故。男李招未袭故,绝[11]。该李永亨亲弟李永祯承袭,奉例[12]于成化十二年取勘,定名会奏,就彼冠带。故。长男李俊故,未袭。男李宏故,绝。李信系李永祯次男,应该承袭,故。长男李鉴,见今听袭[13]。

【注释】

[1]顺荡井巡检司:明代土司机构名,在今云南云龙。《明史·地理志·云南》云龙州:"云龙州……东北有顺荡井、又有上五井、东有师井、北有箭捍场四巡检司,又东有十二关土巡检司,旧俱属浪穹县,后改属。"

[2]义兵元帅:疑误。元代"元帅"名号众多,情况复杂,但一般均为二品至四品高官。李良应未任过此职,除非是自封。否则以元帅身份降顺,不可能仅得个副巡检的低级土官职位。明刘文征《滇志·羁縻志》称李良在元代任百户,较为可信:"顺荡井巡检司土官李良,元时管军百户。倡众归义,从鹤庆知府董赐入朝,除土巡检。后以罪失其官,寻复之。莽甸、安铨、凤朝文诸变,咸以功著。万历初,从征岳凤,亦与力焉。今沿至李继武袭。万历四十五年,改隶云龙。"

[3]董赐:参见前文《云南府安宁州知州》篇注释。

[4]三十二年:洪武年号无三十二年,实为建文元年(1399)。

[5]为事为民:因为犯事贬为平民。

[6]后为错罪:后来查明为冤案。

[7]起取到部:将他的材料呈送吏部。

[8]拿解将来:把他逮捕押解来。

[9]吉袭:应为"告袭"之误。

[10]节奉钦依"不为例并且准他袭"事理:按照当时所奉圣旨"不作为世袭之例但允许袭

职"的事理(拟准李永亨袭职)。

[11]绝:绝嗣。即没有直系继承人。

[12]奉例:依照此前的成例。

[13]见今听袭:现在正在等候袭职。见:通"现",现在。

蒙化府[1]知府

左禾[2],大理府蒙化州罗罗人,系本州火头[3]。洪武十五年,大军克复[4],仍充添摩牙等村火头。十六年正月,投首复业[5],总兵官拟充蒙化州判官[6],十七年实授。续该西平侯[7]奏,据里长张保等告保左禾,授任二十余年,夷民信服,乞将升任。永乐三年二月,奉圣旨:"他做判官二十余年,不犯法度,好生志诚[8],升做着他封印[9]。流官知州[10]不动,还掌印。钦此。"患疾,嫡男左度替职[11],起程间被人杀死,左禾仍前署事。故。左伽,嫡长男,告替。本部议难准理。永乐十三年四月,奉圣旨:"准他替了。钦此。"正统五年上粮[12],升府同知[13],又掌州事。后征麓川有功,升从四品。又有功,升知府。又有功,升从三品散官亚中大夫[14],仍升知府、掌州事。续该本州奏称,三十五里[15]人民四千一百四十八户,税粮四千七百余石,要将本州改为府治。本部行该[16]会勘明白。正统十三年六月,奏准将本州改为蒙化府,就令知府左伽掌印管事。年老,天顺五年,孙左琳替职。故,无嗣。成化四年,三司会奏亲弟左瑛应袭,准行,令就彼冠带袭职。故。嫡长男左铭奏袭。弘治十三年十一月,奉圣旨:"是。钦此。"故。十六年三月,保男左祯袭替。奉圣旨:"左祯准袭知府职事。钦此。"左祯缘事[17],男左文臣调征有功,给与冠带,见在听袭。[18]

【注释】

[1]蒙化府:明代府名,本为州,隶大理府,正统间升为土府,万历间改设流官。治所在今云

南巍山。《明史·地理志·云南》:"蒙化府,元蒙化州,属大理路。洪武十五年三月因之,正统十三年六月升为府。北有龙宇图山、又有甸头山,一名天耳山。南有甸尾山。西有阳江,源出甸头涧,下流至定边县,入定边河。又西有样备江,一名神庄江,与永平县分界,南入顺宁府境,为黑惠江。西南有澜沧江。有甸头、甸尾、样备、澜沧江四巡检司。又西南有备溪江土巡检司。又东有迷渡市,嘉靖初筑。东距布政司八百六十里。"

[2]左禾:乾隆《云南通志·土司志·蒙化府土知府》载其人云:"元时,左青罗为顺宁府同知。传至禾,为九部火头、顺宁司通事。明洪武中归附,仍其职。后官兵征高大惠等,遣禾招谕降之,因授蒙化州判,永乐中升知州。"

[3]火头:土官手下的头目。按明刘文征《滇志·羁縻志》载左禾事较此处为详:"土官左禾,蒙城乡摩牙里人。其先有左青罗者,元为顺宁府同知,传至禾,为九部火头、顺宁司通事。洪武中,平云南,仍以禾为火头。后大兵征高天惠等逃窜,禾遂招谕蒙化州人,得授州判官。永乐中,左伽嗣,以兵与麓川战于大侯,功第一,累升中宪大夫、临安府知府,掌州事。正统中,晋州为府,遂真授知府。今沿至左近嵩袭。世居城北隅。江内部夷,柔而守纪;江外数枝,以勇悍每应征调,多野战而无行伍。"

[4]克复:攻克收复(大理)。

[5]投首复业:降顺并恢复火头职务。

[6]判官:官名。明代州判官为从七品。

[7]西平侯:指首任西平侯沐英。沐英,明初凤阳府人,朱元璋养子,明朝开国功臣,封西平侯,任副帅领军平定云南,封黔国公,死后追封黔宁王。其子孙世袭其爵位镇守云南。

[8]志诚:诚实。

[9]升做着他封印:升他做土官知州,让他负责封印。封印:封存官印。明人田汝成笔记《西湖游览志余》卷二十云:"除夕,人家祀先及百神。……是日,官府封印,不复签押。至新正三日始开。"但《土官底簿》中多次出现这一概念,而且均与"掌印"相对,似乎并非仅仅是指在春节时封存官印三天这么简单。

[10]流官知州:明代土司地区,常有同一州县同时有土官、流官两名正职长官的现象。

[11]替职:指赴京进贡请求袭职。

[12]上粮:缴纳税粮。此处应指在原定粮赋额数之外多交,否则不应因此而得升职。

[13]升府同知:明代知州为从五品,府同知为正五品。

[14]亚中大夫:明代散阶官衔名。

[15]里:基层行政单位名。

[16]本部:指吏部。行该:行文给该省三司。

[17]缘事:因为犯事。

[18]见在听袭:现在在世,正等候袭职。按:乾隆《云南通志·土司志·蒙化府土知府》载左伽之后子孙世袭事云:"子左伽,正统中纳米,升同知。后从征麓川,累功升大理府土知府,仍掌州事。寻升州为府,遂实授知府。沿至近嵩,传子星海。本朝平滇,星海子世瑞投诚,仍授世职。世瑞死,子嘉谟袭。嘉谟死,今子麟哥袭。"

备溪江巡检司[1] 巡检

字白,大理蒙化州山外罗罗人。前[2]充山外火头,洪武十七年投拜[3],总兵官拟充土官巡检,当年实授。二十二年,跟云南都司等官剿捕昆仑[4],被贼杀死。本年六月,布政司札委弟字青暂署职事。三十二年[5],申保准袭。三十五年[6]正月给由[7],永乐四年正月复职。故。男字斌,云南三司保勘。天顺五年十一月准袭职,回还,缘无会保[8],不许到任管事。行该三司会奏,具堂上官[9]保结缴。天顺八年,准管事。故。男字伯告袭间亦故[10]。奏保伊男字玺应袭。成化十三年七月,题准就彼冠带袭职。故,绝。堂侄字禄,见在告袭。

【注释】

[1]备溪江巡检司:明代土司机构名,在今云南南涧。《明史·地理志·云南》:"蒙化府,……又西南有备溪江土巡检司。"

[2]前:指在元朝时。

[3]投拜:降顺。

［4］二十二年,跟云南都司等官剿捕昆仑:此"二十二年"置于洪武间,应误,应指永乐二十二年,而非洪武二十二年。"剿捕昆仑"指永乐二十二年云南都指挥使李英等人越昆仑山征讨安定卫土酋哈三孙散哥之事。《明史·成祖本纪》:"永乐……二十二年,中官乔来喜、邓诚使乌斯藏,次毕力术江黄羊川。安定指挥哈三孙散哥及曲先指挥散即思等率众邀劫之,杀朝使,尽夺驼马币物而去。仁宗大怒,敕都指挥李英偕康寿等讨之。英等率西宁诸卫军及隆奔国师贾失儿监藏等十二番族之众,深入追贼,贼远遁。英等逾昆仑山西行数百里,抵雅令阔之地,遇安定贼,击败之,斩首四百八十余级,生擒七十余人,获驼马牛十四万有奇。曲先闻风远窜,追之不及而还。英以此封会宁伯,寿等皆进秩。大军既旋,指挥哈三等惧罪,不敢还故地。"

［5］三十二年:实为建文元年(1399)。

［6］三十五年:实为建文四年(1402)。

［7］给由:官员任职期满发给考核结论。

［8］缘无会保:因为没有三司会勘保结文书。

［9］堂上官:主管官员。

［10］告袭间亦故:正在申请袭职期间也死了。

样备巡检司[1]巡检

马回回定,大理大和县民。洪武十六年,跟随大军攻打邓川州浪穹县等处,有功,总兵官札充样备巡检司巡检,十七年实授。永乐二年给由,患病,带男马哈麻告替,议不准理。本年十一月,奉圣旨:"他既是眼疾,着他儿子替职,只是还不做世袭。若守法度时,常着他做;不守法度时,换了。钦此。"故。嫡长男马沙保袭。十三年十二月,奉圣旨:"着他袭了。不做世袭,只终他本身。钦此。"补本[2],奉圣旨:"这厮[3]本不当袭,暂着他袭了,不做例。若生事不守法度,不饶。钦此。"文选司缺册内查得,成化九年五月,除流官巡检王志拳。

【注释】

[1]样备巡检司:明代土司机构名,在今云南漾濞。《明史·地理志·云南》:"蒙化府,……又西有样备江,一名神庄江,与永平县分界,南入顺宁府境,为黑惠江。西南有澜沧江。有甸头、甸尾、样备、澜沧江四巡检司。"

[2]补本:补充上奏。

[3]厮:家伙。骂人语。

浪沧江巡检司[1]巡检

字青,大理府蒙化州罗罗人,充昆仑火头[2]。洪武十七年,投郭都督[3],拟充前职,本年实授。故。男字成,永乐三年二月,奉圣旨:"都除他去做。何胜[4]做副使,字成做巡检,封印。都不还做世袭,也不为常例。若不志诚,又不守法度时,换了。钦此。"故。长男字罗,永乐十三年四月,奉圣旨:"准他袭。钦此。"故。字隆告袭,亦故。男字永年,委系[5]字罗嫡长孙男。成化三年六月,奉圣旨:"准他做巡检,还不世袭。钦此。"故。男字洪,故。男字麒,故。俱未袭。男字青[6],见在听袭。

【注释】

[1]浪沧江(澜沧江)巡检司:明代土司机构名,在今云南南涧。《明史·地理志·云南》:"蒙化府,……西南有澜沧江。有甸头、甸尾、样备、澜沧江四巡检司。"

[2]火头:土官手下的头目。

[3]郭都督:应指郭英。郭英,元末明初濠州人,明朝开国功臣,封武定侯,洪武间参与平定云南。郭英曾任前军都督府佥事。

[4]何胜:土官名。参见下文《剑川州弥沙盐井盐课司副使》篇。

[5]委系:确实是。

[6]男字青:此名应误。因为本则开头即载字青于洪武间首任浪沧江巡检司巡检,不可能其子孙又有同名者于成化间再袭职。

蒙化府样备驿[1]驿丞

尹乂[2],蒙化州僰人。洪武十六年投降[3],总兵官委任本驿驿丞,十七年实授。故。长男尹春,备马赴京,进贡告袭。永乐三年二月,奉圣旨:"尹春着他去做驿丞,封印,还不做世袭,也不做常例。若不志诚,不守法度时,换了。钦此。"年老,嫡长男尹恭先故,遗下尹嵩,系孙男,自小脚疾,难替。嫡次男尹印,宣德五年八月,奉圣旨:"准他。还不做世袭。钦此。"老疾,将职退还尹嵩。三司保送。景泰四年七月,奉圣旨:"既有委官[4]保勘明白,准他袭原职。钦此。"老疾,长男尹平,成化十六年十月,奉圣旨:"尹平准做驿丞,还不世袭。钦此。"故。男尹政,老疾未袭。男尹凤应袭。

【注释】

[1]样备驿:明代土司机构名,在今云南漾濞。

[2]尹乂:明刘文征《滇志·羁縻志》载其人云:"样备驿土官尹乂,本府僰民。洪武中,从征佛光,授驿丞。今沿至尹国佑,听袭。"

[3]投降:投奔降顺。

[4]委官:委任的负责官员。

云龙州[1]知州

段保[2],本州民。洪武十六年归附,本年十月,总兵官札拟本州知州,十七年实授。二十六年故,嫡次男段海,三十年四月,西平侯[3]委令署事,本月钦除云南大理府云龙州知州。故。男段亨勘袭[4]间亦故。男段荣保,送靖远伯王骥处,准袭[5]。故。男段铭,该三司会奏[6]。成化元年十月,准令段铭就彼冠带。正德十一年四月,布政司奏保段洪告袭,起送间[7]亦故。将段洪嫡长男段怀金承袭,送部,查得祖来不曾开有世袭字样。奉圣旨:"是,段怀金准袭祖职。钦此。"

【注释】

[1]云龙州:明代州名,在今云南云龙。《明史·地理志·云南》:"云龙州,元云龙甸军民府,至元末置。洪武十七年改为州。"万历间改土归流。《明史·土司列传·云南》:"万历四十八年,云龙土知州段龙死,子嘉龙立,养子进忠杀嘉龙争袭,流劫杀掠。官军进讨,进忠从间道欲趋大理,官军擒诛之,改设流官,授段氏世吏目一人。"

[2]段保:乾隆《云南通志·土司志·云龙州土知州》云:"段保,明初率众归附,从征普颜笃有功,授世袭知州。沿至段嘉龙,为舍目段进忠所杀。官诛进忠,遂改设流官。天启中,嘉龙子彩有剿寇功,复给冠带,传子德寿。"明刘文征《滇志·羁縻志》叙段保及其子孙世袭事较详:"云龙州土官段保,洪武中以州来归,授土知州。沿至段绥卒,子嘉龙袭。其妻纵虐失夷心,族舍进忠计诱漕涧夷,杀嘉龙而篡之。庚申秋,道府诱禽进忠,械系省城,论死。以其地为流官治,给嘉龙子彩冠带,钤束其众。所部夷、猡二种,夷弱猡强。其三崇山后又有野蛮,嚣戾好杀。"

[3]西平侯:指沐英,明朝开国功臣,封西平侯等。

[4]勘袭:查勘袭职资格。

[5]送靖远伯王骥处,准袭:王骥是明代兵部尚书,封靖远伯。正统间,王骥以总督军务身份几次率军征讨麓川等地,朝廷准许他在征伐云南、四川时可临时处理土官世袭之事。

[6]会奏:指会同上奏担保段铭袭职。

[7]起送间:准备送往京城的过程中。

临安府嶍峨县[1]知县

禄佑房[2],罗罗[3]人。洪武十五年,总兵官处投拜。十六年赴京,除本县县丞。十七年闰五月,改除本县知县。故。弟禄宁承袭。又故。正妻沙头袭职,亦故。众议保勘本官第三妻沙护应袭。永乐三年二月,奉圣旨:"准他袭。钦此。"故。嫡长亲侄禄华,永乐九年二月,奉圣旨:"准他保,着禄华袭。钦此。"老疾,嫡长男禄万锤,正统八年七月,靖远伯王骥处冠带。故。成化元年,会奏嫡长男禄继通应袭。本年三月,准令禄继通就彼冠带。故。无嗣,奏保禄继通亲弟禄继达,未袭,故。嫡长男禄文,应袭伊伯父禄继通职事。弘治六年十一月,奉圣旨:"禄文准袭土官知县。钦此。"文故,无嗣。亲弟禄武应袭。查得祖来不曾开有世袭字样。正德七年七月,奉圣旨:"准他袭。钦此。"

【注释】

[1]临安府:明代府名,治所在今云南建水。《明史·地理志·云南》:"临安府,元临安路,洪武十五年正月为府。领州六,县五,长官司九。北距布政司四百二十里。"嶍峨县:明代县名,在今云南峨山。《明史·地理志·云南》临安府:"嶍峨,府西北。元属宁州,洪武十五年二月改属府。东有曲江,自新兴州流入,又南有合流江,西北有丁癸江,俱流合焉。又西南有伽罗关、西有兴衣乡二巡检司。"

[2]禄佑房:此处称禄佑房为明代嶍峨县首任土知县,但乾隆《云南通志·土司志·嶍峨县土知县》所载不同:"明初,禄羡归顺,授土县丞,寻以功升知县。弘治间,专任流官,而以土官巡捕。沿至禄益,叛遁江外。"首任者为禄羡。而明刘文征《滇志·羁縻志》相关内容又有异:"嶍峨县土官普净,郡志作禄侑,国初归附,授县丞。寻以功,升世袭知县。弘治间,专任流官,而以

土官巡捕。沿至今,禄崇功袭。所居去县治五里许,辖部猡猡、窝泥二种,幅员可五百里,征调之众不满千人。"未知孰是。

[3]罗罗:古代西南少数民族名。

主簿[1]

王敬,澂江府新兴县[2]民。宣德三年,任车里盐井巡检司[3]土官巡检。被夷人杀死。嫡长男王添祥,正德六年总督尚书王骥处袭职。征麓川有功,升授土官主簿[4]。为无衙门,委署临安府河西县曲陀巡检司[5]事。备马赴京陈情[6]。景泰二年,本部拟王添祥添注临安府嶍峨县土官主簿,贴[7]流官办事。奉圣旨:"是。钦此。"故。嫡长男王俊告袭,因无三司会奏,发回听候会奏,至日定夺。天顺四年十月,奉圣旨:"是。钦此。"王俊又奏,来京告袭二次,途程万里,要乞袭父职事。仍取三司会奏,拟将王俊袭职事,不许管事。仍催会奏,至日定夺。本年十一月,奉圣旨:"是。钦此。"天顺七年,三司会奏,准令管事。故。嫡次男王镏,弘治九年正月,奉圣旨:"准他袭。钦此。"行令王镏就彼冠带,到任管事。故。无嗣,亲弟王锜,弘治十八年,奉圣旨:"是,王锜准他袭。钦此。"就彼冠带。故,绝嗣。堂弟王钦,正德六年五月,奉圣旨:"是,王钦准他袭。钦此。"故,绝。正德六年三月,保勘王锜同祖堂弟王钦应袭,查祖来不曾开有世袭字样。奉圣旨:"是,王钦准他袭。钦此。"[8]

【注释】

[1]主簿:官名,知县的副手之一。此处指嶍峨县主簿。

[2]澂江府:明代府名,治所在今云南澄江。《明史·地理志·云南》:"澂江府,元澂江路,洪武十五年三月为府。领州二,县三。西北距布政司八十里。"新兴县:明代县名,在今云南玉溪。本为州,《明史·地理志·云南》澂江府:"新兴州,东北有罗麽山,一名石崖山。西北有大

棋山。又有蒙习山,山与晋宁州交界。又有大溪,下流至嶍峨县,入于曲江。有罗麽溪,源出罗麽山,入于大溪。又北有普舍县,南有研和县,元俱属州,洪武十五年三月因之,寻废。"

[3]车里盐井巡检司:此土司名疑有误。车里,明代地名,在今云南景洪一带,设有土司机构宣慰司。但该处应无盐井巡检司。明代云南名盐井者有多处,有设军卫者,有设提举司者,设巡检司者有黑盐井、白盐井,但均不在车里。

[4]王添祥,正德六年总督尚书王骥处袭职……授土官主簿:据乾隆《云南通志·土司志·宁州土知州》,王添祥在永乐间任嶍峨县土主簿:"王添祥,明永乐间从征麓川有功,授主簿。沿至王烈,传弟然。然死无子,叔扬祖袭。"明刘文征《滇志·嶍麽志》则称为正统间事:"王添祥,正统间,以车里功,升主簿。传至俊、镏、锜、钦,皆有其官。今沿至王烈,听袭。"未知孰是。

[5]临安府:明代府名,治所在今云南建水。河西县:明代县名,在今云南通海。曲陀巡检司:明代土司机构名,在今云南通海。《明史·地理志·云南》临安府:"河西,府西北。东有曲江。又西有禄卑江,自新兴州流入,合于曲江。又东北有绿溪河,其下流即通海湖。又北有曲陀关巡检司,后废。"

[6]陈情:陈述请求。

[7]贴:协助。

[8]正德六年三月,……奉圣旨:"是,王钦准他袭。钦此":按此段文字重复且矛盾。上文已说王钦于正德六年五月奉圣旨准袭职,此处又说王钦于正德六年三月申请袭职得到批准。

蒙自县[1]知县

禄庆[2],本县罗罗人,承袭土官。故,无子嗣。禄羨袭职。故。嫡长男禄胜,二十七年[3]袭职。故。族弟禄政,三十五年[4]袭。故。禄胜遗腹亲男禄荣,永乐二十二年五月,奉令旨:"准他袭。敬此。"故。男禄刚年幼,保伊妻沙钦承袭。宣德五年,奉圣旨:"准他。钦此。"故。正统八年,禄刚保送军务尚书[5]王骥处,准袭。患病,要令伊男禄崇袭职。三司会奏。成化元年十二月,题准禄崇就彼冠带。故,无嗣。亲弟禄代,十年二月,准就彼冠带。弘治十一年九月,行勘禄仁是否禄赐亲男[6],年久未报。至弘治六年[7]四月,文选司报蒙自县添设流官知县掌印,土官知县专一管束夷民、巡捕盗贼。嘉靖二年九月,巡抚王启奏禄赐户绝,流官知县管理县事,土官公座[8]裁革。奉圣旨:"是,准拟行。钦此。"

【注释】

[1]蒙自县:明代县名,属临安府,在今云南蒙自。《明史·地理志·云南》临安府:"蒙自,府东南。西有目则山。东有云龙山,又有羡哀山。又东南有黎花江,即礼社江也,东南注于交阯清水江。有黎花旧市栅,宣德五年五月置临安卫右千户所于此。"

[2]禄庆:据乾隆《云南通志·土司志·蒙自县土知县》,明代蒙自县土知县姓陆:"元总管阿只孙,明初以蒙自归附,授土知县。传陆钦、陆荣、陆刚、陆仁。弘治时改设流官,职革。"禄庆应即"陆钦"。

[3]二十七年:应指洪武二十七年(1394)。

[4]三十五年:洪武三十五年,实为建文四年(1402)。

[5]军务尚书:指总督军务兵部尚书。王骥当时的正式官职是兵部尚书,总督军务是率军出征时的临时性职务。

[6]行勘禄仁是否禄赐亲男:前文未提及禄仁、禄赐两人世系。

[7]弘治六年:疑为"正德六年"之误。因为前句叙事已到弘治十六年,不应此处又有"至弘治六年"之说。

[8]公座:衙门;职位。按:据《明史·土司列传》,蒙自县土官并非因为"户绝"而裁革,而是因其土官叛乱;时间也不在嘉靖间,而在正德八年:"正德八年,蒙自土舍禄祥争袭父职,鸩杀其嫡兄禄仁,安南长官司土舍那代助之以兵,遂称乱,守臣讨平之。事闻,命革蒙自土官,改长官司为新安守御千户所,调临安卫中所官军戍之。"

宁州[1]知州

弄甥,本州罗罗人,前世袭土官禄威亲弟[2]。洪武十六年,本州流官知州欧阳一,请开设衙门。乡老王庆保甥承袭,赴京朝觐。洪武十七年四月实授。故。男禄庆承袭,缘无世袭。宣德元年三月,奉圣旨:"着他做知州,还不世袭。钦此。"故。男禄英,保送总督尚书王骥处,准袭。故。伊男禄永,成化二年十二月,奉圣旨:"禄永准做知州,还不世袭。钦此。"庶次男禄安告袭,查奉钦依[3],还不世袭。四年三月,奉圣旨:"禄安准做知州,不世袭。钦此。"故。庶次男禄俸,弘治十一年十一月,奉圣旨:"禄俸还着他做知州,不世袭。钦此。"十六年四月,文选司[4]报宁州添设流官知州掌印,土官专一管束夷民,巡捕盗贼。[5]

【注释】

[1]宁州:明代州名,属临安府,在今云南华宁。《明史·地理志·云南》临安府:"宁州,东南有登楼山。东有水角甸山,产芦甘石。又东有婆兮江,源出澂江府抚仙湖,下流入盘江,又西南有浣江,流合焉。又东有西沙县,元属州,后省,洪武十五年三月复置,仍属州,寻复省。西北有甸直巡检司。西南距府百八十里。"

[2]弄甥……前世袭土官禄威亲弟:乾隆《云南通志·土司志·宁州土知州》载弄甥在明初得朝廷赐姓禄:"元时,普捷为晌町路宣慰司。明初开滇,有弄甥者,迎师有功,赐姓禄,授土知州。沿至普奉,以专横伏法,遂降州同,以禄世仁为之。后传禄绍先,讨岳凤有功,复土知州。"可信,因为弄甥之后裔皆以禄为姓。据此,此处所称弄甥之兄、元代土官名禄威之说疑有误。

[3]查奉钦依:查勘后奉圣旨允准。

[4]文选司:吏部的一个司。

[5]按:明刘文征《滇志·羁縻志》载宁州禄氏土官世袭事云:"宁州土官弄甥,元土官普提之后。洪武初,归附,授土知州。沿至普奉,以专横伏法,遂设流官治州事,赋讼尽属有司,而征调则土官以部夷行。嘉靖间改禄姓,有禄世仁者为同知,禄绍先为知州。传至禄华诰,讨罗平有功,晋秩至运同。华诰卒,子厚袭。厚卒,子溥袭。溥卒,弟洪袭。石屏有禄嘉懋,阿迷有禄嘉瑞,蒙自有禄有道,皆其族,分出捕御盗贼。《修攘考》称其土马精强,遵纪律,倘忠勇不替,可备全滇缓急云。"可为此处内容之补充。

阿迷州[1]知州

普宁和,罗罗人。相继承袭阿迷州万户府土官。洪武十六年,赴京朝觐,授阿迷州知州。故。男普救告袭,二十年准袭。二十六年故。嫡长男普誓,西平侯札付接缺管事。二十九年正月,奉太祖皇帝圣旨:"既是西平侯着他署事,与他实授。钦此。"故。男普宁,年二岁,未堪承袭。乡老告保普哲[2]正妻沙保暂署州事,候普宁长成袭职。永乐二年十月,奉圣旨:"是,如今着沙保做知州,等他男长成时,着他袭。钦此。"回还,在途病故。把事耆老等告保普哲次女沙虚暂袭,八年四月,奉令旨:"先准沙虚做知州,等普宁长大袭职。敬此。"沙虚故,普宁先故。普显宗,系沙虚嫡长孙男,亦系普宁男[3]。宣德五年六月,奉圣旨:"准他。钦此。"故。男普柱,正德八年袭[4]。故,并无嫡庶弟侄儿男。正妻沙费,成化元年奏袭。查勘十八年弟普明奏袭[5],查系争袭不明,行勘未报。文选司缺册内,成化十二年十二月,除流官杜参。

【注释】

[1]阿迷州:明代州名,在今云南开远。《明史·地理志·云南》临安府:"阿迷州,元阿宁万户,洪武十五年三月置州。东南有买吾山,万历初改名雷公山。又南有盘江,东有乐蒙河流入焉。又东有火井,有东山口土巡检司。又有部旧村巡检司,后废。又有阿迷守御城,万历二年筑。西距府百二十里。"

[2]普哲:此人应为上文"普誓"之误。因为上文已说明普宁为其子,此处又称"正妻沙保暂署州事,候普宁长成袭职",足可证明。"哲"与"誓"字形亦相似。亦有可能是本应为普哲,作"普誓"误。

[3]普显宗,系沙虚嫡长孙男,亦系普宁男:此处所述之亲属关系混乱。上文已说明,沙虚是普哲次女,普宁是普哲(普誓)之子,如此则沙虚与普宁乃是姐弟。显然,"沙虚嫡长孙男"普显宗,绝不可能是普宁之子。

云 南 59

[4]普柱,正德八年袭:据明刘文征《滇志·羁縻志》载,普柱非正德间土官,乃洪武间阿迷州土知州:"阿迷州土官普柱,洪武中为土知州。后设流,录其裔觉为东山巡检司土巡检。沿至普维藩,与宁州禄氏构兵,师歼焉。维藩死,子名声幼,兵道畜名声城中,令郡诸生教之。既长,召诸寨夷共立之,以延普氏。名声收集其众,勇于攻战。天启元年十一月,奉调剿逆。至今所至,辄以冲陷闻。"

[5]查勘十八年弟普明奏袭:此语表述不清。后文说成化十二年阿迷州已经改土归流,成化十八年怎能还有土官争袭?

东山口巡检司[1]巡检

张昱,原任溪处甸长官司[2]土官巡检。天顺八年十月,本府委署管东山口巡检司印。三司奏保张昱铨注管事,成化三年三月,奉圣旨:"是。钦此。"嘉靖四年三月,巡抚胡训[3]等议,阿迷州东山口巡检司原有巡检司印信,景泰年间,保袭土官普觉[4]管理为恶,典刑[5]革袭。保任土官巡检张昱故后,子孙例不该袭。原奏保土民普纳又故。查举土官枝派普旭,堪任土官巡检。又该三司议得普旭平民,难加前职,乞将普旭暂授冠带,护守印信,以后果能建立军功,子孙应否承袭,另行议处。奉圣旨:"是。钦此。"

【注释】

[1]东山口巡检司:明代土司机构名,在今云南开远。《明史·地理志·云南》:"阿迷州……又东有火井,有东山口土巡检司。又有部旧村巡检司,后废。"

[2]溪处甸长官司:应为溪处甸副长官司,明代土司机构名,在今云南红河。但其土官似无张昱其人。《明史·土司列传·云南土司一》:"永乐九年,溪处甸长官司副长官自恩来朝,贡马及金银器,赐赉如例。"而乾隆《云南通志·土司志·溪处甸土副长官司》所载又不同:"束克明,初归附,授副长官。越数代,无姓,不知冠冕。自知府陈晟授以赵姓,沿至恩洪、恩禧、恩忠。

本朝平滇,恩忠投诚,仍授世职。"明刘文征《滇志·羁縻志》载首任土官为束充:"溪处甸长官司土官束充,和泥人。洪武中归附,授副长官。其后见于传记者,有赤渴、角嵩、粤成、觉定、觉明、觉棋、觉凤、恩海、禄宽、恩贵。本无姓,亦不知冠带。自知府陈晟授以赵姓。今沿至赵恩洪,死,子赵恩禧听袭。"未知孰是。

[3]胡训:明代江西南昌人,弘治十五年进士,曾以都察院副都御史巡抚云南,官至南京都察院右都御史、南京工部尚书、兵部尚书。

[4]普觉:《明史·土司列传·云南土司一》称普觉为东山口巡检司首任巡检,与此处内容有异:"宣德五年,中官云仙还自云南,奏设东山口巡检司,以故土官后普觉为巡检。……初,临安阿迷州土官普柱,洪武中为土知州。后设流,录其后觉为东山巡检,既而以他事废。正德二年以广西维摩、王弄山与阿迷接壤,盗出没,仍令普觉后纳继前职。"

[5]典刑:处以刑罚。

曲靖军民府南宁县白水关巡检司[1]巡检

李桧芳[2],旧名桂芳,云南府昆明县人,指挥李观[3]下头目。洪武十四年,随同本官归附。节次[4]随跟大军攻打大理等处。十六年,西平侯[5]拨守金齿[6],仍前参随。二十四年,总兵官札授白水关巡检。永乐十七年,老病,庶长男李文玉赴京进贡。永乐二十一年十一月,奉令旨:"吏部查例了[7],奏请。敬此。"缘行勘未报[8],合将李文玉发回候勘。本年十二月,奉令旨:"是。敬此。"宣德二年替职,老疾。嫡长男李辅,成化三年十二月,准令就彼冠带。故。长男李璘,未袭故。嫡长男李俊承袭伊祖李辅土官巡检。十四年正月,奉圣旨:"是,李俊准袭土官巡检职事。"

【注释】

[1]曲靖军民府:明代土府名,治所在今云南曲靖。《明史·地理志·云南》:"曲靖府,元

曲靖路,洪武十五年三月为府,二十七年四月升为军民府。"南宁县:明代县名,在今云南曲靖。《明史·地理志·云南》曲靖府:"南宁,倚。东南有石堡山,山西有元越州治,洪武二十八年正月废。北有白石江,流合城南之潇湘江,又东南合左小江,亦谓之南盘江,下流环云南、澂江、广西三府之境,至罗平州入贵州界。"白水关巡检司:明代土司机构名,在今云南曲靖。《明史·地理志·云南》曲靖府:"南宁,……东北有白水关巡检司。"

[2]李檜芳:乾隆《云南通志·土司志·南宁县白水关土巡检》作"李桧芳",略云"明初以行伍从指挥李观,克大理、乌撒有功,授世职,至承恩绝"。此说本自明刘文征《滇志·羁縻志》。

[3]李观:元末明初蒙古人,本名观音保,在元朝任云南右丞,洪武十五年降明军,得任为金齿卫指挥使,并赐姓名李观。

[4]节次:逐次;陆续。

[5]西平侯:指明代开国功臣沐英,封西平侯,其子孙世世代代镇守云南。

[6]金齿:明代地名,在今云南保山。明代在该地设卫所。《明史·地理志·云南》:"永昌军民府,元永昌府,属大理路。洪武十五年三月属布政司。十八年二月兼置金齿卫,属都司。二十三年十二月省府,升卫为金齿军民指挥使司。嘉靖元年十月罢军民司,止为卫,复置永昌军民府。"

[7]查例了:核查相关条例后。

[8]缘行勘未报:因为云南未将查勘结果上报。

亦佐县[1]知县

安白[2],系世袭土官。洪武十五年归附,十六年赴京,钦授本县官知县[3]。十七年九月,与普安[4]仇杀,典刑[5]。男沙旧年幼,令族叔阿察管事。二十一年,除流官知州[6]王和到县。沙旧与同,协力办事。三十二年[7],勘合[8]令袭本州土官知县[9]。故。男沙存告袭,宣德二年十二月,奉圣旨:"着沙存做亦佐县县丞。钦此。"故。弟沙得,宣德五年十二月奉圣旨:"准他做。钦此。"沙得在任,酒狂生拗[10],百姓不服管束,杀死营长[11]沙陀,告发问拟[12]典刑。沙广袭,故,无嗣。

堂弟沙昶告袭间故。沙广堂侄沙圭,成化二十三年二月,奉圣旨:"是。钦此。"[13]嘉靖二年二月,工部咨[14],据布政司保送绝嗣土官县丞沙圭亲叔故嫡长男沙资所生嫡长男沙安宗,该袭,查得本舍既纳木价[15],免其赴京,但祖来不曾开有世袭字样。奉圣旨:"准他袭。钦此。"

【注释】

[1]亦佐县:明代县名,在今云南富源。《明史·地理志·云南》曲靖府:"亦佐,府东。元属罗雄州,永乐初改属府。西南有块泽江。"

[2]安白:此处云安白为明代亦佐县首任土知县,然明刘文征《滇志·羁縻志》所载不同:"亦佐县土官沙普,元为县酋长,洪武初归附,世领县事。后以罪降县丞。万历中,沙腾蛟以侄继伯。死,子运泰袭。运泰死,妻隆氏袭。居旧县东,土马柔弱,自沾、乌丧乱以来,益不能自振拔矣。"

[3]钦授本县官知县:"官"字应衍;或为"土"之误。

[4]普安:明代地名,有多处。此处所指在今贵州普安、盘县一带,明代设普安州、普安府、普安卫等。

[5]典刑:被处以刑罚。

[6]流官知州:应为"流官知县"之误。

[7]三十二年:洪武三十二年,实为建文元年(1399)。

[8]勘合:查勘合格。

[9]本州土官知县:应为"本县土官知县"之误。

[10]生拗:固执蛮横。

[11]营长:土官手下头目名。

[12]问拟:审问判处。

[13]奉圣旨:"是。钦此":连前文看,此圣旨内容不完整。

[14]工部咨:工部发布文书。工部是古代朝廷六部之一,主管工程建造等。

[15]既纳木价:已经缴纳应进贡木材的折价款。

县丞

禄宁[1]，曲靖军民府前越州[2]已故土官知州阿资男，父因生拗不向化[3]，洪武二十七年，西平侯剿杀了当[4]，本州地方人民，分拨陆凉、沾益[5]等州，亦佐等县管属，遗宁[6]送普安把者[7]地面母舅营长自错家依养，进马赴京。有旧日把事刘泰、博易，告乞复设越州衙门，除授流官掌印，将宁授佐二[8]职事。参照禄宁，系叛贼阿资遗下儿男，虽经赦宥，终难任用。永乐三年正月，奉圣旨："他的父祖，因是生拗不向化，剿杀了。如今他每[9]却知道理，自来朝贡，便是好人了。这禄宁着做县丞，刘泰、博易都做把事，还跟他去，都便与他冠带。这两把事，若助禄宁为善，守法度，常着他做；若有不停当[10]时，先问他恁部家[11]差官，送他每到西平侯处，教安排一个县分里了，奏将来[12]，却注缺[13]。钦此。"故。嫡长男海叶，自备马匹，同已故男带把事刘泰男刘进、博易男阿定，赴京告袭。洪熙元年六月，奉圣旨："都照太宗皇帝圣旨行，着他做。钦此。"故。男海珍，总督尚书王骥处冠带。故。无嗣，侄海禄，成化八年二月准令就彼冠带。故。亲男海岳，正德七年九月，查得祖来不曾开有世袭字样。奉圣旨："是，准他袭。钦此。"故。弟海嵩袭，故。男海潮，正德十三年，奉例纳银八十两，就彼冠带。嘉靖十二年，奉敕一道，加赐从七品服色。

【注释】

[1]禄宁：明刘文征《滇志·羁縻志》载其家世及子孙世袭事，与此处内容时有异处："旧越州土官龙海，洪武中归附。以其地为越州，以海知州事。二十八年，分其地属沾益、陆凉、亦佐。海之子阿资，寻以罪伏诛。永乐三年，资之子禄宁诣阙奉贡，有诏授宁土县丞，以官护之，令镇巡安插，乃置之亦佐，与沙氏分土而居。后有海潮者，以功加土州判，称旧越州。沿至海现图死，妻资氏署事。今土舍海现祥应袭。幅员南北径百二十里，东西倍之。士马强悍，征调或至三千人，武寻等乱，咸调之。"

[2]越州:明代州名,在今云南沾益一带。

[3]生拗不向化:蛮横不听教化。

[4]了当:完毕;完成。按:《明史·土司列传》载阿资叛乱被西平侯沐英等剿杀事,在洪武二十八年:"(洪武)二十年,越州土酋阿资与罗雄州营长发束等叛。阿资者,土官龙海子也。越州,蛮呼为苦麻部。元末,龙海居之,所属俱罗罗斯种。王师征南时,英驻兵其地之汤池山。龙海降,遂遣子入朝,诏以龙海为知州。寻为乱,英擒之,徙辽东,至盖州病死。阿资继其职,益桀骜,至是叛。帝命英会征南将军傅友德进讨。……阿资穷蹙请降。……然阿资终不悛。……二十七年,阿资复反。西平侯沐春及福率兵营于越州城北,遣壮士伏于岐路,而以兵挑战。蛮兵悉众出,伏起,大败之,阿资脱身遁。初,曲靖土军千户阿保、张琳所守地,与越州接壤,部众多相与贸易。春使人结阿保等,觇阿资所在及其经行地,星列守堡,绝其粮道,贼益困。二十八年,福潜引兵屯赤窝铺,遣百户张忠等捣贼巢,擒阿资,斩之,俘其党,越州乃平。"

[5]陆凉:明代州名,在今云南陆良。沾盘:为"沾益"之误。沾益:明代州名,在今云南曲靖市沾益区。

[6]遗宁:留下禄宁。

[7]把者:明代小地名,应在今贵州普安。

[8]佐二:应为"佐贰",指府州长官的副手。

[9]他每:他们。

[10]停当:妥当。

[11]他恁部家:他那部里面。指吏部里。

[12]奏将来:奏报来。将:副词,无实义。

[13]注缺:注册有空缺的官职。

沾益州[1]知州

阿哥,前元世袭曲靖宣慰使[2]。洪武十四年归附,仍充宣慰使,兼管沾益州事。故。男阿索承袭。故。嫡长男阿周,三十二年[3]袭。故,无儿男。斗男,系已故同籍[4]弟阿卑男，阿周亲侄。备马赴京，进贡告袭。洪熙元年五月，奉圣旨："着他袭。钦此。"故。本官妾适璧，正统八年正月，钦准袭职。故。保勘适仲，系适璧童养媳妇，应袭姑[5]职。天顺三年十月，奉圣旨："是。钦此。"故。男安奢，成化十三年七月，准就彼冠带袭职。嫡长男安民，弘治十一年二月奉圣旨："安民准袭土官知州。钦此。"故。正德七年四月，男安慰，查得祖来不曾开有世袭字样。奉圣旨："是，安慰准他袭。钦此。"故。嘉靖十九年二月，亲男安正，奉钦依[6]，准令冠带就彼[7]，到任管事。

【注释】

[1]沾益州：明代州名，在今云南曲靖市沾益区。《明史·地理志·云南》曲靖府："沾益州，东南有堆涌山。北有北盘江，其上流即贵州毕节卫之可渡河，流入州境，又东南入贵州安南卫。其西南又有南盘江，即南宁县之东山河。南有交水县，东南有罗山县，东北有石梁县，元皆属州，洪武十五年皆废。……西南距府二百十三里。"

[2]阿哥，前元世袭曲靖宣慰使：《明史·土司列传·云南土司》及明刘文征《滇志·羁縻志》等皆不载阿哥曾任曲靖宣慰使。《明史·土司列传·四川土司一》："四川乌撒军民府，云南沾益州，虽滇、蜀异辖，宗派一源。明初，大军南下，女土官实卜与夫弟阿哥二人，率众归顺，授实卜以乌撒土知府，授阿哥以沾益土知州。其后，彼绝此继，通为一家。万历元年，沾益女土官安素仪无嗣，奏以土知府禄墨次子继本州，即安绍庆也。已，禄墨及长子安云龙与两孙俱殁，安绍庆奏以次子安效良归宗，袭土知府。安云龙之妻陇氏，即镇雄女土官者氏之女也，以云龙虽故，尚有遗孤，且挟外家兵力，与绍庆为敌。绍庆则以陇氏所出，明系假子，亦倚沾益兵力，与陇氏为难。彼此仇杀，流毒一方。土民连名上奏，事行两省会勘，历十有四年不结。"《滇志·羁縻志》则云："沾益州土官安举宗，在元为曲靖宣慰使。其后有禄哲，大兵平南，哲妻实卜与夫弟阿哥归附，卜授乌撒府知府，哥授沾益州土知州。"

[3]三十二年：洪武三十二年，实为建文元年(1399)。

[4]同籍：此处应是"同胞"之意。

[5]姑：婆母。

[6]钦依：皇帝旨意。

66　土官底簿笺注

[7]冠带就彼:就在原籍穿戴官服管事。

松韶铺巡检司[1]巡检

李英[2],沾益州民,充把事。宣德九年[3],松韶驿山林险恶,蛮贼劫掠。总兵官沐晟[4]奏英谙晓[5]夷情,捕盗有功,准任开设松韶铺巡检司土官巡检。英同男李经领军,获功三十二次,斩获首级四颗。年老,李经弘治元年九月奉圣旨:"李经准做土官巡检。钦此。"故。正德十二年正月,男李仪故生[6]长男李洪听袭间[7],已成痼疾。伊男李表亦故。土舍[8]李滨,系已故李经长男李仪次男,应袭,查得祖来不曾开有世袭字样。奉圣旨:"是,李滨准他承袭祖职。钦此。"

【注释】

[1]松韶铺巡检司:乾隆《云南通志·土司志》"松韶铺"作"松韶关",明代属沾益州,在今云南曲靖。《明史·地理志·云南》则作松韶铺:"沾益州……又州南有松韶铺、阿幢桥二巡检司。"

[2]李英:明刘文征《滇志·羁縻志》记其人云:"松韶关巡检司土官李英,平蛮乡民,宣、正间,以捕盗著能。簏川之役,从征,累功巡检。后以毕节夷乱,从大兵解赤水围,俾世其官。沿至李舒和,绝。"亦作"松韶关",当为《云南通志》所本。

[3]按:此处称李英宣德九年得任松韶铺巡检司土官巡检,而乾隆《云南通志·土司志·松韶关土巡检》所载不同:"李英,明正统中从征簏川有功,又从大兵解赤水围,世其官。"

[4]沐晟:明朝开国功臣沐英之子,封黔国公,镇守云南。

[5]谙晓:熟悉。

[6]男李仪故生:李经已故的儿子李仪所生。

[7]听袭间:等候袭职的过程中。

[8]土舍:土官手下的头目。

云南　67

陆凉州[1]知州

资宗[2]，本州罗罗人，世袭土官。洪武十六年，总兵官起送赴京朝觐。当年十一月，钦除本州知州。故。男资求，永乐四年十二月奉圣旨："着他做知州。钦此。"故。男资曹幼，有母沙共，告袭夫职，候资曹长成替职。永乐十四年，奉圣旨："着沙共借袭。钦此。"宣德八年四月，资曹替职。正统六年十二月，杀贼有功，升府同知，仍管州事。嘉靖十三年闰二月，资徽奏乞承袭资曹原袭知州管理州事。正统六年，杀贼有功，升府同知职事，仍管州事。景泰六年，遇例纳粟[3]，升宣慰司使副使[4]，仍管州事。后革纳级[5]。今袭府同知职事，仍管州事。奉圣旨："是。钦此。"[6]

【注释】

[1]陆凉州：明代州名，在今云南陆良。《明史·地理志·云南》曲靖府："陆凉州，东有丘雄山，下有中涎泽，即南盘江所汇也。西北有木容山，有关。又西有部封山。又西有芳华县，南有河纳县，元皆属州，永乐初皆废。西南有陆凉卫，洪武二十三年三月以古鲁昌地置……北距府百二十里。"

[2]资宗：此处以资宗为明代陆凉州首任土知州，而明刘文征《滇志·羁縻志》所载则并非如此："陆凉州土官阿纳，国初内附，树功授知州，绾州符焉。延及资曹，以功升府同知。万历中，夷妇昂氏传其侄资世守，以罪成边，侄资国效应袭，世居州治中。部曲在强弱之间，远逊沾益。"

[3]遇例纳粟：按照相关条例缴纳粮食换取官职。

[4]宣慰司使副使：应为"宣慰使司副使"之误。

[5]后革纳级：后来被革去纳粟所得的官级。即革去宣慰使司副使之职。

[6]按：此则中，从"正统六年十二月"起至文末，叙事时间颠倒、内容混乱："正统六年，杀贼有功，升府同知职事，仍管州事"一节重复；而"嘉靖十三年闰二月，资徽奏乞承袭资曹原袭知

州管理州事"一节,应移至文末;末段"今袭府同知职事,仍管州事"一节,既重复又与其前后文字脱节。

马龙州[1]知州

安崇,本州罗罗人,前代世袭土官知州。洪武四年故。男法灯年幼,母萨住赴京告袭,十六年十月准袭。故。法灯年长,出幼告袭。二十七年八月,奉圣旨:"准他袭。钦此。"男阿长,正统六年保送总督尚书王骥处袭职。正统八年故。男阿僧,未袭先故。长寿,系阿长亲孙、阿僧嫡子,告袭。成化二年正月,准行就彼冠带。故。嫡长男长辅,弘治元年二月奉圣旨:"是。钦此。"文选司缺册内,查得弘治七年四月,知州长辅故绝,改设流官知州罗环。

【注释】

[1]马龙州:明代州名,在今云南马云。《明史·地理志·云南》曲靖府:"马龙州,东南有木容箐山,洪武二十四年十二月置宁越堡于此。山下有木容溪,下流即潇湘江。又西有杨磨山,一名关索岭,上有关。西南有通泉县,元属州,永乐初废。北有马隆守御千户所,本马隆卫,洪武二十三年七月置,二十八年十月改为所。南有鲁婆伽岭巡检司。又有马龙县,元属州,洪武十五年废。西南有分水岭关。东有三叉口关。东距府七十里。"

罗雄州[1]知州

普苴,本州罗罗人。洪武十五年归附,十六年,总兵官定用前职。故。男乐伯,二十九年十一月准袭。故。者永,系亲男,年幼。适广,系父乐伯正妻,永乐八年十二月,奉圣旨:"准他袭。钦此。"故。者永年幼,伊叔沙陀借袭。永乐十二年闰九月,奉圣旨:"准他袭。钦此。"宣德元年十月,者永出幼。奉圣旨:"是,准他袭。钦此。"故。无嗣,堂弟者甫告袭。天顺八年八月,奉圣旨:"是。钦此。"故。庶长男者松,弘治十四年七月,奉圣旨:"是,者松着冠带袭土官知州,仍不世袭。钦此。"故。正德十年十月,亲男者达,祖来不曾开有世袭字样。奉圣旨:"是,者达准承袭。钦此。"嘉靖九年[2]十二月,亲男者昂,奉钦依,准令冠带就彼,到任管事。

【注释】

[1]罗雄州:明代州名,万历间改罗平州,在今云南罗平。《明史·地理志·云南》曲靖府:"罗平州,元罗雄州,万历十五年四月更名。北有禄布山。东南有盘江,下流入贵州慕役长官司界。南有定雄守御千户所,万历十四年九月置。西北距府二百七十里。"

[2]按:嘉靖、万历间,罗雄州土官叛乱,《明史·土司列传·云南土司一》载其事云:"嘉靖中,罗雄知州者濬杀营长,夺其妻,生子继荣,稍长即持刀逐濬。濬欲置之死,以其母故不忍。及濬请老,以继荣代袭,继荣遂逐濬。濬诉之镇巡官,命迎濬归。继荣阳事之,实加禁锢。万历九年调罗雄兵征缅。继荣将行,恐留濬为难,遂弑濬。时沾益土知州安世鼎死,妻安素仪署州事,亦提兵赴调。继荣与之合营,通焉,且倚沾益兵力为助。师过越州,留土官资氏家,淫乐不进。知州越应奎白于兵备,将擒之,继荣走,遂聚众反。攻破陆凉鸭子塘、陡陂诸寨,筑石城于赤龙山,据龙潭为险,广六十里。名己所居曰'龙楼凤阁',环以群寨,实诸军士妻女其中。十三年,巡抚刘世曾乃檄诸道进兵。适刘綎破缅解官回,世曾以兵属綎。綎遂驰赴普鲊营,直捣赤龙寨,斩贼渠帅,继荣遁去。綎复连破三寨,降其众一万七千人,追奔至阿拜江,斩继荣,贼平。世曾请筑城,改设流官,乃何俭为知州,者继仁为巡检。未几,蛮寇必大反,杀继仁,执俭。参将蔡兆吉等讨定之,乃改罗雄州曰罗平,设千户所曰定雄。"

澂江府江川县关索岭巡检司[1]土官巡检

李实,本县人,任本司土官巡检[2]。故。嫡长男李荣赴部,为无具奏[3]。正统四年,奉圣旨:"既是土人,且准他袭。还行文书去覆勘,若有虚话,就拿解来京。钦此。"风病。男孟高,天顺七年袭。成化十五年正月,被贼杀死。嫡长男李奎应袭,弘治元年正月,奉圣旨:"是。钦此。"故。堂侄李祥告袭,缘事发驿充站[4],结疾[5]故,无嗣。

【注释】

[1]澂江府:明代府名,治所在今云南澄江。《明史·土司列传·云南土司一》:"澂江,唐为南宁、昆二州地。天宝末,没于蛮,号罗伽甸。宋时,大理段氏号罗伽部。元置罗伽万户府。至元中,改澂江路。洪武十五年,云南平,澂江归附,改澂江府。地居滇省之中,山川明秀,蚕衣耕食,民安于业。近郡之罗罗,性虽顽狠,然恭敬上官。官至,争迎到家,刲羊击豕,罄所有以供之,妇女皆出罗拜,故于诸府独号安静云。"江川县:明代县名,在今云南江川。《明史·地理志·云南》澂江府:"江川,府西南。南有故城,崇祯七年圮于水,迁于旧江川驿,即今治。"关索岭巡检司:明代土司机构名,在今云南江川。《明史·地理志·云南》:"江川……北有关索岭巡检司。"

[2]李实……任本司土官巡检:据乾隆《云南通志·土司志·江川县关索岭土巡检》载,李实任关索岭巡检司土巡检在宣德元年:"李实,明宣德元年,以地险设巡检于岭上,因以实为之。七传至振文,于崇祯十三年督弓兵筑宁州城。后沙贼破城,合家死难。"明刘文征《滇志·羁縻志》则云:"江川县关索岭巡检司土官李实,本县星云里民。宣德元年,设巡司于岭上,以地险,流官鲜能其职,邑中公举实,因以为土官巡检。弘治中,李厚奉调征贵州香炉山、米鲁、福祐、豆温乡;正德中,征安南长官司叛夷那代。今沿至李敏,听袭。"

[3]具奏:指云南相关官署的奏章和保结等。

[4]缘事发驿充站:因为犯事发配驿站当差。

[5]结疾:患病。

新兴州铁炉关[1]巡检

王爵[2],新兴州民。正统八年,总兵官沐昂[3]选充把事[4],自备甲马,征进麓川,斩首三颗。本州强贼杀死官军,阻截道路。知州郭证设铁炉关巡检司衙门,保勘爵节获[5]军功,具结题准,填注土官巡检。故。男王大用,累获军功,应袭。弘治元年九月,奉圣旨:"是。钦此。"故。男王珦告袭间,为事问发[6]广西柳州卫[7]充军。男王德明,现在听袭。

【注释】

[1]新兴州:明代州名,在今云南玉溪。《明史·地理志·云南》临安府:"新兴州,东北有罗麽山,一名石崖山。西北有大棋山。又有蒙习山,山与晋宁州交界。又有大溪,下流至嶍峨县,入于曲江。有罗麽溪,源出罗麽山,入于大溪。又北有普舍县,南有研和县,元俱属州,洪武十五年三月因之,寻废。"铁炉关:明代地名,在今云南玉溪。设有巡检司。

[2]王爵:明刘文征《滇志·羁縻志》载其人及其子孙世袭事云:"新兴州铁炉关巡检司土官王爵,本州白城乡人。初为通事,以麓川功授巡检。后以昆、新之间时有寇阻,因建关于铁炉山以扼其要,授爵世官。正、嘉间,矿塘、通海、一碗水诸贼为乱,屡征调。后有王德隆,亦从征凤继相。传至王钥,以罪戍边。今土舍王世久听袭。"

[3]沐昂:应为"沐昂"之误。沐昂,明初凤阳府人,开国功臣沐英之子,历任左都督、云南总兵官等,卒谥"武襄"。

[4]把事:据乾隆《云南通志·土司志·新兴州铁炉关土巡检》载,王爵先任通事:"王爵,初为通事。明正统中,以从讨麓川功授巡检。后建关于铁炉山,授世职。"

[5]节获:连续几次获得。

[6]问发:问罪发配。

[7]柳州卫:明代军卫名,在今广西柳州。

楚雄府楚雄县[1]县丞

杨益[2],僰人。由前威楚路广通县[3]主簿,洪武十五年归附,十六年朝觐。十七年,除吕合巡检司[4]土官巡检。三十二年[5]裁革,改调广通县舍资巡检司[6]巡检。永乐二年,复任吕合巡检。老病。嫡长男杨俊,备马赴京,朝贺告袭。永乐四年正月,奉圣旨:"且着他回去办事,行文书照勘合,等回来定夺。钦此。"布政司勘明白,本月奉圣旨:"他文书既来了,着他替做巡检,只不世袭,也不为例。不守法度时,换了。钦此。"故。嫡长男杨洙故,嫡孙杨芳岁半。杨正次男[7]借职。宣德五年六月,奉圣旨:"且着他做。等他侄杨芳大时,还着杨芳做。钦此。"正统四年纳米[8],升本县土官主簿。累征矇川有功,升本县土官县丞。正统十三年,侄杨芳长成告袭。查得杨正原借巡检职事,纳米升主簿;后征进有功,升本县实授土官县丞。杨正情愿令侄杨芳袭替。正统十四年十月,奉钦依:"既征进有功,准袭。钦此。"故。男杨永义,弘治七年六月奉圣旨:"准他袭。钦此。"故。正德六年八月,嫡长男杨感未出幼[9],比上舍左祯那靖事体[10]乞袭,但祖来不曾开有世袭字样。奉圣旨:"是,准他袭。钦此。"

【注释】

[1]楚雄府:明代府名,治所在今云南楚雄。《明史·地理志·云南》:"楚雄府,元威楚开南路,洪武十五年三月改为楚雄府。领州二,县五。东距布政司六百里。"楚雄县:明代县名,在今云南楚雄。《明史·地理志·云南》楚雄府:"楚雄,倚。元曰威楚,洪武十五年二月更名。"

[2]杨益:按乾隆《云南通志·土司志·楚雄县土县丞》载其人及其子孙世袭事云:"元末,杨永廉为县丞。传杨益,明初归附,授世职。从征矇川及缅有功。沿至绍先,传弘道,弘道传宗儒,宗儒传春盛。本朝平滇,春盛投诚,仍授世职。传子毓秀,毓秀死,今子世勋袭。"

[3]威楚路:元代路名,治所在今云南楚雄。广通县:元代所设县名,在今云南禄丰。《明史·地理志·云南》楚雄府:"广通,府东。元属南安州,洪武十五年因之,后改属府。"

[4]吕合巡检司:明代土司机构名,在今云南楚雄。《明史·地理志·云南》楚雄府:"楚雄,……西北有吕合巡检司。"

[5]三十二年:洪武三十二年,实为建文元年(1399)。

[6]舍资巡检司:明代土司机构名,在今云南楚雄。《明史·地理志·云南》楚雄府:"广通,……东有舍资巡检司,东北有沙矣旧、西有回蹬关二土巡检司。"

[7]杨正次男:应为"次男杨正"。

[8]纳米:即按规定缴纳粮米以换取官职。

[9]未出幼:未成年。

[10]比:按照。上舍左祯那靖事体:查无记载,未详何事。

楚雄县主簿

阿星,罗罗人,充本乡火头。归附,洪武十七年赴京,除楚雄府通判。故。有妻适玿,将男普救,呈县转申。议得普救若仍授父职,似为太重;置之不用,有失夷心,宜于楚雄县佐二[1]官内用。已,将男普救拟注本县主簿。洪武十八年十二月,奏准到任。故。男普鼎袭职。故。止生一男,年幼,保妻海郎承袭。查无普救病故及无普鼎到部除授日月。永乐元年五月,奉圣旨:"且准他署事,着布政司保勘得明白了,都与实授。钦此。"后保普救侄普故承袭,保送无布政司保勘公文,将普救发回[2]。病故,保妻设札承袭。查得阿星男普救,已经拟注楚雄县主簿,令[3]设札告,要承袭通判,难以准理,欲将设札仍授主簿普救职事。宣德五年四月,奉圣旨:"是。钦此。"患病,侄普济,总督尚书王骥处冠带。故[4]。无嗣,景泰四年四月,三司保普济正妻设贵应承袭夫职。查无会奏,行勘未报。

【注释】

[1]佐二:应为"佐贰",指州县官的副手。

[2]将普救发回:按发回者应是普故。因为上文交代普救已死,保举其侄子普故袭职,因无布政司保勘公文而被发回。

[3]令:应为"今"之误。

[4]查得阿星男普救,已经拟注楚雄县主簿,……侄普济,总督尚书王骥处冠带,故:按此段叙事混乱且重复。上文已称阿星死后,其子普救请求袭职而得改任楚雄县主簿,洪武十八年到任,然后"故。男普鼎袭职。故。"此处又重复普救任主簿事,而又说普救患病,由侄子普济袭职。自相矛盾。

本县[1]土官巡检

杨节,本县冠带把事[2]。领兵征进麓川有功,升土官巡检,仍管把事事。故。男杨凯保送,查无会奏,拟将本人发回,候会奏到日另行[3]。景泰四年十月,奉圣旨:"是。钦此。"续该本人奏称,情愿在京听候会奏。景泰五年二月,奉圣旨:"既是土人,准他冠带回去管事。还行文书与三司,保勘明白。如有虚诈,奏来定夺。钦此。"故。长男杨胤[4],未袭故绝。三司奏保嫡次男杨俸,弘治元年八月,奉圣旨:"是。钦此。"故。正德八年七月,嫡男杨福惠,未袭先故;嫡孙杨福安,祖来不曾开有世袭字样。奉圣旨:"是,准替做巡检,仍管把事事。钦此。"

【注释】

[1]本县:指楚雄县。

[2]冠带把事:有官服的把事。把事为不入流的小土目,本无官服,此处称杨节为"冠带把事",当是因为某种功劳特别赏给。

[3]另行:另外发布公文。

[4]胤:此字原缺末笔,系《四库全书》抄写者避雍正帝胤禛名讳所致。

定远县[1]主簿

李禄九,撒摩徒[2]人,由前本县世袭土官县丞。禄九伊李苴亲侄[3]。禄九,洪武十五年闰五月,总兵官拟任本县县丞,与伯李苴办集[4]公务。后故。总兵官将李苴任本县主簿,洪武十七年实授。二十八年,为事问发白盐井[5]工役。三十一年释放,回家在闲。里老董坚等告保李苴,不准。三十五年[6]十一月,奉圣旨:"还着他做主簿。再不守法度时,却罢他职。钦此。"故。男李英告袭。永乐十三年六月,奉圣旨:"发回去,再着三司保勘将来[7]。钦此。"勘回,永乐十七年二月,奉圣旨:"着他做,只不世袭。不守法度时,换了。钦此。"故。男李祥保袭,本部查得不系世袭土官。宣德六年四月,奉圣旨:"准他做,只不世袭。钦此。"故。成化二年,男李普照护[8]应袭。查照伊祖父[9],节奉钦依,只不世袭。本年五月,奉圣旨:"准他做,还不世袭。钦此。"故。庶长男李元珍,弘治十二年九月奉圣旨:"着他做,还不世袭。钦此。"故。嘉靖九年十二月,抚按[10]保奏男李爵该袭。奉钦依,准令冠带就彼,到任管事。

【注释】

[1]定远县:明代县名,在今云南牟定。《明史·地理志·云南》楚雄府:"定远,府西北。西有赤石山。东有龙川江,又有黑盐井,设提举于此;又有琅井提举司,本置于安宁州,天启三年移此,有黑井、琅井二巡检司。又西南有罗平关、南有会基关二巡检司。"

[2]撒摩徒:古代西南少数民族名,亦作"三马头""些么"等。

[3]禄九伊李苴亲侄:"伊"应为"系"之误。按乾隆《云南通志·土司志·定远县土主簿》所载李禄久履历及其与李苴关系等皆与此处内容有异:"元末,定远人李禄久以军功委掌本县印务。明初归顺有功,仍授知县。传子苴,改授土主簿。沿至李文,传国用。国用传玉,玉传世

卿。本朝平滇,世卿投诚,仍授世职。世卿死,子濬袭。濬死,弟济袭。济死,今子德晟袭。"

[4]办集:办理。

[5]问发:问罪发配。白盐井:明代地名,在今云南大姚。《明史·地理志·云南》姚安府:"大姚,府北。……南有白盐井提举司,辖盐井九。又有白盐井巡检司。"

[6]三十五年:洪武三十五年,实为建文四年(1402)。

[7]将来:拿来;送来。

[8]照护:"护"字疑衍。

[9]查照:查得。伊:他的。祖父:祖父和父亲。

[10]抚按:指云南巡抚和云南巡按御史。

黑盐井巡检司[1]巡检

杨节,楚雄府定远县[2]民。洪武十五年归附,十六年,总兵官札拟黑盐井巡检司土官巡检。本年,张布政[3]整理盐课[4],本井附近村分蛮民,旧属提举司[5]管属,蒙将杨节就充本井提举司提举办事。故。男名四,即杨巨源,备马赴京,朝贺告袭。参照不系世袭,无例可准。洪武三十五年[6]十二月,奉圣旨:"他的父虽不是世袭土官,比先[7]会办盐课,供给大军。既是病故了,着他男做巡检,还在提举司催办盐课,只不做世袭。若不守法度时,却换了。钦此。"故。男杨霖,洪熙元年六月奉圣旨:"着他做,照太宗皇帝圣旨,还不做世袭。不守法度时,换了。钦此。"正统三年,事简裁减[8],查得大理府邓川州浪穹县十二关巡检司见缺[9]巡检,合将本官[10]调去。本年六月,奉圣旨:"是。钦此。"总兵等官榜[11]示:有能纳米二百石,量升一级。杨霖纳米二百石,不愿升职,呈部,仍复旧任。故。成化三年,庶长男杨伦应袭。四月,奉圣旨:"杨伦着做巡检,还不世袭。钦此。"填注[12]黑盐井巡检。故。嫡长男杨宁,弘治十四年五月,奉圣旨:"准他袭,还不世袭。钦此。"故。男杨永保告袭。

【注释】

[1]黑盐井巡检司:明代土司机构名,在今云南牟定。所谓"黑盐井",与"白盐井"相对,皆以其地出产黑盐或白盐而称。《明史·地理志·云南》楚雄府:"定远,府西北。西有赤石山。东有龙川江。又有黑盐井,设提举于此。又有琅井提举司,本置于安宁州,天启三年移此,有黑井、琅井二巡检司。"

[2]定远县:明代县名,在今云南牟定。

[3]张布政:姓张的云南布政使。明代布政使是一省行政长官。

[4]盐课:对食盐的收税。

[5]提举司:指黑盐井提举司,是管理黑盐井事务的机构,其长官称"提举"。

[6]洪武三十五年:实为建文四年(1402)。

[7]比先:先前。

[8]事简裁减:黑盐井提举司因事务不多而被裁撤。

[9]见缺:现在缺少。

[10]本官:本提举司长官;指杨霖。

[11]榜:榜文,布告。

[12]填注:填报注册。

巡检

樊子得,姚安军民府魏州[1]人。洪武十四年进贡,二十六年,除授楚雄府楚雄县黑盐井巡检司巡检。后为事发[2]白盐井工役。故。男樊真,告有同起为事主簿李苴[3]已行复职,具呈告承袭。本部议拟樊子得系在配所病故,难比李苴承袭。宣德五年六月,奉圣旨:"准他做巡检,只不世袭,也不为例。钦此。"故。庶长男樊福缘,天顺元年八月,奉圣旨:"既是远方土官巡检儿男,准他袭。钦此。"故。嫡长男樊杰,弘治七年六月,奉圣旨:"准他袭。钦此。"故。樊垣,抚按勘袭。

【注释】

[1]姚安军民府:明代府名,治所在今云南姚州。《明史·地理志·云南》:"姚安军民府,元姚安路,洪武十五年三月为府,二十七年四月升军民府。领州一,县一。东南距布政司七百里。"魏州:应为"姚州"之误。明代姚安军民府辖一州一县,即姚州和大姚县。无所谓魏州。

[2]为事发:因为犯事被发配。

[3]告有同起为事主簿李苴:向官府申报说与樊子得同一批因犯事被发配的原主簿李苴。李苴:参见前文《定远县主簿》篇。

南安州[1]判官

李花通,楚雄府定远县民。由闲良镇抚[2],洪武十四年归附。十五年,因自久叛乱[3],于山箐[4]藏住。十九年七月,将伪参政王满杀获,首级解官。总兵官授充黑盐井巡检司巡检,二十年实授。调琅井[5]巡检。二十三年,备马进贡,调除湖广蕲州兰溪镇巡检司[6]巡检。为是云南土人具告[7],引奏复职。故。嫡长男李保,备马进贡告袭。永乐六年四月,奉圣旨:"除他做巡检,还不做世袭。着回去,等服满了,就那里到任管事掌印。他以后不志诚时,换了。钦此。"宣德八年,内官云仙奏将李保升任本州土官,协同流官办事。宣德八年九月,奉宣宗皇帝圣旨:"土官巡检李保,既是署事公勤[8],钱粮不欠,逃民复业,着做南安州判官,协同流官知州办事。不为例。钦此。"[9]正统四年,为事斩罪,运灰原籍为民[10]。随征麓川有功,复还原职。正统十四年,老疾。男李任能,先故。李晟,系孙男,当年六月,奉太上皇帝[11]圣旨:"准他替,还着覆勘的实奏来。钦此。"成化十六年三月,被刁民郑端告称索要银两。成化二十年,男李柯来奏,照李遐[12]等事例,纳米复业[13],咨都察[14]行查。

【注释】

[1]南安州:明代州名,在今云南双柏。《明史·地理志·云南》楚雄府:"南安州,东有健林苍山。又西南有表罗山,产银。北有舍资河。西北距府五十里。"

[2]由闲良镇抚:意为李花通在元朝是一位优秀的镇抚官。闲良:应为"贤良"之误。镇抚:指镇抚使,元代授予少数民族首领的官名。

[3]自久叛乱:自久是明初云南姚安府土官,洪武间叛乱。《明史·土司列传·云南土司二》:"姚安,……元立统矢千户所,天历间,升姚安路。洪武十五年定云南,改为府。十六年,姚安土官自久作乱。官兵往讨,师次九十九庄,自久遁去。明年复寇品甸。西平侯沐英奏以土官高保为姚安府同知、高惠为姚安州同知。保、惠从英击自久,平之。"

[4]山箐(qìng):树木丛生的山谷。

[5]琅井:明代地名,在今云南牟定,其地设有土官巡检司、盐井提举司。《明史·地理志·云南》楚雄府:"定远,……又有黑盐井,设提举于此。又有琅井提举司,本置于安宁州,天启三年移此,有黑井、琅井二巡检司。"

[6]湖广:明代省名,辖地大抵相当于今湖南、湖北两省。蕲州:明代州名,在今湖北蕲春。兰溪镇巡检司:明代土司机构名,在今湖北浠水。

[7]具告:呈送请求让李花通恢复原职的报告。

[8]公勤:公正勤劳。

[9]按《明史·土司列传·云南土司一》李保得任南安州土官事云:"宣德……八年,南安州琅井土巡检李保为州判官。以乡老言:'本州俱罗舞、和泥、乌蛮杂类,禀性顽犷,以无土官管束,多致流移,差役赋税,俱难理办。众尝推保署州事,抚绥得宜,民皆向服,流移复归,乞授本州土官。'吏部言:'旧无土官,难从其请。'帝以为治在顺民情,从之。"

[10]运灰原籍为民:此语交代不清。应是指赦免李保的死罪,罚其从事运送石灰的苦役,然后遣送回原籍贬为一般平民。

[11]太上皇帝:指明英宗朱祁镇。朱祁镇曾两次登上皇位:第一次年号正统,十余年后他受宦官王振怂恿,亲征蒙古残部,结果失败被俘。朝臣于谦等拥立朱祁镇之弟朱祁钰为帝,年号景泰,而尊朱祁镇为太上皇。而蒙古人又将朱祁镇释放归来,后来他得到一些朝臣帮助,发动政变,重新夺权,再次称帝,年号天顺。此处所叙内容的背景在正统十四年,此时朱祁镇还是皇帝,不应称太上皇。

[12]李暹:土官名。参见前文《炼象关巡检司巡检》篇。

[13]复业:指恢复土官职务。

[14]都察:指都察院,明代朝廷机构名,负责纠察百官。

广通县[1]主簿

段玺,僰人,系土官高政[2]下把事。洪武十五年归附,十六年总兵官拟任前职,十七年实授。故。长男段时春患耳聋;长孙段禄年一岁,患恶疮,俱难承袭。嫡次男段时可自备马赴京进贡告袭。永乐三年十二月奉圣旨:"着他去广通县做主簿,只不做世袭。若不志诚,犯了法度时,拿来问,别[3]着人做。钦此。"年老,男段惟忠,正统六年替。老疾,长男段鉴,成化元年本部题准就彼冠带。弘治七年征伤。男段永聪,本年奉圣旨:"段永聪准替职。钦此。"故。男段不磷告袭间亦故。男段素,见在听袭[4]。

【注释】

[1]广通县:明代县名,在今云南禄丰。《明史·地理志·云南》楚雄府:"广通,府东。元属南安州。洪武十五年因之,后改属府。东北有盘龙山,亦曰九盘山。西有罗苴甸山。东有盐仓山,旧产盐。又有卧象山,东南有卧狮山,俱产银矿。又东北有阿陋雄山,有阿陋井、猴井,俱产盐。又东有舍资河,自武定府流入,下流入于元江。又北有大河,西北入定远县之龙川江。"

[2]高政:土官名。参见下文《楚雄府同知》篇。

[3]别:另外。

[4]见在:现在在世。听袭:等候袭职。

回蹬关巡检司[1] 巡检

　　杨保[2],楚雄府楚雄县民。由土官把事,洪武十五年归附。十六年,赴京朝贡告替[3]。永乐十六年[4]正月,奉圣旨:"准他替。钦此。"后父杨伯龄病故,亲男杨震咨袭[5],查无体勘。正统四年九月,奉圣旨:"且准他袭。还行文书去覆勘,但有虚诈,拿解来京。钦此。"老疾。嫡长男杨祖荣,成化十三年十月,就彼冠带。疾,嫡长男杨训,弘治九年五月奉圣旨:"准他替。钦此。"正德七年六月,杨训绝嗣,亲弟杨淳送部,查得祖来不曾开有世袭字样。奏,奉圣旨:"准他替。钦此。"嘉靖九年十二月,亲男杨遇春,本月奉圣旨,准令冠带就彼,到任管事。

【注释】

　　[1]回蹬关巡检司:明代土司机构名,在今云南禄丰。《明史·地理志·云南》楚雄府:"广通,……东有舍资巡检司,东北有沙矣旧、西有回蹬关二土巡检司。"

　　[2]杨保:乾隆《云南通志·土司志·广通县回蹬关土巡检》记其人及其子孙世袭事云:"明洪武十七年,杨保归顺,随征有功,授土巡检。沿至杨光宠,传懋勋。勋传忠祚,忠祚传弟忠荩。本朝平滇,忠荩投诚,仍授世职。忠荩死,子琮袭。琮死,侄士龙袭。士龙死,今侄恒袭。"

　　[3]十六年,赴京朝贡告替:按此语交代不清。杨保既是元朝土官把事,于洪武十五年归附,那么他应该是他所在土司入明朝后的第一个土官,此处说他在归附的第二年往朝廷申请袭任,所袭任者是谁的土官职位?应该是请求朝廷赏他一个土官职位。但即便如此理解,依然与下文有矛盾。

　　[4]按:此处所云永乐十六年皇帝准许杨保袭职,同样难以理解,因为杨保袭职本身就难以成立,而洪武十六年赴京申请,居然到永乐十六年才批准,隔了三十五年,这也是不可思议的。

　　[5]后父杨伯龄病故,亲男杨震咨袭:此二句亦混乱不清。杨伯龄是谁人之父?若说是杨保之父,那为何此处又称其有"亲男杨震"?总之,此文定有漏误。

回蹬关巡检司[1]巡检

成青可,楚雄府广通县民,充云南省参政[2]图噜下效力。洪武十五年归附,十六年四月,总兵官拟任本司巡检,十七年实授。残疾,自备马匹,带男成普赴京,进贡告替。永乐元年正月,奉圣旨:"准他替,还不做世袭。若不守法度时,换了。钦此。"文选司缺册内,查得成化十二年九月二十三日,除流官巡检严海管事。

【注释】

[1]回蹬关巡检司:此土司机构名与上一篇题中土司机构名完全相同,而土官名不同,应有误。

[2]参政:指参知政事,官名,元代行省参知政事为省副长官。

定边县[1]县丞

阿鲁[2],小百夷[3]人,任前定边县土县尹[4]。洪武十五年归附,总兵官拟任本县县丞,十七年实授。年老,长男阿吾,不通语言;嫡孙阿哀,备马赴京,进贡告替。二十九年正月,奉圣旨:"准他。钦此。"故。宣德二年,男阿赛袭。故。庶长男阿俄,弘治十三年十月,奉圣旨:"是,阿俄准做土官县丞,不世袭。钦此。"故。正德六年八月,庶长男阿怀恩,查祖来不曾开有世袭字样。奉圣旨:"阿怀恩准做土官县丞,不世袭。钦此。"故。嘉靖十二年七月,庶长男阿大魁,查祖来不曾开有世袭字样。奉圣旨:"准他袭。钦此。"

【注释】

[1]定边县:明代县名,在今云南南涧。《明史·地理志·云南》楚雄府:"定边,府西。元至元十二年置,属镇南州,洪武中改属。北有螺盘山,上有自普关。又有无量山。南有定边河,又有阳江,自蒙化府流合焉。"

[2]阿鲁:乾隆《云南通志·土司志·蒙化府旧定边县土县丞》载此人履历及其子孙世袭事云:"明洪武初,蛮长刀思良叛,阿鲁捐助粮饷,奋勇效谋,擒获思良,授土县丞。沿至阿天明,传廷相。廷相传应鲲,应鲲传志经。本朝平滇,志经投诚,仍授世职。志经死,子世忠袭。世忠死,弟世勋袭。世勋死,今子抱琛袭。"

[3]小百夷:古代西南少数民族名。

[4]县尹:元代官名,一县中的汉族长官(另有蒙古族长官达鲁花赤)。

镇南州[1]同知

段良,楚雄府镇南州僰人,前元任本州土同知[2]。洪武十六年四月,总兵官札取复任。二十四年,赴京朝觐。二十五年,实授本州流官同知。故。嫡长男段奴,备马赴京,朝贺告袭。三十五年[3]十二月,奉圣旨:"他父虽不是世袭土官,比先[4]曾供给军马粮草。既是病故了,着他这男还做流官同知。不守法度时,换了。钦此。"老疾,同男段节,赴京进马告替。洪熙元年六月,奉圣旨:"着他替做同知,还是流官。钦此。"患病,男段护,正统七年三月袭。故。庶长男段梓潼,成化十八年正月奉圣旨:"段梓潼保着[5]做流官同知。钦此。"故。嫡长男段然,正德五年八月奉圣旨:"段然着做流官同知。钦此。"故。长男段时和,故。男段岩,亦故。绝。然[6]次男时泰应袭。

【注释】

[1]镇南州:明代州名,在今云南南华。《明史·地理志·云南》楚雄府:"镇南州,东北有

石吷山。东有五楼山。西南有马龙江,其上流为定边河,又东南入枙嘉县界。又西有平夷川,龙川江之上流。又有沙桥巡检司。又有镇南关、英武关、阿雄关三土巡检司。东南距府五十里。"

[2]段良……前元任本州土同知:按乾隆《云南通志·土司志·镇南州土州同》载段良事与此处内容有异:"元末,段良为金齿路佥事。明洪武十五年效顺,授土州同。沿至段钦,传承祖。承祖传明柱,明柱传光先。光先死,无子,弟光赞袭。本朝平滇,光赞投诚,仍授世职。光赞死,今子恒敝袭。"

[3]三十五年:洪武三十五年实为建文四年(1402)。

[4]比先:先前。

[5]保着:找人给他做担保。

[6]然:此字赘余。

判官[1]

陈均祥,楚雄府楚雄县民,系土官高政[2]下把事[3]。洪武十五年归附,十六年,总兵官拟任前职,十七年实授。故。嫡长男陈寿,备马赴京,朝觐告袭。永乐元年正月,奉圣旨:"还着他做判官,不做世袭。若不守法度时,换了。钦此。"老疾,带男陈恭,赴京告替[4]。洪熙元年六月,奉圣旨:"着他替。照太祖皇帝[5]圣旨,还不做世袭。若不守法度时,换了。钦此。"故。嫡长男陈全,未经覆勘[6]。正统二年七月,奉圣旨:"既云南路远,往复艰难,且准他袭。还行文书去覆勘,如有不实,拿解将来[7]。钦此。"年老,男陈忠,成化十五年十二月奉圣旨:"陈忠准替判官,不世袭。钦此。"故。男陈献文,弘治七年十二月奉圣旨:"陈献文准做判官,不世袭。钦此。"故。嘉靖九年十二月,亲男陈策,奉钦依,准令冠带就彼,到任管事。

【注释】

［1］判官:指镇南州判官。州判官位在州同知之下。

［2］高政:土官名。参见下文《楚雄府同知》篇。

［3］陈均祥……系土官高政下把事:按乾隆《云南通志·土司志·镇南州土州判》载陈均祥事与此处内容有异:"元末,陈均祥为威楚路土官。明初效顺宣力,授土州判。后再入觐,赐诰命。沿至国试,传景勋。景勋传膳科,膳科传昌虞。本朝平滇,昌虞投诚,仍授世职。昌虞死,子振世袭。振世死,无子,查取世系,以国试次子大勋之孙典愚袭。典愚死,子继虞痴聋,不能任事。今以孙辅世袭。"

［4］告替:与"告袭"同义,请求袭任土官。

［5］太祖皇帝:依前文文意,应是"太宗皇帝",即永乐帝朱棣。

［6］覆勘:吏部再次查勘。

［7］拿解将来:捉拿押解来京。

英武关巡检司[1]巡检

张宗,僰人,前元任都都万户府长官司[2]长官。洪武十五年归附,十六年,总兵官札充前职,十七年实授。十九年,被贼杀死。无子,亲侄张寺,备马赴京,朝贡告袭。洪武三十五年[3]十二月,奉圣旨:"他的伯虽不是世袭土官,比年曾供办[4]粮草。既是病故了,准他侄男做巡检,只不做世袭。不守法度时,换了。钦此。"故。嫡长男张禾[5],送部,查无世袭。正统五年九月,奉圣旨:"既是土官,准他袭,只不世袭。若不守法时,换了。钦此。"故。成化八年,故男张逊嫡次男张子隆,本年十二月奉圣旨:"准他做巡检,只不世袭。钦此。"故。男张纲绝,故绝[6]。弟张经男张一言,于嘉靖九年十二月奉钦依[7],准令冠带就彼,到任管事。

【注释】

[1]英武关巡检司:明代土司机构名,在今云南南华。《明史·地理志·云南》楚雄府:"镇南州,……又有镇南关、英武关、阿雄关三土巡检司。"

[2]都都万户府长官司:此名疑有误。

[3]洪武三十五年:"洪武"年号无三十五年,实为建文四年(1402)。

[4]供办:办理供应。

[5]张禾:乾隆《云南通志·土司志·镇南州英武关土巡检》云:"张禾,明永乐中归附,有功,授世职。传至世荫、世俊。"与此处所载有异。

[6]男张纲绝,故绝:按前一"绝"字赘余。

[7]钦依:旨意。

镇南巡检司[1]巡检

杨昌,僰人。由本府土官高政下把事,洪武十五年归附。十六年,总兵官委署本司巡检,十七年实授。年老,亲男杨三保应赴京告替。三十三年[2]四月,替父职。为因衙门裁革,调大理府赵州定西岭[3]巡检。后丁忧[4],起复[5]到部,查得已除流官巡检彭信在任。永乐二年正月,奉圣旨:"还着他去镇南巡检司做巡检,不做世袭。若不守法度时,换了。流官巡检,也着他一同在那里管事。钦此。"故。弟杨平,宣德六年八月奉圣旨:"准他做,只不世袭。钦此。"故。无嗣,侄杨通,正统六年七月袭,故。次男杨信,未袭,故。男杨俊应袭。成化二十一年三月,奉圣旨:"杨俊着做土官巡检,不世袭。钦此。"故。男杨斌告袭,亦故。男杨万林,见在[6]应袭。

【注释】

[1]镇南巡检司:应为"镇南关巡检司",明代土司机构名,在今云南南华。《明史·地理

志·云南》楚雄府:"镇南州,……又有镇南关、英武关、阿雄关三土巡检司。"

［2］三十三年:洪武三十三年,实为建文二年(1400)。

［3］赵州定西岭:明代地名,在今云南大理,设有土巡检司。《明史·地理志·云南》大理府:"赵州,……东有乾海子、南有迷度市二巡检司。又有定西岭土巡检司。"

［4］丁忧:官员为父母亲服丧时辞职。

［5］起复:服丧期满,申请恢复官职。

［6］见在:现在在世。见:通"现"。

沙桥驿[1] 驿丞

杨均[2],僰人。洪武十五年归附,充沙桥驿马户[3]。十六年五月,总兵官札充[4]本驿驿丞,十七年实授。十九年正月,被贼杀死。男杨护,年老。杨应,系嫡长亲孙,备马赴京,进贡告袭祖职。永乐二年五月,奉圣旨:"除他做驿丞,不做世袭。流官掌印。他以后不志诚时,换了。钦此。"老疾,亲男杨北极奴,就彼替职[5]。老疾,男杨典,成化十二年四月奉圣旨:"杨典着做驿丞,仍不世袭。钦此。"故。男杨玄[6],弘治四年八月奉圣旨:"杨玄着做驿丞,仍不世袭。钦此。"故。十五年五月,男杨德宸就彼承袭,免其纳谷。查得祖来不曾开有世袭字样。奉圣旨:"杨德宸准他袭父职。钦此。"故。男杨添爵应袭。

【注释】

［1］沙桥驿:明代驿站名,在今云南南华。

［2］杨均:乾隆《云南通志·土司志·沙桥驿土驿丞》作"杨子均":"杨子均,明初归顺有功,授驿丞世袭职。传至韬。"

［3］马户:以替官家养马为业的民户。

［4］总兵官:指沐英,时任云南总兵官。札充:以手札委任为。

[5]就彼替职:就在当地袭职,未到京城进贡。

[6]玄:此字原缺末笔,为《四库全书》抄写者避康熙帝玄烨名讳而改。下一个"玄"同此。

阿雄府巡检司[1] 巡检

者白,罗罗人,充本村火头。洪武十六年,总兵官札任本村巡检司[2]巡检,十七年实授。故。次男者吾,赴京告袭。永乐六年三月,奉圣旨:"着他袭。钦此。"十七年故。者白庶长男者姜,赴京进贡告袭。洪熙元年五月,奉圣旨:"着他袭。钦此。"故。无儿男,同宗堂弟者夗,宣德十年三月奉圣旨:"既有司府州官吏保结明白,着袭了去。还行文书去,着布政司覆勘,若有虚诈,就便拿下,解京发落。钦此。"故。男者广,本年[3]二月内袭。故。次男者齐,景泰七年四月奉圣旨:"且与他冠带,回去管事。钦此。"故。无嗣,侄男者应,就彼承袭。查祖来不曾开有世袭字样。奉圣旨:"是,者应准袭土官巡检职事。钦此。"故。男者旻,故。男者必登告袭。

【注释】

[1]阿雄府巡检司:应为"阿雄关巡检司"之误。明代无阿雄府,且府一级不设巡检司。阿雄关巡检司在今云南南华。《明史·地理志·云南》楚雄府:"镇南州,……又有镇南关、英武关、阿雄关三土巡检司。"

[2]本村巡检司:此语应有误,与题意不合。

[3]本年:指者夗亡故的那一年。但未交代是哪一年。

姚安府[1] 土官

高寿[2]，僰人，前元任云南行省左丞[3]。故。男高保袭职。洪武十五年归附，十七年正月袭职[4]。故。男高贤年幼。有弟高胜，代袭原职。候高贤出幼，仍还承袭。永乐六年，奉圣旨："是，着他署同知事[5]。钦此。"续该生员老人偰思忠[6]等，告称高胜别无冠带。永乐七年四月，奉令旨："着他冠带。敬此。"永乐十六年，高贤告系高保庶长男，先因年幼，有叔高胜借职，今已出幼，备马进贡告袭。本年三月，奉圣旨："准他袭。那借职的，革了冠带闲住。钦此。"后告照楚雄府女土官知府高纳的斤例[7]，升做知府。洪熙元年三月，奉圣旨："着他做知府，只不世袭。那流官知府取回来。钦此。"故。男高嵩袭职。为照[8]高贤知府不系世袭，宣德二年四月奉圣旨，将高嵩发回查勘。病故。奉清远伯王骥[9]准令，高贤次男高贵袭土官知府。参照高贤隐下[10]祖高保原系世袭土官同知，伊父高贤保升知府，不系世袭情由，妄行告袭知府，三司委官明承前号勘合，隐匿不行回报[11]。欲行都察院转行巡按[12]，将高贵革去知府职名，仍袭土官同知，及查问前项违错官吏。正统十三年十二月，奉圣旨："是。钦此。"患风症，男高翔，成化十六年六月替职。故。男高凤，弘治九年二月奉圣旨："准他袭。钦此。"嘉靖九年十二月，高凤患病，亲男高齐斗奉钦依，准令冠带就彼，到任管事。

【注释】

[1]姚安府：明代府名，治所在今云南姚安。《明史·地理志·云南》："姚安军民府，元姚安路，洪武十五年三月为府，二十七年四月升军民府。领州一，县一。东南距布政司七百里。"

[2]高寿：乾隆《云南通志·土司志·姚安府土同知》：所载姚安府土官姓名等与此处内容有异："高明寿，本高泰祥裔，世居姚州，元末为姚安路总管。明初，子寿保降授同知，世袭。万历中，高金宸以征缅功晋秩四品。金宸死，子光裕袭。光裕死，子守藩袭。守藩死，子耀袭。以疾避为僧，子裔映袭。本朝平滇，裔映投诚，仍授世职。裔映死，子映厚袭。映厚死，子厚德袭。

雍正三年,以不法革职,安置江南。"

[3]前元任云南行省左丞:明刘文征《滇志·羁縻志》所载高寿履历及其子孙世袭事亦与与此处所云不同:"土官高寿,本高泰祥之裔,世居姚州,元为姚安路总管。子高寺,纳土归附。自久叛,夺其印信虎符,西平奏以高保为土同知。后自久攻姚州,杀知州田本、吏目杨信,保挈印奔洱海。冯都督进兵讨之,以保为前锋,败贼于白盐井,救官吏熊以政等。又捕贼于东山箐,获伪元师张光,遂招谕人民于白石之村。贼来夜劫营,又败之,获其头目高昌渐,蹙贼于马哈山、芦头山,禽其部酋阿普、杨通、普只,贼势衰止。遂召复业人民,定租税,建城郭宫室,开府治。保死,子孙世其官。所部居崇山,尽力陇亩,家有常给。控制番人,鸷悍喜斗,每奉调征不庭,或至二千人,远之麓川、芒部、师宗、豆温、阿堂、凤继祖,近之陇川、丁改、罕岳、克举诸役,皆与焉。而铁索箐之讨,自三岔河进兵,众至八千人。万历中,高金宸以征缅功,晋秩四品服。金宸死,高光裕袭。光裕死,妻高宗姒摄职,丽江木氏女也,以帷薄不修,被杀。子高守藩听袭。"

[4]男高保袭职。洪武十五年归附,十七年正月袭职:按此数句应有漏误。高保原来所袭任的元代官职,肯定不能在明代依然承袭,而洪武十七年再次袭职,未交代所袭者是何种职务。依前文后文之意,参照其他文献,高保应是在洪武十七年被任命为姚安府土同知。《明史·土司列传·云南土司二》:"姚安,本汉弄栋、蜻蛉二县地。唐置姚州都督府,以民多姚姓也。天宝间,南诏蒙氏改为弄栋府。宋时,段氏改姚州。元立统矢千户所,天历间,升姚安路。洪武十五年定云南,改为府。十六年,姚安土官自久作乱。官兵往讨,师次九十九庄,自久遁去。明年复寇品甸。西平侯沐英奏以土官高保为姚安府同知、高惠为姚安州同知。保、惠从英击自久,平之。"亦可证。

[5]着他署同知事:此句亦证明高保所任土官职务为姚安府土同知。

[6]该生员老人傁思忠:交代不清,不详为何人。

[7]楚雄府女土官知府高纳的斤例:其他文献中未见此女土官姓名。《明史·土司列传·云南土司一》:"楚雄,昔为威楚。元宪宗置威楚万户府。至元后,置威楚开南路宣抚司。洪武十五年,南雄侯赵庸取其地。十七年以土官高政为楚雄府同知,……永乐中来朝,时仁宗监国,嘉其勤诚,升知府,子孙仍袭同知。政卒,无子,妻袭。又卒,其女奏乞袭知府。帝曰:'皇考有成命。'令袭同知。"可能就是此处所载的高政之妻。

[8]为照:因为查得。公文用语。

[9]清远伯:应为"靖远伯"之误。靖远伯是王骥的封爵。王骥,明代直隶束鹿人,永乐四

年进士,官至兵部尚书,封靖远伯,正统间几次率军在云南、四川平乱。

[10]隐下:隐瞒。

[11]三司委官明承前号勘合,隐匿不行回报:云南布政使司等三司委任办理此事的官员,隐瞒实情未予上报。

[12]欲行都察院转行巡按:打算告知都察院转令云南巡按御史。这是吏部奏章的语气。都察院:明代朝廷机构名,负责纠察百官。

姚州[1]同知

高义[2],僰人,系世职土官知州。洪武十六年归附,总兵官将男高惠札任本州同知,十七年实授。故。庶长男高紫潼赐,永乐二十二年五月,奉令旨[3]:"照钦依,例着他做,只不世袭。不守法度时,换了。钦此。"故。男高澄,成化十三年四月奉圣旨:"高澄着做州同知,仍不世袭。钦此。"故。嫡长男高椿,正德元年七月奉圣旨:"高椿着做州同知,仍不世袭。钦此。"故。嘉靖九年十二月,亲侄高郯奉钦依,准令冠带。十六年五月,高郯故,绝。堂弟高弼承袭,查无世袭字样。奉圣旨:"既勘明,准承袭。钦此。"

【注释】

[1]姚州:明代州名,在今云南姚安。《明史·地理志·云南》姚安军民府:"姚州,倚。元属大理路,洪武十五年三月来属。"

[2]高义:明刘文征《滇志·羁縻志》云:"姚州土官高义,在元为土知州。子高惠,国初归附,授州同知。与府同知高氏同域,每征调,则二氏并驱,其战士可三百人。今沿至高应麒,听袭。"乾隆《云南通志·土司志·姚州土州同》载其人及其子孙世袭事作:"元末,高义为知州。明初,其子惠归顺,授州同。沿至应骐,传昺。昺传晶,晶传显锡。本朝平滇,显锡投诚,仍授世职。显锡无子,侄辅袭。辅死,子启宗袭。启宗死,今弟宗亮袭。"

[3]奉令旨:按此令旨并非永乐帝朱棣所颁发,而是监国的太子所颁发,当时朱棣率军亲征,由太子监国。令旨中有"照钦依"的说法,意为"按照皇帝的旨意",即是说按照永乐帝的旨意。

普昌巡检司[1]巡检

李可,大理府赵州云南县人。洪武十六年归附,总兵官拟除本司巡检。年老,男李智替。故。嫡长男李善,备马赴京,朝贡告袭。永乐四年十二月,奉令旨:"着他做巡检,只不世袭。若不守法度,不志诚时,换了。那见任[2]的巡检掌印,着他封印。敬此。"宣德元年五月,男李文中袭。老疾,成化十四年七月,孙男李洪奏袭。未经会勘,行勘[3]未报。文选司缺册内,查得成化十年九月,除流官阮志聪。

【注释】

[1]普昌巡检司:明代土司机构名,在今云南姚安。《明史·地理志·云南》姚安军民府:"姚州,……北有守御姚安千户所,洪武二十八年置。东有箭场、西有普昌、南有三窠、西南有普溯四巡检司。"

[2]见任:现任。

[3]行勘:指吏部行文到云南要求查勘。

鹤庆军民府知事[1]

董信,本府人。由前本府司吏,洪武十五年归附。总兵官拟充前职,十七年实授。老疾,带领长男董宗赴京,进贡告袭。永乐六年四月,奉圣旨:"既老了,准他男替职,还不做世袭。钦此。"故。男董寿,宣德四年五月奉圣旨:"着他做,还不做世袭。钦此。"故。嫡长男董禄,天顺八年八月奉圣旨:"董禄既无违碍,着他做知事,还不世袭。钦此。"弘治八年八月,文选司报裁革。正德七年十月,董禄孙董从贤送部,但祖来不曾开有世袭字样。奉圣旨:"是,准他与做知事,还不世袭。钦此。"

【注释】

[1]鹤庆军民府:明代府名,治所在今云南鹤庆。《明史·土司列传·云南土司二》:"鹤庆,唐时名鹤川,南诏置谋统郡。元初置鹤州,至元中升鹤庆府,寻改为路。洪武中,大军平云南,分兵拔三营、万户砦,获伪参政宝山帖木儿等六十七人。置鹤庆府,以土官高隆署府事。十七年以董赐为知府、高仲为同知……二十四年置鹤庆卫。三十年改鹤庆府为军民府。"知事:明代官名,其官级因所在官署不同而有差异,府知事为正九品。

在城驿[1]驿丞

田宗[2],本府民。由本府把事,洪武十五[3]归附。十六年,跟随土官高仲朝觐。十七年,除授本驿驿丞。故。男田均未袭,故。嫡长亲孙田永,备马赴京进贡。永乐六年四月,奉圣旨:"除他做驿丞,还不世袭。着回去,等服满[4]了就那里到任管事,流官掌印。他以后不志诚时,换了。钦此。"故。嫡长男田直,备马赴京,进贡告袭。洪熙元年三月,奉圣旨:"着他做驿丞,不世袭。那流官驿丞取回来。钦此。"故。男田正奏袭,查照伊父[5]袭职,奉钦依不世袭。成化三年二月,奉圣旨:"着他做驿丞,不世袭。钦此。"故。嫡长男田刚告袭间,双目盲。无嗣,故。弟田聪,弘治十四年正月奉圣旨:"是,田聪准袭土官驿丞。钦此。"嘉靖九年十二月,孙田纬奉钦依,准令冠带就彼,到任管事。

【注释】

[1]在城驿:明代驿站名,在今云南鹤庆。

[2]田宗:乾隆《云南通志·土司志·鹤庆府在城驿土驿丞》记其人及其子孙世袭事云:"元末,田宗为府判。明洪武十五年归顺,以从征普颜笃、佛光寨有功,授土驿丞。沿至得惠,传泰年,泰年传珍。本朝平滇,珍投诚,仍授世职。珍死,子世禄袭。世禄死,今子生蕙袭。"明刘文征《滇志·羁縻志》则云:"在城驿土官田宗,郡人。以刍粟供军储,克佛光寨,授土驿丞,兼高仲下把事。今沿至田得惠,听袭。"

[3]洪武十五:应为"洪武十五年",公元1382年。

[4]服满:服丧期满。

[5]查照伊父:查得他的父亲。

观音山巡检司[1]巡检

王友德[2],本府民。洪武十五年归附,十六年,总兵官札拟前职,十七年实授。故。嫡长男王瑾,备马赴京,进贡告袭。永乐九年十月,奉圣旨:"着他做巡检,还不做世袭。若不守法度时,罪他。敬此。"故。成化四年,会奏嫡长孙王珍应袭。本年十一月,奉圣旨:"着他做巡检,不世袭。钦此。"故。嫡长男王让,弘治十年五月奉圣旨:"准他袭。钦此。"嘉靖二年三月,亲男王应魁保袭。查祖来不曾开有世袭字样。奉圣旨:"是,着他做巡检,仍不世袭。钦此。"

【注释】

[1]观音山巡检司:明代土司机构名,在今云南鹤庆。《明史·地理志·云南》:"鹤庆军民府……东北有宣化关、西南有观音山、又有清水江三巡检司。"

[2]王友德:乾隆《云南通志·土司志·鹤庆府观音山土巡检》记其人及其子孙世袭事云:"明初,王友德归顺,以名同颖国公,去德字。擒获大松坪贼杨奴等,授土巡检。沿至王之和,传

钦。钦传印兆。本朝平滇,印兆投诚,仍授世职。印兆死,今子天受袭。"明刘文征《滇志·羁縻志》作王友:"观音山巡检司土官王友,山外民。国初,以军功授土巡检。沿至王之和,听袭。"

观音山驿[1] 驿丞

郭生[2],本府民。洪武十五年归附,差办本驿事务。十六年,总兵官拟充前职,十七年实授。故。嫡四男郭宗,备马赴京告袭。永乐十一年二月,奉圣旨:"准他,着世袭了。钦此。"故。男郭鉴残疾,孙郭珪告袭。成化三年会奏,本年七月,准令就彼冠带。老疾,长男郭节、孙郭亮,相继故绝。次男郭森并妻,俱患风瘫等疾。无奏保。郭珪第三男郭文斌应袭。弘治十三年十二月,奉圣旨:"是。钦此。"

【注释】

[1]观音山驿:明代驿站名,在今云南鹤庆。

[2]郭生:乾隆《云南通志·土司志·鹤庆府观音山土驿丞》记其人及其子孙世袭事云:"明洪武十六年,郭生归附,从征佛光寨有功,授驿丞。沿至郭维藩,传升。升传朝镇,朝镇传朝柱。本朝平滇,朝柱投诚,授世职。朝柱死,朝镇子鼎袭。鼎死,子绍仪袭。绍仪死,今子斌袭。"

宣化关巡检司[1] 巡检

罗白,本府罗罗人。洪武十五年归附,十六年,总兵官札拟前职,十七年实授。永乐三年故。文选司缺册内,查得成化十年十一月,除流官刘必贵。

【注释】

[1]宣化关巡检司:明代驿站名,在今云南鹤庆。《明史·地理志·云南》:"鹤庆军民府……东北有宣化关、西南有观音山、又有清水江三巡检司。"

剑川州弥沙盐井盐课司[1]副使

何酉,本州民,前元任本井盐课司大使。洪武十六年归附,总兵官拟充本井盐课司副使,十七年实授。故。长男何胜,备马赴京,进贡告袭。永乐三年三月,奉圣旨:"都除去做[2]。何胜做副使,字成[3]做巡检封印。都还不做世袭,也不为常例。若不志诚,又不守法度时,换了。钦此。"故。男何保告袭间故。正统元年四月,弟何庄奏袭。查得何保永乐十年告袭未任,在途病故,到今二十余年,不行承袭,中间恐有缘故;亦未经三司体勘。将何庄发回体勘,至日施行[4]。文选司缺册内,查得成化七年四月,除流官杨哲。

【注释】

[1]剑川州:明代州名,在今云南剑川。《明史·地理志·云南》:"剑川州,元剑川县,洪武十五年三月因之,十七年正月升为州。西南有石宝山。南有剑川湖,俗呼海子,样备江之下流。"弥沙盐井盐课司:明代主管盐务的基层官署名,在今云南剑川。《明史·地理志·云南》:"剑川州,……又西南有弥沙井盐课司。"

[2]都除去做:让他们都去做官。这是针对几个同时申请袭职者说的。

[3]字成:土官名。参见前文《浪沧江巡检司巡检》篇。

[4]至日施行:到勘查结果报来时再作处理。

弥沙井巡检司[1] 巡检

哈只，系本州[2]民。洪武十五年归附，十六年，参随大理卫[3]指挥周能管领土军，与同[4]大军攻破邓州州[5]等寨，总兵官拟充前职，十七年实授。老病，嫡长男沙塝，备马赴京，进贡告替。永乐四年正月，奉圣旨："着他替做巡检，只不世袭，也不为例。不守法度时，换了。钦此。"成化八年，剑川州吏史铭奏，称沙塝为事典刑[6]，要设流官，行勘未报。成化十二年，奏保冠带上舍[7]赵贵授任巡检，不由上司，径自具奏[8]，行勘未报。文选司缺册内，查得成化十九年三月，除流官何本。

【注释】

[1]弥沙井巡检司：明代土司机构名，在今云南剑川。《明史·地理志·云南》："剑川州，……又西南有弥沙井盐课司。又有弥沙井巡检司。"

[2]本州：指剑川州。

[3]大理卫：明代军卫名，在今云南大理。

[4]与同：随同。

[5]邓州州：应为"邓川州"之误。

[6]为事典刑：因为犯事受到刑事惩罚。

[7]冠带上舍：有官服的监生。上舍：本为宋代太学最高年级名（分外舍、内舍、上舍），明代以之称国子监监生。

[8]径自具奏：自行决定上奏朝廷。但此处并未说明是何人径自具奏。

顺州[1]同知

子与[2],罗罗民,袭祖先任土官知州。洪武十六年归附,总兵官札拟本州同知,十七年实授。故。男子清,三十三年[3]正月袭,故。伊妻观音铭,告袭夫职。宣德元年五月,奉圣旨:"着他做州同知,还不世袭。钦此。"续该布政司[4]咨呈,备开[5]鹤庆军民府知府高宝关开[6]:观音铭再醮[7]之妇,不应承袭,奏革冠带。本府又保子清堂弟子公承袭,照勘去后,续该布政司咨呈开[8],子公宣德四年病故。天顺七年,子英奏要袭职,行勘,三司奏称,会勘得子英系已故土官同知子清嫡亲侄孙,应袭。查照彼先[9]子清妻观音铭告袭,节奉钦依,还不世袭事理[10]。成化元年七月,奉圣旨:"着做州同知,还不世袭。钦此。"故。嫡长男子海,弘治十二年十二月奉圣旨:"是,着做州同知,还不世袭。钦此。"嘉靖九年十二月,抚按[11]等衙门,奏保鹤庆军民府顺州已故土官州同知子英亲男子潼该袭。奉钦依,准令冠带就彼,到任管事。

【注释】

[1]顺州:明代州名,在今云南永胜。《明史·地理志·云南》鹤庆军民府:"顺州,元属丽江路,洪武十五年三月属北胜府,寻来属。西有金沙江。东有浴海浦,与北胜州分界。西距府百二十里。"

[2]子与:乾隆《云南通志·土司志·永北府顺州土州同》作"子舆",又载其后世子孙世袭事云:"元时,子日为土知州。至子舆,归明,授州同。沿至如壁,传一龙。一龙传天锡,以军功加衔游击,进阶知州。传子禄祥,本朝平滇,禄祥投诚,仍授州同世职。禄祥死,子大贤袭。大贤死,子玠袭。玠死,今子肱袭。"明刘文征《滇志·羁縻志》则仍作"子与":"顺州土官子与,其先有子日、子希,元时为世袭知州。天兵平南,以州同知待之,俾束部夷。今至子如璧袭。其部曲武健,每征调,恒与顺宁并驱争先。"

[3]三十三年:洪武三十三年,实为建文二年(1400)。

[4]续:接着。该布政司:指云南布政使司。

[5]备开:详细陈述某种事实。公文用语。

[6]关开:发来关文陈述。关:关文,公文名称。

[7]再醮:再婚。

[8]呈开:呈报陈述。

[9]查照彼先:查得他的祖先。

[10]事理:事例;事实。

[11]抚按:指云南巡抚和云南巡按御史两官署。

武定军民府[1]知府

　　金甸,罗罗人。前[2]武定府土官总兵安慈长男法叔妻商胜,有夫法叔,病故,弟三宝奴袭兄职事,亦故。为男年幼,商胜袭夫法叔职事[3]。洪武二十二年患病,令男海积替职。二十六年,钦依准替袭在闲[4]。海积于洪武三十五年[5]赴京朝贺,病故。户无嫡庶儿男,正妻萨周应袭。永乐二年六月,奉圣旨:"着他袭。钦此。"故。保已保男弄交[6]妻商智承袭。十五年九月,奉圣旨:"是,黔国公每[7]说商智该袭,就着他袭做知府。钦此。"故。布政司保结咨呈,起送户长夫叔阿宁[8]到部。为照[9]本人未经都按[10]二司体勘,拟将本人发回具题[11]。正统三年二月,奉圣旨:"既有布政司并本府官吏人等保结具,准他袭。还行文书去覆勘,如有不实,拿解将来。钦此。"景泰二年正月,亲侄矣本职奉圣旨:"是。钦此。"故。亲男金甸,天顺四年十二月,就彼袭职。奉圣旨:"是。钦此。"故。无嗣,庶弟阿英[12]告袭。二十三年[13]十一月,奉圣旨:"是。钦此。"故。正德十二年三月,男凤朝明[14]奉圣旨:"恁每[15]说的是,但地方既有灾异,土人又不愿改设流官,凤朝明还着他承袭旧职。钦此。"故。嘉靖九年十二月,亲男凤诏,奉钦依,准就彼冠带。故。嘉靖十一年十月,奏保凤朝明妻、凤诏母瞿氏应袭。奉圣旨:

"是,这土官知府,既该镇巡[16]等官查议明白,瞿氏准照例承袭。钦此。"

【注释】

[1]武定军民府:明代府名,治所在今云南武定。《明史·地理志·云南》:"武定府,元武定路,洪武十五年三月为府,寻升军民府。隆庆三年闰六月徙治狮子山。万历中,罢称军民。领州二,县一。东南距布政司百五十里。"

[2]前:前朝。指元朝。

[3]为男年幼,商胜袭夫法叔职事:此处所叙商胜任职事模糊不清。可参考《明史·土司列传·云南土司二》相关内容:"武定,南诏三十七部之一。宋淳熙间,大理段氏以阿历为罗武部长。三传至矣格,当元世祖时,为北部土官总管。至元七年改武定路,置南甸县。洪武十四年,云南下,武定女土官商胜首先归附。十五年改为武定军民府,以胜署府事。"

[4]钦依准替袭在闲:皇帝旨意准许海积袭任土官职务、商胜退休。

[5]洪武三十五年:实为建文四年(1402)。

[6]保已保男弄交:应为"保已故男弄交"之误。

[7]黔国公每:黔国公们。黔国公:明朝开国功臣沐英封号,其子孙世代承袭封爵镇守云南。此处黔国公应指沐晟。

[8]起送户长夫叔阿宁:保送商智丈夫的叔父、族长阿宁。

[9]为照:因为查得。

[10]都按:都指挥使司和巡按御史司。

[11]具题:由地方官府出具相关证明材料。

[12]阿英:据乾隆《云南通志·土司志·武定府土知府》,阿英为商胜三世孙,与此处所云不同;又载阿英改姓凤,此处亦未提及:"凤氏,其先弄积,妻商胜,明初倡众归附,授土知府。其三世孙阿英,始改姓凤。英子朝文及孙继祖叛,平之,改流官,授凤历府经历。"

[13]二十三年:天顺年号无二十三年,应为成化二十三年之误,即公元1487年。

[14]男凤朝明:明刘文征《滇志·羁縻志》及《云南通志》均载阿英(凤英)之子凤朝文起兵作乱,或者是另一子。《滇志》所载,尤可作此处内容之补充:"土官凤氏,其先曰弄积,妻商氏,倡众归天朝,授土知府。正德间,弄积三世孙阿英改姓凤,潜畜异谋,其子朝文叛。后孙继祖复捍天网,巡抚尚书吕公洵灭之,疏于朝,改设流官,授凤历府经历,以永其嗣。后每朔望,夷目

辈咸稽首于府幕,知府刘寅坐厅事见之,惧其为后患也,乃请于巡抚陈公大宾,以它罪杀之,凤氏遂绝。万历丁未,阿克自称凤氏余裔,复卷土屠府城,寻蹴省城,胁取府印而去。官兵四路捕之,生得,献阙下,法司论罪,磔于西市。其部有十八马头,江内者渐被王化,江外者接壤东川七州,呰窳盘错,虽连年纵寻斧焉,而终不能以犬马畜也。"

[15]恁每:你们。指相关大臣。

[16]该镇巡:指云南镇守太监和云南巡按御史。

和曲州元谋县[1]知县

阿吾[2],景东府[3]百夷人,原袭土官知县。洪武十五年投降,十六年,札付[4]与流官相兼署管。十七年,有流官知县张元礼病故。阿吾赴京朝觐,二十七年,实授元谋县县丞。当月,西平侯奏奉钦依[5],实授知县。故。嫡长男吾忠,三十五年[6]十二月奉圣旨:"是,他父祖既曾做知县,如今还准他做知县。钦此。"次日覆奏,奉圣旨:"是,还不做世袭。以后他不守法度时,换了。钦此。"故。宣德元年,男吾政袭职。风疾。正统八年六月,男吾起于总督尚书[7]处袭职。故,无嗣。天顺二年十月,弟吾超奏保赴部,查无三司官会奏。奉圣旨:"且准他袭。还催三司覆勘应袭缴结[8]。"故。成化三年六月,庶长男吾隆,准令就彼冠带。故。庶长男吾大用,弘治十四年五月奉圣旨:"是,准他袭,还不世袭。钦此。"故。嘉靖九年十二月,亲男吾至先,奉钦依,准令冠带就彼,到任管事。

【注释】

[1]和曲州:明代州名,在今云南武定。《明史·地理志·云南》:"和曲州,倚。旧城在南,元州治于此。隆庆三年十二月徙州为府附郭,令吏目领兵守焉。西北有三台山。北有金沙江,源出吐蕃共龙川犁牛石,下流经丽江、鹤庆二府,至本府北界,东流入黎溪州,又东入四川会川卫界。有金沙江土巡检司。又有乌龙河,流入金沙江。又西北有西溪河,即楚雄府龙川江下

流。又有只旧、草起二盐井。东有南甸县,元路治,洪武十五年三月改属州,成化二十年仍属府,正德元年七月省。西北有干海子、又有罗摩洱、又南有小甸关三巡检司。西北有龙街关土巡检司。"元谋县:明代县名,在今云南元谋。《明史·地理志·云南》:"武定府……领州二,县一。……元谋,府西北。西北有住雄山,又有竹沙雄山。北有金沙江,西有西溪河流入焉。"按明代元谋县属武定府管辖,并不隶属于和曲州,此处所载有误。

[2]阿吾:乾隆《云南通志·土司志·武定府土知府》载其事云:"阿吾,元土知县广哀之子,爨夷也。明初归附,令招谕县民,仍世袭土知县。后改流革除。其裔吾大用,于安铨、凤朝文之变,有杀贼功。至天启中,有大用曾孙必奎,以从讨安效良累功守备,后复叛,斩之。"此段文字本之明刘文征《滇志·羁縻志》:"元谋县土官阿吾,元土知县广哀之子,本爨夷种。天兵南下,于金马山归命,遂令招谕县民,得世袭土知县。后以设流革除,安铨、凤朝文之变,其裔吾大用效顺杀贼,克、举之变,其裔亦以三百众同官兵恢复县治。今吾必奎报效讨沾、平,累功名色守备。"

[3]景东府:明代府名,治所在今云南景东。

[4]札付:指云南地方长官以手札委任阿吾办理公务。

[5]西平侯:指沐英,明朝开国功臣,封西平侯,任副帅领军平定云南。奏奉钦依:上奏朝廷,奉到皇帝旨意。

[6]三十五年:洪武三十五年,实为建文四年(1402)。

[7]总督尚书:指王骥。王骥,明代直隶束鹿人,永乐四年进士,官至兵部尚书,封靖远伯,曾以总督军务身份率军到云南等地讨伐叛乱。

[8]应袭缴结:呈报证明吾超有资格袭任土官职务的担保书。

和曲州龙街关巡检司[1]巡检

李寿童,昆明县人,指挥李观下头目。洪武十四年,随同本官差使,赴京朝觐,赏赐回还。二十四年七月,节奉太祖皇帝圣旨:"巡检,布开用他。钦此。"故。长男李忠,备马赴京,进贡告袭。永乐六年二月,奉令旨:"着他做巡检,还着流官掌印,也不做世袭。若不守法度时,换了。敬此。"十九年给由。故。嫡长男李孟雄袭职,不系世袭。宣德元年四月,奉圣旨:"着他做巡检,不世袭。钦此。"眼病。嫡长男李芳,查不系世袭。本年十二月奉圣旨:"着他做巡检,还不世袭。钦此。"老病。嫡长男李禄,弘治十二年四月奉圣旨:"准他替,还不世袭。钦此。"故。男李廷秀,耳疾未袭,故。男李森,奉例[2]冠带听袭。

【注释】

[1]龙街关巡检司:明代土司机构名,在今云南武定。《明史·地理志·云南》:"和曲州……南有小甸关三巡检司。西北有龙街关土巡检司。"

[2]奉例:按照旧例。

金沙江巡检司[1] 巡检

刘宝山,昆明县民。洪武十四年归附,二十四年,总兵官照例阄注[2]武定军民府和曲州罗摩䚵[3]巡检司巡检。为因裁革,给赴部[4]。三十二年[5]七月,钦调金沙巡检司巡检。故。嫡长男刘进忠,备马进贡告袭。洪熙元年闰七月,奉圣旨:"着他做巡检,只不世袭。不志诚时,换了。钦此。"故。男刘浩,成化元年眼疾。男刘晶,七年九月题准行令就彼冠带替职讫。

【注释】

[1]金沙江巡检司:明代土司机构名,在今云南武定。《明史·地理志·云南》:"和曲州……北有金沙江,源出吐蕃共龙川犁牛石,下流经丽江、鹤庆二府,至本府北界,东流入黎溪州,又东入四川会川卫界。有金沙江土巡检司。"

[2]阄注:抽阄决定后注册。

[3]罗摩䚵:明代小地名,在今云南武定。

[4]给赴部:发给相关文书让刘宝山到吏部申诉。

[5]三十二年:洪武三十二年,实为建文元年(1399)。

巡检[1]

李安吉奴[2],大理府太和县人。洪武十四年归附,二十四年,钦除[3]武定军民府和曲州金沙江巡检司土官巡检。故,男李元通镜告袭。故,男李祥光告袭。故。男李鉴,天顺八年袭。故。嫡长男李杰,弘治九年正月奉圣旨:"准他袭。钦此。"故。男李朝宣听袭。

【注释】

[1]按:此巡检不标全称,依文中所言,亦为金沙江巡检司土巡检。参见下注。

[2]李安吉奴:明刘文征《滇志·羁縻志》作"李安古奴",载其事较此处为详:"金沙江巡检司土官李安古奴,大理人。初以部尉从观音保出降,后从西平攻乌撒,讨永昌谋叛土同知段惠,又从征越州,累功巡检。今沿至李齐楠,听袭。"乾隆《云南通志·土司志·和曲州金沙江土巡检》则作"李安吉奴":"李安吉奴,明初以部尉从观音保降。后从沐英攻乌撒及征越州,累功授巡检,后绝。"按:《土官底簿》所载得力石玉、刘宝山、李安吉奴三土官的职位均为金沙江巡检司土巡检,应是沿金沙江各处设置多处土巡检司。

[3]钦除:皇帝任命。

广西府[1]知府

昂觉,广西府弥勒州[2]人。有父普德[3],除授本府知府。洪武二十一年,者满作乱杀死。总兵官委觉署掌府事。赴京告袭,缘无官吏人等保结、宗枝图

云南 105

本[4]。二十七年正月,本部[5]官奏,间西平侯[6]奏,俱系正枝叶节[7]。该[8]奉太祖皇帝圣旨:"与他世袭,着袭了。钦此。"故。男昂保,在任署事奏袭。永乐五年九月,奉圣旨:"着他袭了罢。钦此。"故。男圆通,正统六年袭职。故。无嗣,亲侄昂宗,保送间故。该[9]男自蓬袭,亦故。成化九年,会奏自蓬弟昂贵应袭。本年十二月,题准行令,就彼冠带袭职。文选司缺册内,查得成化十七年五月,知府昂贵故。本年七月,改除流官知府贺勋[10]。

【注释】

[1]广西府:明代府名,治所在今云南泸西。《明史·土司列传·云南土司一》:"广西,……元宪宗时始内属。至元十二年籍二部为军,置广西路。洪武十四年归附,以土官普德署府事。二十年,普德及弥勒知州赤善、师宗知州阿的各遣人贡马,诏赐文绮钞锭。二十四年,布政使张纮奏:'维摩、云龙、永宁、浪渠、越顺等州县蛮民顽恶,不遵政教,宜置兵戍守,以控制之。'是后,朝贡赐予如制。正统六年,总兵官沐昂奏师宗州及广南府贼阿罗、阿思纠合为乱,命昂等招谕,未几平。成化中,土知府昂贵有罪,革其职,安置弥勒州。乃置流官,始筑土城。"

[2]弥勒州:明代州名,在今云南弥勒。《明史·地理志·云南》:"弥勒州。南有卜龙山。西有阿欲山。东南有盘江山,南盘江经其下。又东有八甸溪,南合南盘江。又西有十八寨山,嘉靖元年二月置十八寨守御千户所于此,直隶云南都司。又南有捏招巡检司。东北距府九十里。"

[3]普德:乾隆《云南通志·土司志·广西府》称普德原授弥勒州土知州:"土知府昂氏,明初普德归顺,授弥勒州土知州,寻升广西府知府。"明刘文征《滇志·羁縻志》作"普得":"弥勒州土官昂氏,初有普得者率众向化,授土知州,寻升知府。成化中,昂贵以不法事革知府,以冠带置弥勒州,住州治东,食其地,事在有司。征调之众,卤掠无纪律,故近不用。其在部龙乡土舍曰昂尚才,子钦,在永安寨。孙世英,在曰者乡。"

[4]宗枝图本:载有宗族世系的图册。

[5]本部:指吏部。

[6]间:不久前。西平侯:应指沐晟。此时其父沐英已死。

[7]正枝叶节:喻指土官的直系子孙。

[8]该:此。公文用语。

[9]该:该土官;指昂宗。

[10]知府昂贵故。本年七月,改除流官知府贺勋:《明史·土司列传·云南土司一》所载,与此处有异:"成化中,土知府昂贵有罪,革其职,安置弥勒州,乃置流官,始筑土城。"又《四库全书·云南通志·土司志》广西府:"土知府昂氏。明初普德归顺,授弥勒州土知州,寻升广西府知府。成化中,昂贵以不法革职,设流。改调土照磨。"亦可证。

弥勒州知州

赤喜[1],广西府弥勒州民。洪武十五年,总兵官钧旨署理州事[2]。赤喜充欲龙乡头目以后,叔普德升广西府知府。赤喜系是亲房堂侄,举接继[3]叔普德名缺署事。二十一年赴京,五月实授。故。嫡长亲男者克,赴京告袭。本年八月袭。故。男樊习,宣德五年八月奉圣旨:"准他。钦此。"亲叔必者告袭侄樊习职事[4]。正统四年八月,奉圣旨:"既有布政司并本府州官吏人等保结,且准他袭。还行文书去覆勘,如有不实,拿解来京。钦此。"故。男番瓒,正统十一年十二月奉圣旨:"既有本府州官吏保结,准他袭。钦此。"故。嫡长男番普救,成化元年十一月,题准行令,就彼冠带承袭。未袭,故。堂弟番普也,三司奏袭。看金事[5]俞泽,不行亲勘[6],转委属官行勘,会奏未报[7]。文选司缺册内,查得弘治六年十一月,改设流官讫[8]。

【注释】

[1]赤喜:《明史·土司列传·云南土司一》作"赤善":"洪武十四年归附,以土官普德署府事。二十年,普德及弥勒知州赤善、师宗知州阿的各遣人贡马,诏赐文绮钞锭。"

[2]总兵官钧旨署理州事:总兵官令何人署理州事,语意模糊。若是令赤喜署理州事,则与下句"赤喜充欲龙乡头目"矛盾。依下文,应是令赤喜之叔普德署理州事。普德升知府后,赤喜

接替他任知州。

[3]举接继:得到荐举继承。

[4]亲叔必者告袭侄樊习职事:此句之前,应漏"(樊习)故"一语。否则,樊习未死,其叔怎能告袭樊习职事?

[5]看:查得。金事:官名。

[6]不行亲勘:没有亲自办理核查的事。

[7]会奏未报:三司会同上奏的文书朝廷没有批复。

[8]讫:完毕。

师宗州[1] 同知

阿的,罗罗人,承袭父职[2]。洪武十五年归附,十六年开设衙门。二十一年,赴京朝觐,除本州同知。故,无嗣。有阿救,十六年九月赴京朝觐告袭。二十七年二月,蒙钦除同知职事。故。嫡长男普双,本年十二月赴京朝贺告袭。永乐元年正月,钦准袭职。故,无嗣。龙哥[3]系弟,年幼未尝管事。乡老头目张文礼等,告系普双妻适苏承袭,龙哥长成袭职。永乐二年六月奏,钦准袭职。后赴京,告故夫高曾祖父俱系知州,欲升知州职事。部拟不准。永乐七年正月,引奉令旨:"他父亲自来朝,升他做知州,只不做世袭,还着流官掌印。以后有当袭的人,仍着做同知。敬此。"故。龙哥长成,奉令旨:"准袭他兄同知的职事。敬此。"故。男珑达,告袭间故。男珑和,尚书王骥准袭。故。嫡长男珑宗,听袭间故。男珑显,成化二十三年七月奉圣旨:"珑显准照例袭土官同知。钦此。"故。嘉靖九年十二月,亲侄珑节,奉钦依,准令冠带就彼,到任管事。

【注释】

[1]师宗州:明代州名,在今云南师宗。《明史·地理志·云南》:"师宗州,西有龟山,万历

四十八年筑督捕城于此。东有英武山。西有盘江,又西北有巴盘江合焉,东北入罗平州界。西南距府八十里。"

[2]阿的,……承袭父职:乾隆《云南通志·土司志·师宗州土州同》:"其先有普恩者,元时为武德将军,世袭知州。明初阿的归附,授州同。传至孙珑哥,遂以珑为姓。沿至珑耿,遣李璜赴京请袭,璜竟请改土设流,职除。"此段文字本自明刘文征《滇志·羁縻志》而有增补。《滇志》云:"师宗州土官阿的,本州恩荣里人。其先世有普恩者,在元为武德将军,世有其地。至的归附,授州同知,协州事。世居治左之恩荣寨。的孙曰珑哥,遂以珑为姓。正、嘉间,沿至珑节。时有事于安南、那大、十八寨、阿勿及武寻、荞甸,咸征其部三四百人。万历中,沿至珑有光死,妻妾秦氏、昂氏分摄之。诸夷无统纪,益以恣肆。今沿至珑耿,听袭。"据此,阿的之父或为普恩。

[3]龙哥:应为"珑哥"之误。上引《云南通志》云"传至孙珑哥,遂以珑为姓",而下文龙哥之子名珑达,皆可证。

元江军民府禾摩村巡检司[1]巡检

李华,洪武三十二年[2],跟随土官知府那荣,征进青娘等处,节次[3]有功。宣德十年,奏任禾摩村巡检司土官巡检。故。长男李山,未袭故。次男李思恭,保送总督尚书[4]处准袭。正统九年,征进麓川有功,升主簿,仍管巡检司事。故。庶弟李思义,成化十三年八月,题准就彼冠带承袭。故。嫡长男李圆戎,成化二十年二月奉圣旨:"李圆戎准袭土官巡检。钦此。"患病。男李俸,正德四年三月奉圣旨:"李俸准做土官巡检,还不世袭。钦此。"故。男李济贤,见在[5]应袭。

【注释】

[1]元江军民府:明代府名,治所在今云南元江。《明史·地理志·云南》:"元江军民府。元元江路,洪武十五年三月为府。永乐初,升军民府。领州二。东北距布政司七百九十里。"禾摩村巡检司:明代土司机构名,在今云南元江。《明史·地理志·云南》:"奉化州……东南有元

江,亦曰礼社江,东南入纳楼茶甸长官司界。西南有澜沧江,与车里宣慰司分界。又西有步日部,洪武中废。又东有禾摩村巡检司。"

[2]洪武三十二年:实为建文元年(1399)。

[3]节次:连续几次。

[4]总督尚书:指王骥。王骥,明代直隶束鹿人,永乐四年进士,官至兵部尚书,封靖远伯,曾以总督军务身份率军到云南等地讨伐叛乱。

[5]见在:现在在世。

广南府富州[1]知州

沈大忠[2],任本州知州。收捕生野罗罗,被药箭射伤右臂,又兼脚患风疾。备马,令男沈弦经赴京,朝觐告替。洪武三十一年六月,奉准袭知州。故。男沈政,告袭间患病。正统七年四月,男沈善总督尚书[3]处准袭。故。嫡长男沈继祖,成化元年十月,题准行令,沈继祖就彼冠带承袭。故,绝。镇巡[4]会奏堂兄沈宣承袭。弘治六年闰五月奏,圣旨:"是。钦此。"故。男沈贵,十三年十月奉圣旨:"是,准他袭。钦此。"

【注释】

[1]广南府:明代府名,治所在今云南广南。《明史·地理志·云南》:"广南府,元广南西路宣抚司,洪武十五年十一月改置广南府。……领州一。西北距布政司七百九十里。"富州:明代州名,在今云南富宁。《明史·地理志·云南》:"富州,元至元十三年置,属广南西路。洪武十五年改属府。……西南有安宁州,东北有罗佐州,俱元至元十三年置,属广南西路。洪武十五年因之,后俱废。西距府二百里。"

[2]沈大忠:乾隆《云南通志·土司志·土富州知州》载其人及家世云:"元时,沈郎先为富州、安宁二州土官。子永秀,梁王署为元帅。明洪武中,永秀归附,寻死。子大忠嗣,守边有功,

授知州。"按此当本之明刘文征《滇志·羁縻志》："富州土官沈郎先,元时为富州、安宁二州土官。子沈永秀,梁王署为元帅。洪武中,永秀令通事何容等至西平侯送款,给以文书,令守州土。永秀死,沈大忠嗣,守边有功,西平请于朝,授以知州。其后子孙微弱,不能袭,多以土舍护印。万历初,沈仁挈印逃奔泗城,委官勘处,竟未归。有沈锐者,取其印以归。沿至沈世禄死,子明通继。"

[3]总督尚书:指王骥。

[4]镇巡:指云南镇守太监和云南巡按御史。

永宁府[1]知府

卜都各吉,澜沧卫西番人[2]。先系本州土官,洪武十六年,征南将军[3]札拟本州知州。故。男各吉八合,二十九年八月,西平侯启岷府[4]给授冠带,题奏实授。备马,令男卜撒赴京进贡,就关诰命[5]。永乐四年四月奏:"这知州不曾引[6],如今他的把事通事[7]来请旨。"奉圣旨:"那知州先与他诰命,却去照勘。钦此。"本月引结,节奉圣旨:"这知州好生志诚,肯出气力。他又自来朝见,如今升永宁州做永宁府,就升他做本府知府,属云南布政司管。这知州的诰毁了,另写与他知府的诰命,就将西番字[8]译在诰里面。钦此。"当奏[9]:"永宁州升永宁府,合照[10]元江、广西贰府事例,再除同知、通判、经历、知事、照磨、检校[11]。他永宁州原有一个同知胡本、吏目胡成。取来别用。"奉圣旨:"因各吉八合有功,就升那胡本做本府同知,胡成做经历,再除一个知事去。其余的官,俱不除。着礼部铸印与他去。钦此。"老病,卜撒告替。永乐十二年闰九月,引奏准替。十五年,各吉八合、卜撒被土官千户剌马非等杀死[12]。弟南八该[13],黔国公沐晟等保袭。二十年十二月,奉令旨:"是。敬此。"故。太监总兵罗珪等奏,亲男阿苴应袭,要令就彼冠带。天顺二年六月,奉圣旨:"既罗珪每奏保得阿苴系南八亲男,且准他袭。还行文书去覆勘将来。钦此。"故。庶男阿绰,成化二十一年袭。故。嫡长男阿贵,弘治七年正月奉圣旨:"阿贵准袭土官知府。钦此。"故。正德十年六月,嫡长男阿挥,部查祖来不曾开有世袭字样。奉圣旨:"阿挥准承袭管事。钦此。"故。嘉靖十九年四月,嫡长男阿和,遵照嘉靖十七年诏书,就彼承袭。奉圣旨:"阿和准就彼承袭管事。钦此。"[14]

【注释】

[1]永宁府:明代府名,治所在今云南宁蒗。《明史·地理志·云南》:"永宁府,元永宁州,属丽江路。洪武十五年三月属北胜府,十七年属鹤庆府,二十九年改属澜沧卫,永乐四年四月升为府。……领长官司四。东南距布政司千四百五十里。"

[2]卜都各吉,澜沧卫西番人:明刘文征《滇志·羁縻志》载卜都各吉出身与此处内容有异,《滇志》于明永宁府土官情况亦有增补:"土官卜都各吉,洪武中以故元永宁州部民来归,授土知州。死,子各吉八合嗣,永乐三年,率香罗、革甸、瓦鲁之、剌次和四部番夷火头板必他、布郎、吉分、阿只苴等入朝。上嘉之,升永宁为府,授各吉八合中顺大夫,赐钑金花带,镌四字曰'克笃忠诚',更以香罗、革甸、瓦鲁之、剌次和为长官司,授板必他等副长官。后八吉老疾,替袭于其子卜撒,为四川盐井土官剌马非所侵,父子俱被杀。卜撒妻诉于镇守三司,逮剌马非赴京,道卒。因疆理其地,以卜撒弟南八嗣其职。正统中,盐井诸酋侵据之,土官不能制,乃请设流官同知、经历各一,治署于澜沧卫,握郡符遥制之。其地密迩丽江,故数以侵渔为辞,然永、丽以金沙江为界,画地而处,原自分明,经幕府委勘后,争端稍息。今在永宁称土知府,曰阿铨。"

[3]征南将军:指傅友德。元末明初凤阳府宿州人,明朝开国功臣,封颍国公。洪武十四年起,傅友德与左将军永昌侯兰玉、右将军西平侯沐英率大军南征,平定湖广、云南、四川等数省。

[4]西平侯:此时的西平侯,应为沐英之子沐晟。启:启奏。岷府:岷王府。朱楩,明太祖朱元璋第十八子,封为岷王,其封国先在岷州,洪武二十六年改镇云南。

[5]就关诰命:就地领取朝廷颁发的任职命令。

[6]引:引见。即朝见皇帝。

[7]把事:土官手下的属吏。通事:翻译官。

[8]西番字:指藏文文字。

[9]当奏:吏部当时启奏。

[10]合照:应该按照。

[11]同知、通判:官名,皆为知府副手。经历、知事、照磨、检校:皆为知府属官。

[12]各吉八合、卜撒被土官千户剌马非等杀死:乾隆《云南通志·土司志·永宁府土知府》载其事云:"明洪武十四年,土官卜都各吉以所辖部民来归,授永宁州土知州。卜都死,子各吉八合嗣。永乐三年,令香罗、革甸、瓦鲁之、剌次和四部番夷火头板必他、布郎、吉分、阿只直等入朝,嘉之,升永宁为府,授各吉八合中顺大夫,赐钑金花带,镌四字曰克笃忠诚,更以香罗革甸、瓦鲁之、剌次和为长官司,授板必他等副长官。后八合老病,子卜撒袭,为四川盐井土官喇马非所侵,父子俱被杀。卜撒妻诉于镇守,逮喇马赴京,道死。因疆理其地,以卜撒弟南八嗣其职。"

[13]该:有漏字,应为"该袭"。

[14]乾隆《云南通志·土司志·永宁府土知府》载正统后永宁府土知府世系云:"正统中,盐井诸蛮侵据之,土官不能治,乃请设流官,同知经历各一,治署于浪沧卫,握郡符遥治之。沿至铨死,子镇麒袭。本朝平滇,镇麒投诚,仍授世职。传子阿庭锟,庭锟死,子锦辉袭。锦辉死,子锡远袭。锡远死,弟锦先袭。锦先死,今子有威袭。康熙三十八年,改属永北府。"

镇沅府[1]知府

刀平[2],百夷人,云南元江府因远罗必甸长官司[3]民,世袭土官总管,专一管集操练。洪武三十四年[4],总兵官奏准开设镇沅州,升本州知州。永乐四年,升镇沅府,刀平升本府知府。年老,男刀腾,永乐十三年十月奉圣旨:"着替了。钦此。"老疾,正统八年,总督王尚书[5]奉敕,就彼[6]令嫡长男刀安替职。故。嫡长男刀升,告袭间故。该三司奏,保得伊嫡孙刀源,应该承袭。天顺八年十二月,奉英宗皇帝圣旨:"是。钦此。"故。长男刀瑛,告袭间亦故。孙男刀你保袭。弘治十四年正月,奉圣旨:"是。钦此。"

【注释】

[1]镇沅府:明代府名,治所在今云南镇沅。《明史·土司列传·云南土司一》:"镇沅,古濮、洛杂蛮所居,《元史》谓是和泥、昔朴二蛮也。唐南诏蒙氏银生府地。其后,金齿僰蛮据之。元时为威远蛮棚府,属元江路总管。洪武十五年,总管刀平与兄那直归附,授千夫长。建文四年置镇沅州,以刀平为知州。永乐三年,刀平率其子来朝,贡方物,赐钞文绮。从征八百,又从攻石崖、者达寨外部。整线来降,入贡方物。升为府,以刀平为知府,置经历、知事各一员。"

[2]刀平:乾隆《云南通志·土司志·镇沅土知府》载其人事与此处内容有异:"元末,刀中旺为元江路总管。明初,同子刀直、刀平归附,授平千夫长,领民兵招谕六谷三十二寨,出任差发。后剿刀猛溷及猛婆、遗定、案板等寨,设镇沅州,以平典州事。永乐中从征八百,又从攻石岩、者达寨,外夷整线来降,贡方物。诏升镇沅为府,以平领之。后印为那氏所夺,子孙多以冠带署事。传至刀仁,复征那鉴,获印以献,仍给之。"按《云南通志·土司志》此节文字多本自明刘文征《滇志·羁縻志》,但《滇志》又有他处所无之内容:"土官刀平,其先有中旺者,仕元为元江路总管。洪武中,传至平,与兄那直率众归附。有旨令元江练兵听调,中旺自任出民兵四千,以那直子荣办府事,而令刀平掌兵听调。遂以西平之请,授千夫长。后领兵招谕六谷三十三寨,谕其火头沙羡等出官任差发,因令钤束。后剿刀猛混及猛婆、遗定、案板等寨,设镇沅州,以平典州事。永乐中,从征八百,又从内官都术、杨安、赵忠等攻石崖、者达寨,外夷整线来降,又以方物人贡。诏升镇沅为府,平以知府领之。其后,子孙多以冠带署事。嘉靖中,传至刀宁息,奉调以兵征安铨者一千人。其子刀仁奏勘,准袭。复以一千征那鉴,克鱼复寨,据之,至今互怀吞并之志。初,镇沅印为那氏所夺,于是始得献藩司,乃令经历刘廷秀给之刀仁焉。今沿至刀明泰袭。"

[3]因远罗必甸长官司:明代土司机构名,在今云南元江。《明史·土司列传·云南土司二》:"洪武十五年改元江府,十七年,土官那直来朝贡象,以那直为元江知府,赐袭衣冠带。十八年置因远罗必甸长官司隶之,以土酋白文玉为副长官。"

[4]洪武三十四年:洪武年号无三十四年,实为建文三年(1401)。

[5]总督王尚书:指王骥。

[6]就彼:就在那里。即不用赴京朝见。

孟艮府[1]知府

刀哀,永乐三年七月,本部[2]同礼部尚书兼左春坊大学士李志刚等,奉圣旨:"云南歹指土官刀哀,差人来朝贡。如今将歹指立做孟艮府,就着那刀哀做知府,与他纱帽、素金带、诰命、印信去。钦此。"永乐三年七月,奉圣旨:"是。钦此。"[3]故。男把痖,交就于本府管事,缘系人[4]未有冠带故。祖母曩崩送,备方物、器皿、马匹、金锭,差头目陶孟赛招板,赴京进贡,乞请冠带衣服。行该云南会奏,伊男庆马棘,明白查无译出缅字结状缴到。景泰四年八月,奉圣旨:"他是夷人,准袭。着他回去,抚管夷民。仍催译出缅字结状。若有虚诈,着三法司奏来定夺。钦此。"故。成化十七年,土舍[5]招禄奏袭。着本内[6]既管府事八九年,及父故时,缘何不行具告上司勘袭?经今[7]年久,具结[8]况未经三司会勘。行勘未报。

【注释】

[1]孟艮府:明代府名,治所在今缅甸景栋。乾隆《云南通志·土司志·孟艮府》:"蛮名孟捐,在姚关东南二千里。其东为车里界,南八百界,西木邦界,北孟连界。自古不通中国。明永乐四年来归,置孟艮府,编差发黄金十六两。其地东接车里,南接八百,西接木邦,北接孟连。后为木邦兼并。嘉靖间附于缅,与景迈莽应龙相表里,然亦未敢背也。其长名怕诏,居层楼,有妻数百。晡时乘象出浴于江,浴毕,麇服罗拜,其长解约臂金镯授者当夕。其官师曰司禄刀猛,卒伍曰昔些。出入以象,名曰象马。兵革犀利,男女俱警捷。沃野千里,最称殷富。地多虎,农者于树杪结草楼以护禾。衣皆套颈,鹅毛为褥。"

[2]本部:吏部自称。

[3]永乐三年七月,奉圣旨:"是。钦此":此节文字内容重复。

[4]缘系人:原因是该人。

[5]土舍:土官手下的头目。

[6]着本内:看他的奏本内容。

[7]经今:到现在。

[8]具结:所提供的担保书等。

湾甸州[1]知州

刀景发[2],孟定[3]人。充孟定招刚思伦法[4],取充湾甸陶孟[5]。洪武三十年,赴云南西平侯[6]处,回还。三十三年[7],除长官司职事,给与冠带衣服。后侄男刀怕额等,赴京朝觐,状告:"思伦法在时,想着我每[8]与孟地刀名扛[9]、木邦罕的法[10]、孟养刀木且[11],都一般[12]做大陶孟。想孟定也做知府,木邦、孟养也做宣慰司,教我刀景发止做长官司。告礼部,与我皇帝前奏据告。"永乐三年四月奏,皇帝[13]:"这湾甸地方,差发[14]比孟定那几处都少,当初他做长官司衙门,也小了。如今升做湾甸州,长官刀景发升做知州,与他金带;副长官曩光,升做同知,与他花银带。都与他诰敕。着礼部铸印去。钦此。"故。男刀景项,永乐二十二年正月袭。故。男景办法袭。宣德八年十一月,奉宣宗皇帝圣旨:"景办法准袭土官知州刀景项职事。还行文书去体勘,如有不应袭,另有定夺。钦此。"故。男景隆法,正统十一年十二月奉圣旨:"且准他袭。还行文书去,与三司官再行会勘,明白奏来。钦此。"故。男景拙法,成化四年十一月,题准就彼冠带。故。男景都法,成化十八年七月,奉圣旨:"景都法着袭土官知州。钦此。"

【注释】

[1]湾甸州:明代州名,在今云南昌宁。《明史·地理志·云南》:"湾甸御夷州,本湾甸长官司,永乐元年正月析麓川平缅地置,直隶都司。三年四月升为州,直隶布政司。西北有高黎共山。北有姚关,与顺宁府界。东北距布政司二十程。"明刘文征《滇志·羁縻志》载其事云:"湾甸州,蛮名细赕,在姚关东南七十里。东至顺宁,南至镇康,西至木邦。其地瘠薄,山高水迅。每六月,瘴毒炽盛,水不可涉。有黑泉,色如黳漆,涨时鸟飞过之辄坠,夷以竿挂布浸而暴

之,以拭盘盂,人食其物立死。有孟通山,产茗,谷雨前采之,胜于中国,但不能多致耳。又有芭蕉,实以当果。其人皆㪚种。妇人贵者贯象牙筒于髻,长三寸许,插金凤蛾,络以金索。以红毡带束臂,缠头白布,窄袖短衫,黑布桶裙,不知铅朱。自古不通中国,元中统乃内附,属镇康路。皇明洪武十七年,置湾甸州,编户五里。邻于木邦、顺宁,日以侵削。万历十一年,知州景宗真率弟宗材,导罕虔入寇姚关。十一月,复大犯,宗真死于阵,擒宗材斩之。以宗真子景从垂髫,姑存之,降为州判官。后从讨猛廷瑞有功,复升知州。从死,叔景阔暂摄。今阔死,以从子承恩冠带护印。其差发,额征银一百五十两。"

[2]刀景发:乾隆《云南通志·土司志·湾甸州土知州》作"景发",载其子孙姓名事迹等亦与此处内容有异:"蛮名细睒,自古不通中国。元中统时内附,属镇康路。元末景法为万户,归明,授湾甸正长官。景法子景宋入贡,洪武十七年置湾甸州,授宋知州。万历十一年,景宗贞率弟宗材,导罕虔入寇姚关,宗贞死于阵,擒宗材斩之。以宗贞子景从幼,降为州判。后从讨猛廷瑞有功,复升知州。传子承恩,承恩传国泰。国泰死,子先哲幼,叔文智护印。本朝平滇,文智投诚,授世职。文智死,侄先哲袭。先哲死,今子荣名袭。其地有孟通山、枯柯河。人皆㪚种,以芭蕉实当果。额征差发银五十两。"

[3]孟定:明代府名,地名,在今云南耿马。参见下文《孟定府知府》篇。

[4]思伦法:土官自定官名。

[5]陶孟:土官自定官名。

[6]西平侯:此处西平侯应指沐晟。

[7]三十三年:洪武三十三年,实为建文二年(1400)。

[8]我每:我们。

[9]孟地:应为"孟定"之误。刀名扛:土官名。

[10]木邦:明代地名,在今缅甸腊戍。明廷在此地设置土司机构军民宣慰使司。乾隆《云南通志·土司志·木邦军民宣慰使司》:"旧名孟都,一名孟邦,相传蜀汉时木鹿王苗裔。元至元中立木邦军民总管府,领三甸。明初内附,改木邦府,后改木邦军民宣慰使司。征差发银一千四百两。明永乐间,罕宾从征缅。正统中,罕盖从征麓川,有功,益其地,在六慰中分土最广。万历中,缅诱执罕拔,袭取木邦,拔子尽忠奔内地,缅追至姚关,焚顺宁而去。十一年,官兵破缅,立尽忠子钦。钦死,其叔罕襟约逻罗攻缅。缅恨之,遂以三十万众围其城。请救于云南,援兵不至,城陷。缅以猛密司礼领之,司礼凭恃瓦夷,差其目海庆据控尾,求猛竁寨。又与召依坎

换象,干戈相寻焉。其地东为孟定,南为猛密,西为缅甸,北为芒市。自姚关渡喳哩江,十二日至其地。夷类数种,男子皆衣白文身,髡髪,摘髭须,修眉睫。妇人则白衣桶裙,耳带金圈,手带象珊。其产响锡胡椒。"罕的法:土官名。

[11]孟养:地名,在今缅甸孟养,明廷在此设置土司机构宣慰司。参见下文《大侯州知州》篇。刀木且:土官名。

[12]一般:同样。

[13]皇帝:此处语意不全。

[14]差发:朝廷向土官征收的代替差役的银子。

镇康州[1]知州

大闷法,百夷人。从麓川宣慰思看法征讨有功,充招募名目,拟管林马甸寨。故。男曩博袭职。有思看法为见镇康路大,着令曩博仍旧管食本处地方。因刀千孟反叛,宣慰思伦发[2]差曩博征讨取,阵亡。曩光系亲男,袭父职事。洪武三十三年[3],开设衙门,除湾甸长官司副长官,给与冠带衣服。同长官刀景发到任后,刀景发侄刀怕额赴京,朝见具告。永乐三年四月,奉圣旨:"这湾甸州地方,差发比孟定那几处都少,当初定他做长官司衙门,也小了。如今升他湾甸州,长官刀景发升做知州,与他金带;副使长官曩光,升他同知,与他花银带。都与他诰命。礼部铸印去。钦此。"永乐七年七月,钦设镇康州,将曩光升做知州[4]。故。男刀孟广,年方一岁。内府司设监右少监徐光,令亲弟刀木袄权署。永乐十六年九月,传奉圣旨:"吏部知道。钦此。"为无保结,本年九月奉圣旨:"若是着他借管,久后争。只着他儿子袭了罢。钦此。"故。男刀门戛奏要袭职。行该会奏[5],刀门戛系刀孟光嫡长亲男,应袭。成化元年正月,准令刀门戛就彼冠带。故。嘉靖九年十二月,男刀门中,奉钦依,准令冠带就彼,到任管事。[6]

【注释】

[1]镇康州:明代州名,在今云南永德。《明史·地理志·云南》:"镇康御夷州,元镇康路,洪武十五年三月为府,十七年降为州。后废,以其地属湾甸州。永乐七年七月复置,直隶布政司。西有喳哩江,接潞江安抚司界。南有昔刺寨。西南有控尾寨。东北距布政司二十三程。"明刘文征《滇志·羁縻志·镇康州》叙该州情况较详:"蛮本名石赕,在湾甸东南。东至云州,南至耿马,西至木邦。有无量、乌木龙二山,木邦出入必经之。夷号黑㜑,形恶色黑,以青白布为衣,跣足荆棘中走如飞。男子出,妇人闭户,静坐以待。遇有事,签鸡骨卜吉凶。病不服药,专祭鬼。死则刳木为棺殡之,坟上植树为识。产水乳香、大药、鲜子、眘蛇胆。元中统中内附,至元十三年,立镇康路军民总管府,领三甸。皇明洪武十五年,改为镇康府。十七年,改为州,编户六里,差发白金一百两。亦为木邦、顺宁侵削。隆庆间,知州闷坎者,逆虏妻以女,因附虏归缅。万历十一年,官军败缅,闷坎物故,其弟闷恩归义,授以州事。恩死,子刀闷枳掌印管事。木邦思礼诱之归缅,枳不从,遂令海庆取控尾据之,又欲取猛弇。天启二年三月,木邦兵象据喳哩江,枳奔姚关,守备遣官抚之,木邦乃退。今势亦削弱,恐终无以捍外侮也。"

[2]思伦发:明代土官,任麓川宣慰使。

[3]洪武三十三年:实为建文二年(1400)。

[4]将曩光升做知州:乾隆《云南通志·土司志·湾甸州土知州》载镇康州土官世袭事云:"旧名石睒。元立镇康路军民总管府。明洪武十五年改镇康府,十七年改为州。正统中,土官刀闷光以随王骥征麓川功,授土知州。隆庆间,闷敬娶罕虏女,因附虏归缅。万历十一年,官兵败缅,敬死,其叔闷恩归义,授以州事。恩死,子枳袭。木邦思礼诱之归缅,不从令。海庆取控尾据之。天启二年,木邦兵据喳哩江,枳奔姚关。守备遣官兵拒之,木邦乃退。枳死,子达袭。本朝平滇,闷达投诚,仍授世职。闷达死,子珍袭。珍死,今子鼎袭。其地有乌龙山、黑龙塘,土田瘠薄,民性矫健。男子出,妇人闭户以待其至。当木邦之要路,为内地之藩篱。额征差发银一百两。"

[5]行该会奏:云南三司会同上奏。

[6]按:明刘文征《滇志·羁縻志》所载镇康州土官姓名等,多与此处内容相异:"安插土官刀门俸,初为镇康州土知州。正统中,大兵讨麓川,应募攻克上江,深入湾甸。后军饷不给,馆谷者三月,因直捣缅地,获思任、思机。累功升孟定知府,以其子刀班线为镇康州知州。后门俸入贡如京师,思氏遗孽思笑纠木邦攻镇康,杀班线,掠其金牌印信,复攻孟定。门俸次子刀孟不能支,挈家奔永昌。时靖远伯班师未久,不能复征,因安置门俸于澄江。传至刀镇国死,子天荫袭。"

威远州[1]知州

刀算党[2],孟波[3]人,思伦发招鲁[4]。洪武三十一年,在金齿司[5]归附。先蒙总兵官就令回去,到任孟波旧收管百户。后思伦发又差充刀横孟替[6]。算党有兄刀横孟,生拗[7],不指出官[8],要杀算党。彼逃性命,投景东卫[9]指挥,到云南总兵官调拨官军,将兄刀横孟典刑[10]。刀算党将原管地界,同指挥分定,各立界至[11],认办差发。三十四年[12]开设衙门,永乐元年二月实授。故。男刀庆罕告袭。永乐二十二年三月,传奉圣旨:"是。钦此。"故。保男刀盖罕。宣德五年六月。奉圣旨:"且准他做。还行文书去照勘。钦此。"故。男刀朔罕,天顺八年十二月袭。故。长男刀逊罕应袭。弘治元年正月,奉圣旨:"是。钦此。"故。弘治十六年十月,庶长男刀宁,着令就彼冠带承袭。其该纳稻谷习礼[13],仍照见行[14]事例。奉圣旨:"准他袭。钦此。"故。正德十二年三月,男刀能就彼承袭,查勘祖来无世袭字样。奉圣旨:"是,刀能准就彼袭职管事。钦此。"

【注释】

[1]威远州:明代州名,在今云南景谷。《明史·地理志·云南》:"威远御夷州,元威远州,属威楚路,后改威远蛮栅府,洪武十五年三月仍为威远州,属楚雄府。十七年升为府,后废。三十五年十二月复置州,直隶布政司。北有蒙乐山,接景东府界。西北有威远江,一名谷宝江,下流合澜沧江。东北距布政司十九程。"明刘文征《滇志·羁縻志》载其地云:"威远州,唐南诏银生府之地,濮落杂蛮所居。大理时,为僰夷所有。男女勇健,走险如飞。其境内莫蒙寨有河,汲其水,炼于炭火上,即为细盐。交易无秤斗,以篾篓计多寡而量之。又有南堆江、谷宝江,自遮遇甸流至州境,下流入于澜沧。其镇曰蒙乐山。东至元江,南至孟琏,西至孟定,北至镇沅。自州治东北,一十九程至布政司,转达于京师。额征差发银四百两。"

[2]刀算党:乾隆《云南通志·土司志·威远土知州》载刀算党身世与此处所云略有异:"明初,刀佩罕为麓川土官,随征木邦阵亡,以其子算党承袭。寻设威远州,授知州。"

[3]孟波:地名,在今缅甸境内。

[4]招鲁:土官手下头目名。

[5]金齿司:即金齿军民指挥使司。参见下文《金齿军民指挥使司水眼巡检司巡检》篇。

[6]差充刀横孟替:派他代替刀横孟的职位。

[7]生拗:蛮横。

[8]不指出官:不肯让出官职。

[9]景东卫:明代卫所名,在今云南景东。

[10]典刑:判处死刑。

[11]界至:边界标志。

[12]三十四年:洪武三十四年,实为建文三年(1401)。

[13]习礼:学习官场礼仪。

[14]见行:现在执行的。

孟定府[1]知府

汉暖蘢川,百夷人,思伦发下招鲁[2],管孟令[3]。洪武十年,管木邦[4],故。男刀名扛,替父管军。后调孟定,杀获有功。三十四年[5],开设衙门,除孟定府知府,就赐冠带。西平侯奏称刀名扛见守孟定地方,他处土官已有冠带,若备奏回,恐蛮人疑惑。就将印信冠带方才具奏,于法有违。三十五年十二月,奉圣旨:"既有蛮夷去处,准他。钦此。"故。男罕颜法,宣德三年四月奉圣旨:"准他,着罕颜法袭知府。钦此。"故。男刀禄孟[6],宣德八年袭。故。木邦宣慰罕盖法次男罕葛法,奏称管办孟定府差发,同父罕盖法,各处追杀反人,及唤到思任发[7]首级与勘合底簿,管束孟定府。本部[8]行准兵部手本,查无罕葛法功次,亦无给与底簿管束孟定府差发缘由,难便准信。成化三年,奏有功次承袭。类行镇巡等官[9]查勘:刀禄孟何年月日病故?经今三十余年,因何不行告袭?即今有无的[10]亲子

云南　121

孙？及勘罕葛法的系何人之子？凭何明文管束本官差发？即今应否请给冠带？通行会奏。未报。

【注释】

[1]孟定府：明代府名，治所在今云南耿马。《明史·地理志·云南》："孟定御夷府，元孟定路，至元三十一年四月置，洪武十五年三月为府。东北有无量山，又有喳哩江，与麓川江合。东南有谋粘路，元泰定三年七月置。有木连路，元至正二十六年置。洪武十五年三月俱因之，后俱废。领安抚司一。东北距布政司十八程。"明刘文征《滇志·羁縻志》载其事云："孟定府，旧名景麻。元至顺四年，立孟定路军民总管府，领二甸，隶大理金齿等处宣慰使司。皇明洪武十五年，改置孟定府。正统间，麓夷叛，知府刀禄孟远遁，失其地。木邦舍目罕葛从征麓川有功，王靖远令食其土，额征差发六百两。嘉靖间，木邦罕列据地而夺其印，令舍人罕庆管食之，是为耿马。子粒归木邦。万历十二年，官兵克耿马，以罕葛之后合为知府。十五年，颁以新印。合死，子荣嗣。自姚关南，八日入其疆。东接云州，南连孟琏界，西木邦，北镇康州。土瘠人稀。有景店土城，马援营在焉。其扼要则喳哩江。其俗：男子髡跣黑齿，衣白布，戴细竹丝帽，以金玉等宝饰其顶，遍插翠花翎毛之类，后垂红缨；妇人出外戴大藤笠，状类团牌而顶尖，身衣文绣，饰以珂贝。地产香橼，视南安州产尤大。"

[2]招鲁：土官手下头目名。

[3]孟令：地名，应在今缅甸境内。

[4]木邦：明代府名，治所在今缅甸腊戍。《明史·地理志·云南》："木邦军民宣慰使司，元木邦路，至顺元年三月置。洪武十五年三月为府，后废。三十五年十二月复置。永乐二年六月改军民宣慰司。北有慕义山。西有喳里江，即潞江，自芒市流入境，又西南入缅甸界。又北有蒙怜路、蒙来路，俱元置，洪武十五年三月俱为府，后俱废。又西北有孟炎甸，有天马关。东北距布政司三十五程。"明刘文征《滇志·羁縻志》载其事较详："木邦军民宣慰使司，旧名孟都，一名孟邦，相传蜀汉时木鹿王苗裔。元至元二十六年，立木邦军民总管府，领二甸。国初内附，改木邦府。后改木邦军民宣慰使司，征差发白金一千四百。永乐间，宣慰罕宾从征缅。正统中，罕盖从征麓川。俱以有功益其地，以故在六慰中分土最远。万历十年，缅诱罕拔陷死，袭取木邦，拔子进忠内奔。罕虔勾缅，追进忠至姚关，焚顺宁而去。十一年，官兵破缅于姚关，立

进忠子钦。钦死,其叔罕禧约暹罗攻缅。缅恨之,万历三十三年,以三十万众围其城。请敕于我,不至,城陷,金牌印信尽失。缅伪立猛密思礼领之。今惟猛波罗、猛弄诸寨,为我有耳。思礼凭恃瓦酋,恐喝诸夷,近差其目海庆据控尾而求猛弄,又与召依坎换象,干戈相寻,炎炎有吞镇康之意。其东为孟定,南为猛密,西为缅甸,北为芒市。自姚关渡喳哩江,十二程至其地。夷类数种,男子皆衣白,文身髡发,摘髭须,修眉睫。妇人则白衣桶裙,耳带金圈,手象镯。其产响锡、胡椒。"

[5]三十四年:洪武三十四年,实为建文三年(1401)。

[6]刀禄孟:乾隆《云南通志·土司志·孟定土知府》载刀禄孟之后孟定土知府土司世袭事云:"旧名景麻,元至顺四年立孟定路军民总管府,领二甸,隶大理金齿等处宣慰司。明洪武十五年,改置孟定府。正统间麓川叛,知府刀禄孟远遁,失其地。有罕贯者,从王骥南征,擒贼首色鸡、色罕,授世袭孟定府都督。五传至罕荣,万历间参将邓子龙南征至其地,曰:'岂有土府而加以都督之衔?'奏改颁知府印。荣传信,信传贵,贵传见明,见明传宋,宋传珍。本朝平滇,珍投诚,仍授世职。珍死,今侄监猛袭其地。有无量山、喳哩江。其风俗,男带竹帽,女衣文绣。"

[7]思任发:明代云南土官,任麓川宣慰使,正统间反叛,朝廷征讨数年,逃入缅甸,被擒,"十一年,缅甸始以任发及其妻孥三十二人献至云南。任发于道中不食,垂死。千户王政斩之,函首京师"(《明史·土司列传》)。

[8]本部:吏部自称。

[9]类行镇巡等:传令云南镇守太监、巡按御史等官员。

[10]的:确实无误。

景东府[1]知府

俄陶[2],本府民。洪武十五年投降,将军马匹军器,并父子前元给授金牌印信纳解[3]。拟任景东府土知州[4],十七年实授世袭。故。男陶干,西平侯委令署事。三十年五月,奉太祖皇帝圣旨:"不必照勘,准他袭了。钦此。"故。嫡长孙陶瓒承袭。宣德六年六月,奉圣旨:"且准他做。还行文书去照勘。钦此。"正统五年,杀贼有功,升太中大夫、资治少尹[5],仍管府事。故。长男陶洪,成化八年八月奉圣旨:"是,陶洪既会勘明白,准他袭职。钦此。"故。嘉靖九年十二月,亲孙陶炳,奉钦依,准令冠带就彼,到任管事。

【注释】

[1]景东府:明代府名,治所在今云南景东。《明史·土司列传·云南土司一》:"景东,古柘南也,汉尚未有其地。唐南诏蒙氏始置银生府,后为金齿白蛮所据。元中统三年讨平之,以所部隶威楚万户。至元中,置开南州。洪武十五年平云南,景东先归附,土官俄陶献马百六十匹、银三千一百两、驯象二。诏置景东府,以俄陶知府事,赐以文绮袭衣。"

[2]俄陶:乾隆《云南通志·土司志·景东府土知府》载其人身世及其子孙世袭事云:"元时,阿只鲁为远干府开南州管理,统威远州及案板、母龙、猛统三甸。明初,兵至楚雄,只鲁子俄陶遣通事姜固宗、阿衷等纳款,献印并铠仗马匹,乃改远干开南为景东府,命陶知府事,赐姓陶。后因缅目思可伐来侵,战败,奔白崖,调神策卫镇其地,是为景东卫。寻从大兵剿寇有功,颁赐金带,镌诚心报国四字,及银币甚厚。陶死,子干袭。干传瓒,偕卫兵攻麓川者张羽牙,杀奉撒等,晋阶大中大夫。沿及陶金,攻铁索米鲁、那鉴、安铨、凤继祖、乌撒诸役,皆以兵从。金传子淞,淞传子明卿,明卿传子玺,玺传子尔鉴。尔鉴死,无子,以淞孙垄袭。本朝平滇,垄投诚,仍授世职。垄死,孙㳘袭。㳘死,无子,今垄次子大鉴袭。"此段文字,本之明刘文征《滇志·羁縻志》而有增补:"土官俄陶,本府人。其先有阿只鲁,在元为景东土知府,统威远州及案井母龙、猛统、阿笼三甸,赐以金牌印信,陶仍其职。洪武大兵至楚雄,以通事阿衷从军纳款。大理既平,遣柳指挥宣谕景东,陶遂与柳俱至楚雄,献铠杖马匹并元所给牌印。因以陶为景东府知府,颁印,世其职。后与思可战,不敌,奔白崖,以奏章请于朝,调神策卫镇其地,是为景东卫。乃渐以流官绾符莅之。寻颁锡金带,上镌诚心报国四字,及银币甚厚,令通政司经历杨大用赐陶。陶死,子陶干嗣,后遂世姓陶。沿至陶瓒,偕景东卫官兵攻麓川者章、羽牙,杀奉撒等,晋大中大夫资治少尹,其祖母阿曩太淑人。沿至陶金,以罪稽其袭。会者乐甸刀仪、刀重构兵,夺印去,金以兵攻之,斩刀仪,得其印以归,乃令陶金袭。今沿至陶明卿。其部㹶夷,性本驯朴,而流民逋其中。兵习弩射,以象助威。溯铁索、米鲁、那鉴、安铨、阿堂以至凤继祖、乌撒诸役,咸发其战象夷兵。先年,每调兵二千,必自效千余,饷土之费,未尝仰给公家。今不然矣。"

［3］纳解：解送缴纳。

［4］土知州：应为"土知府"。

［5］太中大夫：明代从三品文官官阶名号。资治少尹：明代从三品文官勋级名号。

澜沧卫军民指挥使司北胜州[1]知州

高策[2]，㮢人。父高斌祥，前元北胜府土知府。洪武十四年归附，十七年，除授北胜府通判，未任。改北胜州同知。三十二年[3]，升北胜州知州。故。男高铭，永乐五年十月奉圣旨："准他袭知州，还着他来朝。钦此。"患病，男高昶，保送总督尚书[4]处替职。正统六年，杀贼有功，升府同知，仍管本州事。患病，高泰会奏[5]。成化元年十一月，准将高泰填注土官府同知，仍掌管北胜州事。正德六年，布政司等奏称，土舍高聪无碍[6]，比照极边事例，就彼替袭。奉武宗皇帝[7]圣旨："是。钦此。"故。男高仑，嘉靖八年八月题，奉圣旨："是，高仑就令就彼袭职，到任管事。钦此。"

【注释】

［1］澜沧卫军民指挥使司：明代卫所名，治所在今云南永胜。《明史·土司列传·云南土司二》："澜沧，元为北胜州地。洪武中，属鹤庆府。二十八年置澜沧卫。二十九年于州南筑城，置今卫司。领北胜、浪渠、永宁三州。永乐四年以永宁州升为府。正统七年以北胜州直隶布政司，今卫只领州一。"北胜州：明代州名，在今云南永胜。《明史·地理志·云南》："北胜州，元北胜府，属丽江路，洪武十五年三月属布政司，寻降为州，属鹤庆府。二十九年改属澜沧卫。正统七年九月直隶布政司，弘治九年徙治澜沧卫城。澜沧卫旧在州南，本澜沧卫军民指挥使司，洪武二十八年九月置，属都司。弘治九年徙州来同治。寻罢军民司，止为卫。"

［2］高策：乾隆《云南通志·土司志·北胜州土知州》作"高泽"，载其土官子孙姓名亦有异："元末，高斌祥为北胜土知府，累官云南行省左丞。明洪武中，改府为州。二十二年，斌祥子

高泽以军功授知州。泽孙昶,以征麓川功加府同知,仍管州事。昶曾孙仓,以征安凤功进阶朝列大夫。仓曾孙世懋,以征顺大功授四品服。世懋死,弟世昌袭。世昌死,子斗光袭。本朝平滇,斗光投诚,仍授同知世职。子赞熙袭。三十八年,改州为府,设流官。赞熙死,子勋改授北胜州土知州。勋死,今孙耀龙袭。"明刘文征《滇志·羁縻志》则作"高策":"北胜州土官高斌祥,本州四城乡僰夷人,任元北胜府知府,累官云南行省右丞。洪武中,以北胜地在边徼,改府为州。二十三年,斌祥子高策以军功授知州。其后高昶以征麓川功晋府同知,高仓以征安、凤功加阶朝列大夫,高世懋以征顺、大功,亦加四品服。世懋死,其族高兰以罪蒙诛。今沿至高世昌袭。"

［3］三十二年:洪武三十二年,实为建文元年(1399)。

［4］总督尚书:指王骥。

［5］患病,高泰会奏:此语不通,有脱漏,应为"三司会奏高泰当袭"之类。

［6］土舍高聪:此人前文无介绍,不知其世系情况。疑有脱漏。无碍:不存在承袭障碍。

［7］武宗皇帝:朱厚照,明代第十位皇帝,年号正德,庙号武宗。

副同知[1]

观音奴[2],云南蒙古人。父章吉特穆尔,前北胜州土官参政[3],洪武十五年归附,总兵官带至云南,病故。十六年,普颜[4]等叛乱,总兵复征观音奴引把事和习等。总兵官札委权北胜州土官同知。十七年,西平侯带同朝觐,十一月,钦除北胜州副同知。废疾。长男观音海,永乐六年十一月奉令旨:"着他替了。敬此。"故。男章美,总督尚书处照准令冠带。故。男章远能,景泰元年袭。患病。长男章辅,该三司会奏应袭。成化二年十二月准行,令就彼冠带承袭。故,无嗣。因请择其近族承袭。奉圣旨:"是。钦此。"故。弘治八年十月,长男章宏[5],奉圣旨:"章宏准袭副同知。钦此。"故。男章鹏,见在袭。

【注释】

[1]副同知:指北胜州副同知。

[2]观音奴:明刘文征《滇志·羁縻志》作"章观音奴",其官职为同知而非副同知:"章吉帖木儿,世为元北胜土知府。天兵克大理,以部民及顺州民人来降,并纳所握印及丽江宣抚司印、三珠虎符。西平令其子章观音奴从军,兵逃于伍,乃杀其爵,为州同知,与高氏翼居州治左右。其兵蓬跣无部伍,裹毡而战,悍劲不避冲突,木弩药矢,是其长技。今沿至章成文,听袭。"

[3]章吉特穆尔,前北胜州土官参政:乾隆《云南通志·土司志·北胜州土州同》所载与此有异:"元末,章吉特穆尔为北胜土知府。明克大理,以部民及顺州民降,纳所握印及丽江宣抚司印三珠虎符。西平侯沐英令其子观音奴从军,因兵逃伍,乃降为州同,与高氏翼居州治左右。沿至成文,传永。永传柱国,柱国传兴国。本朝平滇,兴国投诚,仍授世职。兴国死,无子,庶兄佐国袭。佐国死,今子法祖袭。"

[4]普颜:即普颜都,又作"普颜笃",元末明初蒙古人,本为元朝右丞,投降明军,安置于云南。洪武间据浪穹县佛光寨等地反叛,被击平。

[5]长男章宏:此处与上文"长男章辅"之间应有脱误。因为上文已说章辅"故,无嗣。因请择其近族承袭",则不应又有"长男章宏"。

判官[1]

高亮,洪武十六年,率领土官接应大军,总兵官札任判官。十七年,赴京朝觐,实授未任。吉安侯[2]差领民兵,征取石门关,被贼药箭射伤,身死。男高琳,备马进贡,到京告袭。永乐十一年二月,奉圣旨:"准他,着袭了。钦此。"故。宣德四年,男高瑛奉圣旨:"准他袭。钦此。"老病。成化三年十二月,庶长男高庆,题准行令就彼冠带袭替讫。故。弟高广告袭间,于弘治十四年亦故。男高珍,见在听袭[3]。

云南　127

【注释】

[1]判官:指北胜州判官。

[2]吉安侯:陆仲亨,元末明初濠州人,明朝开国功臣,官都督同知等,封吉安侯。

[3]见在听袭:现在在世,等候袭职。

宁番巡检司[1] 巡检

张名,鹤庆军民府北胜州民,充宁永府[2]把事。永乐三年,西平侯差做通事,招谕到西番剌次和等甸寨头目。张首男[3]罕思八等,同赴京朝见。又差同千户胡文等,往西番里陀等处里,招头目藏康卜等,为因仇杀不曾到彼,就于促瓦等处,招得头目招填等,各令弟侄赴京,告乞要升用。节该钦依[4]:"如今他每既招得有人来,且升了。今后的不准还着招那仇杀未来的头目。钦此。"缘数内[5]把事张名,别无品级,今钦蒙附用,合无[6]升做巡检?填注云南都司澜沧卫军民指挥使司比胜州[7]宁番巡检,流官掌印。仍送兵部,与同胡文还去招谕。永乐五年五月,奉圣旨:"是。钦此。"

【注释】

[1]宁番巡检司:明代土司机构名,在今云南永胜。

[2]宁永府:应为"永宁府"之误。参见《永宁府知府》篇。

[3]首男:长男。

[4]节该钦依:兹奉圣旨。

[5]缘:因为。数内:升官名单内。

[6]合无:是否。

[7]比胜州:为"北胜州"之误。

顺宁府[1]知府

阿曰贡[2],云南顺宁府蒲人[3],本府土知府。洪武十九年故,本年,男猛哀承袭。二十一年故,次男猛吾袭。故。二十三年,猛丘袭。故。亲弟猛朋,三十年西平侯[4]委令接缺办事。本年四月,本府具奏,钦改土官,准他袭职。故。长男猛瑛,永乐十七年六月,奉圣旨:"准他袭。钦此。"故。长男猛雄,年方八岁,不能管事。弟猛盖借职。宣德七年二月,奉圣旨:"准他借职。钦此。"患病。男猛勇,正统七年总督尚书处,告袭猛盖土官知府职事。故。长男猛斌,天顺七年五月,奉钦依承袭。故。正德六年十月,庶亲男猛雍,应查比[5]知府那端[6],就彼冠带,但祖来不曾开有世袭字样。奉圣旨:"是,准他袭。钦此。"故。嘉靖九年十二月,亲男猛卿,奉钦依,准令冠带就彼,到任管事。

【注释】

[1]顺宁府:明代府名,治所在今云南凤庆。《明史·地理志·云南》:"顺宁,元泰定四年十一月置,洪武十五年三月庚戌因之。己未降为州,属大理府。十七年正月,仍升为府。"

[2]阿曰贡:《明史·土司列传》作"阿日贡":"顺宁府,本蒲蛮地,名庆甸。宋以前不通中国,虽蒙氏、段氏不能制。元泰定间始内附。天历初,置顺宁府并庆甸县,后省入府。洪武十五年,顺宁归附,以土酋阿悦贡署府事。十七年命阿日贡为顺宁知府。"疑是。又乾隆《云南通志·土司志·顺宁府土知府》:"元时蒲蛮长孟佑之后,内附,赐姓猛氏,授土知府。至猛哄,明初归附,仍授世职。六传至猛廷瑞,以助奉学构兵革职,改设流官。"所谓"赐姓猛氏"者,可能就是阿曰贡,因为其子孙均姓猛。《云南通志》所云应本自明刘文征《滇志·羁縻志·顺宁府》:"土官猛哄,国初归附,授知府。六传至猛廷瑞,干纪罹法,遂设流官。"

[3]蒲人:古代西南少数民族名。乾隆《云南通志·土司志·蒲人》载此族云:"即古百濮,《周书》:与微卢彭俱称西人;《春秋传》:与巴楚邓并为南土。本在永昌西南徼外,讹濮为蒲,有因以名其地者,若蒲缥、蒲甘之类是也。男裹青红布于头,系青绿小绦绳,多为贵,贱者则无。

云南　129

衣花套长衣,膝下系黑藤。妇人挽髻脑后,头戴青绿珠,以花布围腰为裙,上系海贝十数围,系莎罗布于肩上。永昌、凤溪、施甸及十五喧、二十八寨皆其种。勤耕种,徒跣登山,疾逾飞鸟。今渐弱而贫。其流入新兴、禄丰、阿迷、镇南者,椎髻跣足,套头短衣,手带铜镯,耳环铜圈,带刀弩长牌,饰以丝漆,上插孔雀尾。妇女簪用骨,短裳缘彩。婚令女择配。葬用莎罗布裹尸而焚之。不知荷担,以篓负背上。或傍水居,不畏深渊,能浮以渡。在蒙自及开化十八寨,皆号野蒲,桀骜胜诸夷。在景东者,淳朴务农。在顺宁沿兰沧江居者,号普蛮,亦曰朴子蛮,性尤悍恶,专为盗贼,不鞍而骑,徒跣短甲,不蔽胫膝,驰突迅疾,善枪弩。男子以布二幅缝合挂身,无襟袂领缘。妇人织红黑布搭于右肩,结于左胁,以蔽其胸;另以布一幅蔽腰。见人不知拜跪。寝无衾榻,拳曲而卧。"

[4]西平侯:此西平侯应指沐晟。

[5]应查比:查实应该比照。

[6]那端:明代宣德间云南土知府。《明史·土司列传·云南土司二》:"宣德五年,黔国公沐晟奏,元江土知府那忠,被贼刀正、刀龙等焚其廨宇及经历印信。今获刀龙、刀洽赴京,乞如永乐故事,发辽东安置,以警边夷,从之。命礼部铸印给之。正统元年,因远罗必甸长官司遣人来朝贡马。正德二年,以那端袭土知府。"

㴷㯺州[1]知州

阿的,洪武十六年归附,征南将军[2]拟充本州知州。故。男阿吉暂承曾祖[3]职事办事。二十九年八月,西平侯[4]给与冠带。三十三年[5]实授。故。嫡长男阿各,永乐十七年二月,奉圣旨:"着他做,只不世袭,不守法度时换了。钦此。"故。兄阿白,系伊[6]亲男,总兵官尚书[7]准就彼冠带袭职。故。弟阿奴,会奏保,查无三司保结。景泰四年三月,奉圣旨:"准他袭。还着三司官吏保结来。钦此。"故。成化四年,三司会奏,长男阿佐[8]承袭。本部查照祖父袭职之时,节奉钦依,只不世袭。于本年十二月奉圣旨:"准他做,还不世袭。钦此。"故。正德元年十二月,男阿洪奉圣旨:"准他做,还不世袭。钦此。"故。正德十二年九月,布政奏保男阿銮承袭祖父袭职,奉钦依不世袭。奉圣旨:"既查无碍,准他袭。"

【注释】

[1]蒗蕖州:明代州名,在今云南宁蒗。《明史·地理志·云南》:"蒗蕖州,元属丽江路,洪武十五年三月属北胜府,寻属鹤庆军民府,二十九年改属澜沧卫,天启中废。东有宁番土巡检司。南距布政司千二十五里。"

[2]征南将军:指傅友德。

[3]曾祖:上文无介绍,所指不明。

[4]西平侯:此西平侯,应指沐晟。

[5]三十三年:洪武年号无三十三年,实为建文二年(1400)。

[6]伊:他。应指阿吉。表述不清。

[7]总兵官尚书:应为"总督尚书"之误。总督尚书:指王骥。

[8]阿佐:明刘文征《滇志·羁縻志》所载阿的子孙袭职者中有阿朝佐:"蒗蕖州土官阿的,洪武初以夷兵归附,从征。西平奏授土知州,属于澜沧卫。其后有阿朝佐者,征凤继祖,斩其部酋普古者乐莘,以功称首。及征铁索箐、老姚关、顺宁、武定,咸发其所部番兵五六百众往,辄有功。今沿至阿永成,听袭。"应即阿佐。

大侯州[1]知州

刁奉罕[2],父刁奉偶[3],原系伯夷[4]人,任大侯长官司长官,被孟养[5]招刚射死。男刁奉汉,即刁奉罕,袭任大侯长官司长官。宣德三年间具奏,要照湾甸镇、康二州例,升做州。本年五月,奉圣旨:"这长官司升做大侯州,刁奉罕就升本州知州,礼部铸印与他。钦此。"正统四年二月,被麓川贼人刀怕缚等杀死。嫡长男奉外法,五年六月奉圣旨:"准他袭。钦此。"奉外法六年七月被麓川贼寇掳杀,不存[6]。弟刁奉送[7]，七年正月奉圣旨："是，着刁奉送袭知州，赐与冠带，礼部便铸印，还写敕与他。钦此。"云南会勘，奉外法七年十二月回还，与弟奉送法同管地方[8]。奉外法病故，长男奉吉利法应袭。送部议，拟将奉吉利法准令袭父职奉外法知州，回还掌印，与知州奉送法同管州事。候奉送法终年[9]，子孙不袭。天顺三年十二月，奉圣旨："是。钦此。"患病，长男奉安法保袭。弘治七年二月，奉圣旨："是。钦此。"故。男奉勘，故。奉勘亲男奉禄，到部，祖来不曾开有世袭字样。奉圣旨："是，奉禄准袭祖职。钦此。"[10]

【注释】

[1]大侯州：明代州名，治所在今云南云。《明史·地理志·云南》："云州，本大侯长官司，永乐元年正月析麓川平缅地置，直隶都司。宣德三年五月升为大侯御夷州，直隶布政司，万历二十五年更名，来属。旧治在南。万历三十年移于今治。……西距府百五十里。领长官司一：孟缅长官司。"

[2]刁奉罕：应为"刀奉罕"之误。《明史·土司列传·云南土司一》："（宣德）六年，大侯土知州刀奉汉侵据孟缅地，敕黔国公沐晟遣官抚谕。"相关文献中，云南土官有"刀"姓而无"刁"姓。例证甚多。且此姓乃明太祖朱元璋所赐，见明刘文征《滇志·羁縻志·属夷附贡道》："高帝恶诸夷数叛，赐之刀、曩、斧、罕四姓。今惟斧姓无存，其它相仍未替。"

[3]刁奉偶：应为"刀奉偶"之误。

[4]伯夷：应作"百夷"。百夷即"僰夷"。乾隆《云南通志·土司志·僰夷》："一名摆夷，又称百夷，盖声近而讹也。"

[5]孟养：此处为地名，在今缅甸孟养，明廷在此设置土司机构宣慰司。乾隆《云南通志·土司志·孟养军民宣慰使司》："俗名迤西，有香柏城，与蛮莫同襟金沙江，孟养居其上流。南至底马撒江，连西洋。北极吐蕃，西通天竺。东南邻于缅山，曰鬼窟，号称险要，夷人据为硬寨，小有衅，则治兵相攻。其土下湿夜寒，滨江为竹楼以居，一日数浴。元至元中始置云远路军民总管府，明洪武十五年改云远府，十七年改孟养军民宣慰使司。岁输差发银七百五十两。正统间，宣慰刀宾玉势弱，思任败之于麓川，奔永昌，死后为思洪所据。自上状，愿当差发。靖远伯王骥许之，砻石金沙江上，曰'石烂江枯方许渡'。虽授金牌，终无印信，凡通文书，但称金沙江

奴婢而已。成化中，思仁子禄以祖母珠带及诸珍物赂镇守太监钱能，能召见，饮食之。思禄稍稍纵横。弘治初，重给土酋金牌信符，偶忘孟养，久废止。"明刘文征《滇志·羁縻志·孟养军民宣慰使司》载该土司万历间事云："万历八年，缅擒宣慰思个幽死，据其地，舍目奔永昌。十二年，思义来归。十三年，思威败缅于密堵，杀缅目多曩长。十七年，思明子思远贡象进方物，钦赏金币，授宣慰。十八年，缅报密堵之役，复攻孟养，远率其子昏奔盏西，缅以奚瓮住而据之。其后又有思轰者送款于我，与蛮莫思正结为唇齿，共据长江以抗缅。三十年，缅追思正，轰率兵象倍道驰救之，至则我已杀正缅矣。三十二年，缅复袭迤西，轰走死，缅以头目思华据之。今华物故，妻怕氏领其地，又三年矣。缅中他目更番戍守，连年发其兵从征，素强悍不可縻云。轰之遗目曰放思祖，有众千余人，不敢归，安插干崖。"

［6］不存：不在世。

［7］刁奉送：应为"刀奉送"之误。

［8］奉外法……与弟奉送法同管地方：此说与上文矛盾。上文称"奉外法六年七月被陇川贼寇掳杀，不存"。下文又称其"回还"，交代不清。又：奉送法其人，应即上文之"刁奉送"。

［9］终年：死后。

［10］按：乾隆《云南通志·土司志·大侯州土知州》叙大侯州奉氏土官世袭事云："奉氏，其先奉维，从靖远伯王骥建功，世为大侯州知州。明万历中，奉赦与弟奉学争持不睦。学恃女夫廷瑞，据云梦，频年构兵。赦愤激，赴省缴印而还。陈用宾驰檄解谕，不听，发兵讨平之，改大侯为云州，设流官。议以奉赦愤兵缴印，罪非叛比，准其子国佐为土州判。传子昌应。本朝开滇，以不换号纸，停袭。"又：据本则所云，大侯州土知州本姓刁，后又姓奉。其间关系，未见交代。《云南通志·土司志》未提其祖上姓刁之事，应本自明刘文征《滇志·羁縻志》："云州土官奉氏，其先从靖远伯建功，世为大侯州知州。沿至万历中，有奉赦、奉学分两署，自号上、下二衙。学居下衙，不受制于赦，惟恃女夫廷瑞据云梦，频年构兵。万历二十五年，讨平之。议以云梦置新州，而赦守大侯如故。赦之子奉光不乐设流，与其族猛麻、奉恭构兵抗命。二十六年，再征之，朝命改州为今名，犹官奉光子国恩为土州判。"

云南　133

巡检[1]

阿能更,水眼寨[2]蒲人。洪武十六年归附,十八年朝觐,除本司巡检。故。无儿男,亲弟阿瑶,备马赴京,进贡告袭。永乐七年五月,奉令旨:"着他做巡检,只不世袭。若不守法度时,不着他做。敬此。"故。嫡长男阿仲保送。永乐十五年九月,奉圣旨:"是。钦此。"

【注释】

[1]巡检:此巡检未标明任职土司机构名。按《明史·地理志·云南》:"云州本大侯长官司。永乐元年正月析麓川平缅地置,直隶都司。宣德三年五月升为大侯御夷州,……有腊丁乡巡检司,后废。"应即指此腊丁乡巡检司。

[2]水眼寨:地名,应在今云南云县。

干崖宣抚司经历司[1] 经历

廖阿弟,先充干崖长官司通事。宣德五年,钦蒙冠带把事[2]。正统三年,贼子思任发反叛,同男廖瑄,与贼对敌,开通高良贵路道[3],迎接大军,杀退蛮贼等。四年,攻打象头等寨,杀贼斩首解官。伤故。男廖瑄,仍跟总兵,杀败贼众。六年,杀平贼人,袭升巡检,仍管把事事。九年,招出[4]贼子思机法等。本年十月,钦奉敕谕:"尔廖瑄,为干崖宣抚司经历,就职管事,抚恤人民。钦此。"景泰五年,芒市长官[5]刁放革[6]为不轨,擒拿解京。委廖瑄署本司印。故。长男廖让未袭,故绝[7]。奏保庶长男廖谦,成化七年十月,奉圣旨:"是。钦此。"正德十年五月,布政司已故土官经历廖嵩绝嗣[8],弟廖岜应袭,查得祖来不曾开有世袭字样。奉圣旨:"是,准他袭。钦此。"

【注释】

[1]干崖宣抚司:明代土司机构名,在今云南盈江。乾隆《云南通志·土司志·干崖宣抚司》:"旧名干赖睒。元中统初内附,至元中置镇西路军民总管府,领二甸。明洪武十五年,改镇西府。有希忠国,随征有功,授干崖长官司,改姓刀。正统中,刀怕率以麓川功升宣抚司。万历三十九年,刀定边又以平叛功加三品服。明末,为盏达司刀思韬所杀。本朝平滇,定边子建勋投诚,仍授世职。建勋死,子秉忠袭。秉忠死,今子捷泰袭。由腾越西南行二百里,逾黄连关至其境。其山曰云晃,在司南十五里,上有瀑布,流为云晃河。曰云笼,在司东二十五里。曰白莲,在司北六十里,中挺一峰,土官居其麓下,有白莲池。曰刺朋,在司西百余里。其水曰安乐河,源出腾冲,经南甸迤逦治北折而西,百五十里入槟榔江。境内甚热,四时皆蚕。有白氎布、白莲花,竹䶉大如兔而肥。旧额征差发银五十两。"经历司:宣抚司属下机构名。

[2]钦蒙:蒙朝廷赏给。冠带把事:有官服的把事职位。

[3]高良:地名,在今云南师宗。贵:地名,未详在今何处。路道:道路。

[4]招出:招降。

[5]芒市长官:即芒市长官司长官。芒市长官司,明代土司机构名,在今云南路西。本为府,后改长官司,再改安抚司。乾隆《云南通志·土司志·芒市安抚司》:"蛮名怒谋,又曰大枯赕、小枯赕,即唐书所谓芒施蛮也。元中统初内附,至元十三年立芒施路军民总管府,领二甸。明洪武十五年置芒施府,正统九年放定正随征缅有功,授芒市长官司。万历初,放福与岳凤联姻。十一年,导缅寇松坡。事觉,擒福正法,立其舍目放纬领司事,辖于陇把。纬传珀,珀传廷臣,以入贡加授安抚司职。传子国璋,国璋传爱众。本朝平滇,爱众投诚仍授安抚世职。爱众死,子弥高袭。弥高死,子天球袭。天球死,今子仁袭。"明刘文征《滇志·羁縻志》则云:"芒市长官司,旧名怒谋,又曰大祜赕、小枯赕,在永昌西南四百里。西至陇川,南至木邦,东至潞江。川原旷邈,田土富浇。而人稍脆弱。男子以酸石榴皮染齿使黑。妇人分发直颏,为一髻垂于后,跣而衣皮。即《唐书》所称茫施蛮也。西南有青石山,又有永贡、干孟二山,皆高广陡绝,夷酋所居。其水曰芒市河、麓川江,出娥昌蛮;金沙江,出青石山。皆流至缅地,合大盈江,曰大车江,自腾越流至司境,汇于缅中蒲干城,地产沙金、香橙、橄榄、芋、蔗,又多银矿。元中统初内附,至元十三年,立茫施路军民总管府,领二甸。皇明洪武十五年,置茫施府。正统元年,改置

芒市长官司,额征差发银一百两。万历初,酋长放福与岳凤联婚。十一年,导缅寇松坡营。事觉,擒福正法。立舍目放纬领司事,辖于陇把。"应为《云南通志》所本。

[6]刁放革:应为"刀放革"之误。

[7]故绝:死亡并绝嗣。

[8]布政司已故土官经历廖嵩绝嗣:"布政司"下应漏"奏"字。

干崖长官司古刺驿[1]驿丞

　　李从人,腾冲[2]土人,选充腾冲征缅招讨司通事[3]。永乐五年,跟随长官刁思浓[4]赴京,保任古刺驿驿丞。年老,嫡长男李蛮奴,二十二年五月奉令旨:"照钦依例,着他替,只不世袭。不守法度时,换了。钦此。"年老,男李震袭。景泰元年二月,靖远伯王骥奏准,将男李斌替职。故。天顺二年,奏保长男李荣承袭,查无三司保结,类行查勘无碍[5],就彼冠带承袭,仍行会奏。

【注释】

[1]干崖长官司:明代土司机构名,干崖宣抚司前身。古刺驿:明代土驿站名,在今云南盈江。

[2]腾冲:明代地名,在今云南腾冲。

[3]征缅招讨司:元代曾有此机构,明代不设。通事:翻译官。

[4]刁思浓:应为"刀思浓"之误。

[5]类行查勘无碍:按惯例核查没有发现问题。

永平县[1]县丞

　　马锁飞,云南金齿军民指挥使司[2]永平县回回[3]人。由本县通事,洪武十二年归附,拟授本县土官县丞。故。长男马哈新,备马赴京朝觐。永乐元年五月,奉圣旨:"还着他做县丞,依旧不与世袭。不守法度时,换了。钦此。"当奏本人父服制未终,奉圣旨:"着他回去,等服满时,就在那里到任管事。钦此。"老疾。男马骧,宣德元年[4]七月奉宣宗皇帝圣旨:"也照尹宣[5]例,且准他袭。还行文书去覆勘,如有虚诈,就着总兵官黔国公[6]拿解来京。钦此。"患眼疾。男马震,正统十一年十二月奉圣旨:"既土人,与他袭。钦此。"故。男马谅、孙马全,相继亦故。曾孙马凤,正德五年十月奉圣旨:"是,马凤准袭土官县丞,还不世袭。钦此。"故。男马秉忠。见在听袭。[7]

【注释】

[1]永平县:明代县名,在今云南永平。《明史·地理志·云南》永昌军民府:"永平,府东北。元属永昌府,洪武二十三年属金齿军民司,嘉靖元年仍属府。"

[2]金齿军民指挥使司:明代土司机构名,在今云南保山。《明史·地理志·云南》:"永昌军民府,元永昌府,属大理路。洪武十五年三月属布政司。十八年二月兼置金齿卫,属都司。二十三年十二月省府,升卫为金齿军民指挥使司。嘉靖元年十月罢军民司,止为卫,复置永昌军民府。"

[3]回回:指回族。

[4]父服制未终:为父亲服丧尚未满期。

[5]尹宣:应为明代土官,但其他相关文献均未见其名。

[6]总兵官黔国公:指沐晟。明朝开国功臣沐英之子,袭封黔国公。

[7]按:乾隆《云南通志·土司志·永平县县丞》载马锁飞后裔承袭事云:"元时有马氏,世为土副使。明初,马锁飞归顺,授县丞。沿至马一騆、一骏、一骉,骉传渥。本朝平滇,渥投诚,仍授世职。传至燕,以父子同恶相济,于雍正五年革职。"按此记载应本自明刘文征《滇志·羁縻志》而有补充:"永平县土官马氏,世为土县丞,今沿至马一騆袭。又有杨氏,未著其官,沿至土舍杨暄。其部夷素纯谨,每征调其众,可五百人,罕岳、顺大诸役皆在焉。近大理讨段进忠,亦调及之。"

打牛坪巡检司[1] 巡检

蒙罗白,本县罗罗人,前代土官千户。洪武十六年归附,总兵官拟充打牛坪驿丞,后改前职,十七年实授。故。男蒙礼,备马进贡告袭。永乐三年五月,奉圣旨:"着他做巡检封印,止终本身。若不志诚,不守法度时,不要他做。那里还除流官巡检去掌印。"故。男蒙黑,宣德五年十月奉圣旨:"准他袭,也止终本身。钦此。"调除甸头巡检司[2]。故。嫡长男蒙溪,会奏应替,查照伊祖告袭,节奉钦依,止终本[3]。成化四年十月,奉圣旨:"准他做巡检,不世袭。钦此。"

【注释】

[1]打牛坪巡检司:明代土司机构名,在今云南永平。《明史·地理志·云南》永昌军民府:"永平,……东有打牛坪土巡检司。"

[2]甸头巡检司:明代土司机构名,在今云南巍山。

[3]本:应为"本身"。漏一字。

打牛坪驿[1] 驿丞

杨陵,金齿军民指挥使司永平县民。洪武十六年拜见,总兵官拟充本驿驿丞,十七年实授。故。男杨海溺死,不曾告袭。杨纯,嫡长孙男,备马赴京,进贡告袭。永乐六年五月,奉圣旨:"除他做驿丞,还不做世袭。流官掌印。他以后不志诚时,换了。钦此。"故。杨奴残疾,男杨节不系世袭,难准。正统六年三月,奉圣旨:"既土官人,着他袭。还行文书去覆勘,若有虚诈,拿解将来。钦此。"故。嘉靖九年十二月,亲曾孙杨廷弼,奉钦依,准令就彼冠带。

【注释】

[1]打牛坪驿:明代驿站名,在今云南永平。

土官底簿　卷下

云南

永平驿[1]驿丞

李宗,本县马站户[2],前元万户。洪武十六年,同土官杨陵等归附。总兵官拟充永平驿驿丞,十七年实授。故。无子,嫡长亲侄李定,备马赴京,进贡告袭。永乐三年十二月,奉圣旨:"着他去永平驿做驿丞,只不世袭。他若不志诚,犯了法度时,拿来问,别着人做。钦此。"当奏合无[3]着那见任流官驿丞掌印,奉圣旨:"着流官掌印,他封印。钦此。"故。次男李政保送,未经覆勘,难准。宣德九年七月,奉圣旨:"且准他袭。还行文书去覆勘,如有虚诈,就着总兵官黔国公拿解来京。钦此。"文选司缺册内,除流官余志斌。后李政故,男李昂来袭,亦故。男李仲高来袭,亦故。男李銮奉例土官[4]年久,未曾承袭,就彼勘明,通呈镇总抚按[5],免其赴京,就彼袭替,相兼流官,管理驿事。

【注释】

[1] 永平驿:明代驿站名,在今云南永平。
[2] 马站户:指马户,为明代户口类别之一。因其为官方养马而得名。
[3] 当奏:有关官员当即上奏。合无:是否。
[4] 奉例土官:按惯例处理驿站土官事务。
[5] 镇总抚按:明代一省的四个军政长官。镇:镇守太监。总:总兵官。抚:巡抚。按:巡按御史。

山井盐井盐课司[1]副使

杨坚,大理邓川州浪穹县民。洪武十六年,总兵官札充[2]本司土官副使,十七年实授。三十二年[3]裁革,调除广南府[4]花架驿驿丞。未仕,丁母忧。起复[5],永乐元年仍除山井盐井盐课司副使。故。正统元年,男杨生奏袭。参系[6]伊父故后十年之上方才奏袭,又不经由上司保勘。行勘未报。

【注释】

[1]山井盐井盐课司:明代盐务机构名,在今云南。《明史·地理志》载云南有盐井数十处,但未见有名"山井"者。

[2]札充:手令委任充当。

[3]三十二年:洪武三十二年,实为建文元年(1399)。

[4]广南府:明代府名,治所在今云南广南。

[5]起复:服丧期满,申请恢复官职。

[6]系:是。

顺荡盐井盐课司[1]副使

杨生,大理府浪穹县灶户[2]。洪武十五年归附,总兵官拟充本司副使,十七年实授。二十八年被贼杀死。男杨星勇,三十一年赴京告袭。三十二年袭后,布政司起送,自备马匹,赴京进贡。查参不系洪武年间定夺,合革去冠带。三十五年[3]十二月,奉圣旨:"虽查得他每父不系世袭土官,以前归附时,曾用他每;既亡故了,如今他每的男,不去[4]他冠带,只着他每自来见了定夺。钦此。"杨星勇见到[5],永乐元年十二月奉圣旨:"着杨星勇做副使,不做世袭。若不守法度时,换了。钦此。"十五年,为事禁[6]。故。次男杨忠,伊父系不守法度人数,将杨忠引奏,发回为民讫。续该保送杨星勇孙男杨春。宣德六年三月十七日,奉圣旨:"准他做,不世袭。不守法度时,换了。钦此。"故。成化四年十二月,长男杨暹奉圣旨:"做副使,还不世袭。钦此。"故。男杨琳,故绝。侄杨永鹤,见在听袭。

【注释】

[1]顺荡盐井盐课司:明代盐务机构名,在今云南云龙。《明史·地理志·云南》:"云龙州……东北有顺荡井、又有上五井、东有师井、北有箭捍场四巡检司,又东有十二关土巡检司,旧俱属浪穹县,后改属。"

[2]灶户:明代户口类别名,指以煮盐为业的人户。

[3]三十五年:洪武年号无三十五年,实为建文四年(1402)。

[4]去:撤销。

[5]见到:到京朝见。

[6]禁:囚禁。

丽江军民府[1]知府

木得,通州白沙村军[2]。洪武十六年,总兵官札充本府副千夫长,管领土军。十七年实授副千夫长,兼千户。故。二十四年,总兵官令男木初接缺办事。本年准袭。改除丽江府土官知府[3]。三十年,改丽江军民府。故。男木森袭,故。男木钦,正统七年,在彼袭职。病。嫡长男木泰应袭。成化二十三年九月,奉圣旨:"是。钦此。"故。弘治十六年,嫡长男木定,相应承袭。其该纳稻谷,照见行事例施行。故。男木公,奉例就彼承袭。奉圣旨:"是,木定[4]准袭土官知府。钦此。"

云南　147

【注释】

[1]丽江军民府:明代府名,治所在今云南丽江。《明史·土司列传·云南土司二》:"丽江,南诏蒙氏置丽水节度。宋时麽些蛮蒙醋据之。元初,置茶罕章宣慰司。至元中,改置丽江路军民总管府,后改宣抚司。洪武十五年置丽江府。十六年,蛮长木德来朝贡马,以木德为知府,罗克为兰州知州。十八年,巨津土酋阿奴聪叛,劫石门关,千户浦泉战死。吉安侯陆仲亨率指挥李荣、郑祥讨之,贼战败,遁入山谷,捕获诛之。时木德从征,又从西平侯沐英征景东、定边,皆有功,予世袭。二十四年,木德死,子初当袭。初守巨津州石门关,与西番接境。既袭职,英请以初弟亏为千夫长,代守石门,从之。二十六年十月,西平侯沐春奏,丽江土民每岁输白金七百六十两,皆麽些洞所产,民以马易金,不谙真伪,请令以马代输,从之。三十年,改为丽江军民府,从春请也。"

[2]木得,通州白沙村军:乾隆《云南通志·土司志·丽江府土通判》载木得出身履历及子孙世袭事,与此处所云有异:"其先麦宗,西域人,宋理宗末始入丽江,通各方语,土人推为酋长。子阿良,元时为丽江路军民总管。传至木得,明洪武初入贡归附,后以克石门寨功,授土知府,赐姓木。又从吉安侯征巨津,捕阿奴聪于吐蕃,斩伪元帅朱保,及沐西平征景东定边,咸在行间。得死,子初袭。值白交山及伪平章贾哈喇麓川思任之乱,咸有战功,赐金牌,诰命改丽江军民府,令世居西邮,捍吐蕃。每有征调但输兵饷,而兵不出,以重边守。沿十三世至木增,代有封赠锡予。增在任,值北胜蛮乱,以兵擒首逆高兰。又值辽左军兴,输饷二万于户部。天启二年,陈言十事,下部议可,嘉其忠诚,加参政,晋大仆卿,赐玺书,荣其先世。增死,子懿袭。本朝平滇,懿投诚,仍给土府印。懿死,子靖袭。靖死,无嗣,弟櫰袭。櫰死,子尭袭。尭传子兴,兴死无子,弟钟袭。以土人控告,于雍正元年改为通判。钟死,今子德袭。"按:"木得"一作"木德"。

[3]木初……改除丽江府土官知府:明刘文征《滇志·羁縻志》载木初之父木得已授丽江土知府之职。《滇志》载其事及其子孙世袭事云:"土官木得,在元为丽江宣抚司副使。本朝洪武初,入贡归附。后以克石门寨论功,授世官,为土知府。又从吉安侯征巨津,捕阿奴聪于吐蕃,斩伪元帅朱保。及西平征景东、定边,咸在行间。得死,子初袭,值白交山及伪平章贾哈喇、麓川恩任之乱,咸有战功。其后世居西陲,捍吐蕃,每有征调,则输军饷而兵不出。沿八世,至木增,代有锡予。增在任,值北胜酋构乱,以兵擒首逆高兰。又值辽左军兴,输饷二万于大司农。殿宫鼎建,亦输金于邦土。陈言十事,下部议可。朝廷嘉其忠诚,特与晋参政秩,赐玺书,荣

其先世。寻请老,子懿袭。"

[4]木定:依上文,应为"木公"之误。

本府[1]照磨

木日[2],本府知府木初次男。征进麓川有功,正统六年,靖远伯王骥升授前职。老疾,男木他赴部替职。为无官结[3],景泰三年七月,奉圣旨:"既是土官,准他袭。仍催三司当该官吏[4]保结前来,如有虚诈,不饶。钦此。"故。男木苴刺故,绝。文选司缺册内,查得成化十二年九月二十四日,除流官萧升。

【注释】

[1]本府:指丽江府。

[2]木日:疑应为"木日"。明刘文征《滇志·羁縻志》:"木日,本丽江土官木森子。成化中,与其兄木欻争立,安插寻甸府。隆、万中,木遇春从征罕、岳、罗雄,以功授千夫长。沿至土舍木可栋。"可参见。

[3]为无官结:因为没有官方担保书。

[4]当该官吏:主管此事的官员。

通安州[1]同知

高清[2],鹤庆府土居僰人,前元本府义军万户。洪武十五年投附,征进有功。十六年,总兵官拟札本州同知。当年赴京朝觐,十七年二月,奉圣旨:"同知高清与实授。钦此。"永乐十四年,目疾。十五年,男高才奉太宗皇帝圣旨:"准他替。钦此。"故。男高生,患病未袭。正统七年,男高生赴靖远伯[3]处,照例袭职。故。

云南　149

男高长为无官结,景泰三年七月,奉圣旨:"既是土官,准他袭。仍催三司当该官吏保结前来,如有虚诈,不饶。钦此。"故。成化二年四月,会奏长男高禄,准令就被冠带承袭。故。嫡长男高寿,弘治九年闰三月奉圣旨:"准他袭。钦此。"故。嘉靖十三年,会奏男高鹏袭,看得[4]父祖授官承袭,俱不曾开有世袭字样。奉圣旨:"准他做,还世袭[5]。钦此。"

【注释】

[1]通安州:明代州名,在今云南丽江。《明史·地理志·云南》丽江军民府:"通安州,倚。西北有玉龙山,一名雪岭。又有金沙江,古名丽水,源出吐蕃界犁牛石下,名犁水,'犁'讹'丽',流经巨津、宝山二州,至武定府,北流入四川大江。西有石门关巡检司。"

[2]高清:乾隆《云南通志·土司志·通安州土州同》作"高赐":"高赐,元时为义兵万户,明兵平南,赐从征佛光寨,招谕未附者,以军储饷师。授州同。后革除。"然而明刘文征《滇志·羁縻志》又称明初归附并从征佛光寨立功受封者乃是高赐后人高海:"土官高海,其先高赐,元时为本府土千户,传至海,于国初归附,从征佛光寨有功,授千夫长。世居郡城西北隅。部夷附郭者驯而柔,山后乌蛮、猡猡依附险阻,犷悍好杀,调以赴敌,无所短长。沿至高玉死,子高藩臣袭。"未知孰是。

[3]靖远伯:指王骥。

[4]看得:查得。

[5]还世袭:应为"还不世袭"之误。

石门关巡检司[1] 巡检

阿吉,丽江府通安州军籍。洪武十六年归附,总兵官拟任和场巡检,十七年,实授石门关巡检。故。男阿俗,备马赴京,进贡告袭。洪熙元年十一月,奉圣旨:"着他做巡检,还不世袭。不守法度时,换了。钦此。"故。男阿牙袭职。为无官结,景泰三年七月奉圣旨:"准袭巡检。仍催三司当该官吏,保结前来。如有虚诈,不饶。钦此。"故。男阿恕,成化十六年奏袭。部[2]查年久,三司不行会奏,行勘未报。文选司缺册内,查得成化九年,除流官李隽。

【注释】

[1]石门关巡检司:明代土司机构名,在今云南丽江。《明史·地理志·云南》丽江军民府:"通安州,……西有石门关巡检司。"

[2]部:吏部。

巨津州[1]同知

阿戬,本州人。洪武十六年,总兵官拟充本州同知,十七年实授。故。次男阿容目,永乐二十二年五月奉令旨[2]:"照钦依例,着他做,只不世袭。不守法度时,换了。钦此。"

【注释】

[1]巨津州:明代州名,在今云南丽江。《明史·地理志·云南》丽江军民府:"巨津州,南有华马山,北有金沙江,流入州界,有铁桥跨其上。西北有临西县,元属州,洪武十五年三月因之,弘治后废。又东北有雪山关。东南距府三百里。"

[2]令旨:此处的"令旨"并非永乐皇帝发出的圣旨,而是由监国的太子朱高炽发出,所以一开始就说"照钦依例",即"按皇帝的旨意"。因为永乐二十二年永乐帝朱棣率军亲征蒙古阿鲁台部,当年七月死于军中。

兰州[1]知州

罗克,本州民[2]。洪武十六年拜见,总兵官拟任本州知州,十七年实授。患病。长男罗牙,永乐七年五月二十七日奉令旨:"准他替职。还行文书去,等有流官到任,着他来见。敬此。"故。正统七年,男罗熙,总督尚书[3]处冠带。故。成化十七年,第三男罗文志,准行令就彼冠带。故。男罗世爵任,故绝。堂弟罗世禄,承袭间亦故。男罗福坚,见今告袭。

【注释】

[1]兰州:明代州名,在今云南丽江。《明史·地理志·云南》丽江军民府:"兰州,元属丽江路,洪武十五年三月属丽江府,寻属鹤庆府,后仍来属。北有福源山。西北有澜沧江,源出吐蕃嵯和歌甸,流入境,南入云龙州界。东北距府三百六十里。"

[2]罗克,本州民:乾隆《云南通志·土司志·兰州土知州》称罗克在元代官万户:"罗克,元时为万户。明洪武中率众来归,以军功授土知州。其后有罗牙者,从木初征刀干孟,亦著战功。后革除。"此说应本之明刘文征《滇志·羁縻志》。《滇志》叙罗克及其子孙世袭事云:"兰州土官罗克,本州人。亦仕元为万户。至本朝洪武中,率众来归,以军功授土知州。其后有罗牙者,从木初征伯夷刀干孟,亦著战功。沿至罗万象袭。万象死,罗灿以土舍护州印,未经承袭。"

[3]总督尚书:指王骥。

宝山州[1]知州

和耐,本州人,前元任本州知州。洪武十五年,本州系边境,西番俱系生㤮麽些蛮[2]。如他出官,劝人民认纳粮差本府[3]。前故土官知府木得,委充火头。三十二年[4],见任土官知府木森,举保袭任知州。西平侯[5]暂令管事,后准任知州。患病。男阿日赴京朝贺,永乐四年正月奉圣旨:"先着他替做知州,还去照勘[6]他父病的缘故。钦此。"

【注释】

[1]宝山州:明代州名,在今云南丽江。《明史·地理志·云南》丽江军民府:"宝山州,西南有阿那山,南有金沙江,西距府二百四十里。"

[2]生拗:野横不开化。麽些蛮:古代西南少数民族名,即纳西族祖先。

[3]洪武十五年……劝人民认纳粮差本府:此节语意不完整,有缺漏。

[4]三十二年:洪武三十二年,实为建文元年(1399)。

[5]西平侯:指沐晟。

[6]照勘:查核。

腾冲驿[1]驿丞

李仲和,金齿司诸葛营[2]土人。洪武三十三年[3],编作土军,选充龙川江百夫长,管赛下总甲。永乐五年,钦除前职,给与冠带印记。回还,年老。男李寿龄,永乐十六年钦准袭职。洪熙元年,复姓杨寿龄。景泰元年,靖远伯[4]奏准,将侄杨锐替职。故。嫡男杨洪告替。查无杨洪告袭原行[5],欲将本人发回覆勘。为照腾冲地方极边,题准将杨洪暂袭职事,冠带回还[6],不许到任管事。行三司会奏,覆勘是实。成化三年,题准行令杨洪就彼到任管事。故。男杨乡,眼疾未袭,亦故。男杨瑞,见在听袭。

【注释】

[1]腾冲驿:明代驿站名,在今云南腾冲。

[2]金齿司诸葛营:金齿司即金齿军民指挥使司,其前身为金齿卫。营是卫所下辖的军事单位。

[3]洪武三十三年:洪武年号无三十三年,实为建文二年(1400)。

[4]靖远伯:指王骥。

[5]原行:原先的公文。

[6]冠带回还:发给官服穿戴回乡。

元江军民府[1]知府

那直[2],百夷人,元江府因远罗必甸长官司藉[3],前元江军府土官总管。洪武十五年,赍金牌文凭象马归附,拟土官。十六年赴京朝觐,实除。故。男那荣,二十年实授知府。为恶逆事,擒拿赴京。庶弟刀部,永乐十二年正月奏准袭。本年三月,保送嫡次弟那邦照勘。永乐十三年十二月,奉钦依:"那邦既是嫡孙[4],着他袭了,便着回去管事。庶孙刀部,且着在这里听候。钦此。"宣德元年,侄那中袭职[5]。景泰元年,男那瑞替。故。嫡长男那祯保奏,就彼冠带。天顺三年十月,奉圣旨:"是。钦此。"故。叔那璲,成化十九年十二月圣旨:"那璲准袭土官知府。钦此。"故。嫡长孙那靖,弘治十五年四月奉圣旨:"那靖准袭土官知府。钦此。"故绝。亲弟那端,正德二年奉圣旨:"是,那端准袭元江军军民土官知府,就彼冠带。钦此。"故。嘉靖九年十二月,亲男那钦,奉钦依,准令冠带就彼,到任管事。故。弟那钰,见护管本府印事。钦男那宪[6],见在应袭。

【注释】

[1]元江军民府:明代府名,治所在今云南元江。《明史·地理志·云南》:"元江军民府,元元江路,洪武十五年三月为府。永乐初,升军民府。领州二。东北距布政司七百九十里。"

[2]那直:此处称那直为明代元江府首任土知府,但明刘文征《滇志·羁縻志》所载无此

人,云首任知府为那中:"土官那氏。国朝洪武初,那中率众归附,授世袭土知府。寻设流官,兴学校。嘉靖中,那鉴争立,篡杀为乱,布政徐公樾率诸路兵讨之。鉴毒江上流,人马饮之辄死,师少却,纵象马躏我兵,徐公中流矢卒。鉴惧而自杀。遂革其官,收印信,令临安卫指挥一人往署之,而印犹悬那氏之家。每官书移白,指挥取其印,必以夷兵蜂拥环伺之,署讫,复拥去。今土酋那天福,鉴之孙也,篡兄自立。其地左环礼社,右浸澜沧,镇以宝山,自乐天炎两熟。带甲万余,然僰夷懦而畏寒,性安其土,不便征缮。惟是流官侨寓,纨袴代剿,以致威德梗阂。土酋虽停袭,故傲焉雄长也。"乾隆《云南通志·土司志·元江府土知府》亦云:"那中,明洪武中率众归附,授土知府。"当本自《滇志》。

[3]因远罗必甸长官司:明代土司机构名,在今云南元江。《明史·土司列传·云南土司二》:"洪武十五年改元江府,……十八年置因远罗必甸长官司隶之,以土酋白文玉为副长官。"藉:为"籍"之误。指籍贯。

[4]那邦既是嫡孙:与下句"庶孙刀部"均与上文有矛盾,上文那荣为那直之子,而刀部与那邦皆为那荣之弟,如此则刀部与那邦两人亦为那直之子,不应为那直之孙。因此,此处或为笔误或有脱文。

[5]宣德元年,侄那中袭职:《明史·土司列传·云南土司二》作"那忠":"宣德五年,黔国公沐晟奏,元江土知府那忠,被贼刀正、刀龙等焚其廨宇及经历印信。今获刀龙、刀洽赴京,乞如永乐故事,发辽东安置,以警边夷,从之。命礼部铸印给之。"但明刘文征《滇志·羁縻志》及《云南通志·土司志》均载那中为首任土知府。参见注释[2]。

[6]那宪:此人得袭任元江府土知府,嘉靖二十五年被其叔父那鉴所杀。《明史·土司列传·云南土司二》记其事云:"嘉靖二十五年,土舍那鉴杀其侄土知府那宪,夺其印,并收因远驿印记。巡抚应大猷以闻,命镇巡官发兵剿之。二十九年,那鉴惧,密约交蛮武文渊谋乱。抚按官胡奎、林应箕,总兵官沐朝弼以闻,请以副使李维、参政胡尧时督兵剿之,制可。……帝定二哨失事诸臣罪,行抚臣厚赏瞿氏、禄绍先、陆友仁等,敕朝弼会同新抚臣鲍象贤鸠兵讨贼。三十二年,象贤至镇,调集土、汉兵七万人,广集粮运,克期分哨进剿元江,为必取计。那鉴惧,伏药死。"

陇川宣抚司戛赖驿[1]署驿事土官巡检

姜海,腾冲守御千户所土军小旗[2]。通晓夷语,差跟内官郭福保等,作通事往麓川,给赐回还。自备马匹赴京,本官奏保。宣德八年九月,钦除戛赖驿土官驿丞。正统六年,靖远伯[3]选跟都指挥苗贵,领军首先过渡上江,攻破反贼刀招汉贼寨,杀败贼众,报功。正统七年,又赍榜文前往孟撒等处,抚谕贼子思机法[4]信服,备马象等物进贡。正统八年正月,钦升土官巡检,仍管驿事。老疾。男姜升,正统十三年,靖远伯准令替职。故。嫡长男姜谨,未袭故绝。次男姜昂,未袭亦故。弘治十三年,男姜诚,布政司奏保题。奉圣旨:"是。钦此。"

【注释】

[1]陇川宣抚司:明代土司机构名,在今云南陇川。乾隆《云南通志·土司志·陇川宣抚司》载其事云:"旧名麓川。其地曰大布芒,曰睒头附赛,曰睒中弹吉,曰睒尾福禄培,皆白夷所居。元中统初,多线瓜内附,至元十二年置麓川路金齿等处宣抚司。明洪武十七年,歪冈归附,置麓川平缅宣慰司。宣德年与木邦仇杀,因失官,以孟养刀氏代。至正统二年,思任因刀宾玉势弱,遂据麓川叛,侵孟定、湾甸,掠腾冲、南甸,取孟养地。刀宾玉奔永昌死。六年,兵部尚书王骥进征,大破之。十一年,改麓川为陇川,设宣抚司于陇把,与南甸、干崖合为三宣,屏蔽永腾,以夷目恭项领之。后任子思机、思卜复叛,项内奔,安插曲靖,以其头目多氏代之。万历五年,多士宁为养子岳凤所杀,勾缅据其地。十二年,岳凤既俘,立多思顺,加宣慰司职。二十年,缅人窥等练,至其地,思顺奔猛卯,会官兵大战于栗柴坝,追逐之。二十一年,巡抚陈用宾檄知府漆文昌筑八关于其地。三十八年,思顺子安民叛,巡抚周嘉谟平之,以金牌畀其弟安靖为宣抚。本朝平滇,安靖子绍宁投诚,授宣抚世职。绍宁死,子胜祖袭。胜祖死,子治国袭。治国死,今子世臣袭。其地有马鞍山、摩黎山、罗木山,俱极高峻,夷人恃以为险。又有汤泉,从石罅流出为河,热如沸汤。俗与南甸同,有城郭宫室,其人皆楼居。旧额征差发银一百七十两。"明刘文征《滇志·羁縻志》载其土产云:"陇川宣抚司,……俗与南甸同。产大芋,长尺余。又有孔

156　土官底簿笺注

雀、毫猪、紫胶、大药、鲜子、鳞蛇、鹦鹉。差发额征银四百两,停二百两。"戛赖驿:明代驿站名,在今云南陇川。

[2]小旗:小头目名。

[3]靖远伯:指王骥。

[4]思机法:一作思机发。正统间反叛土官思任发的儿子。

晋宁州晋宁驿[1]驿丞

陆安,正统七年杀贼有功,冠带通事[2]。十年,南车里军民宣慰司[3]宣慰使刀思弄发,奏称总兵官沐昂[4]差冠带通事陆安,生擒贼寇阿哀,要乞量升奏。奉圣旨:"陆安除做驿丞,仍办通事。着好生抚谕夷人,出力报效。钦此。"填注云南府晋宁驿土官驿丞,仍办通事事。十四年,总兵沐昂奏陆安有功,要将在驿管事。本部题,奉圣旨:"准他。钦此。"填注晋宁驿驿丞,协同流官办事。故。嫡长男陆琪保袭,天顺八年十月奉圣旨:"是。钦此。"故。嘉靖九年十二月,亲孙陆琳,奉钦依,准令冠带就彼,到任管事。故。男陆义,保袭间故。男陆贵,听袭行查[5]。

【注释】

[1]晋宁州:明代州名,在今云南晋宁。《明史·地理志·云南》云南府:"晋宁州,西有大堡河,下流入滇池。北距府百里。领县二。"晋宁驿:明代驿站名,在今云南晋宁。

[2]冠带通事:有官服的翻译官。

[3]南车里军民宣慰司:明代土司机构名,在今云南景洪一带,分大车里、小车里。乾隆《云南通志·土司志·车里宣慰司》:"即古产里。商初,以象齿、短狗献。至周,复入贡,周公作指南车导之归,故名车里。元世祖命乌兰哈达伐交阯,经其部,悉降之。至元中,置阿里路军民总管府,领六甸。后又请置耿冻路,耿冻当孟弄二州。明洪武十七年,改车里军民府。十九年,改宣慰使司。永乐元年,刀逻答内侵,掠官吏。西平侯请讨之,上命先以礼谕,逻答悔惧,还所掳

及侵地,遣使入谢。景泰元年,授刀凯冷宣慰司。至嘉靖间,附于缅。万历十一年,官兵击缅,宣慰刀糯猛遣使贡象、进物。兄居大车里,应缅使;弟居小车里,应汉使。明末刀穆祷袭。"此处所谓"南车里",应指小车里。

[4]沐昂:明初凤阳府人,开国功臣沐英之子,历任左都督、云南总兵官等,卒谥"武襄"。

[5]行查:行文查勘。

更山巡检司[1] 巡检

龙政,车人寨冠带火头,系和泥[2]人。年力精壮,通晓夷情,会奏堪任更山巡检。成化十八年六月,兵部题,奉圣旨:"是。钦此。"移咨到部,既该兵部题准,别无定夺,当将龙政填注更山巡检司巡检。

【注释】

[1]更山巡检司:应为"纳更山巡检司",明代土司机构名,在今云南建水。《明史·地理志·云南》临安府:"建水州……东南有纳更山土巡检司。"明刘文征《滇志·羁縻志》:"纳更山巡检司,土官龙政,和泥人。成化间授土巡检。其后有龙觉、龙成、龙准。沿至龙统死,子龙升听袭。治车人寨。"

[2]和泥:古代西南少数民族名。明刘文征《滇志·羁縻志》:"溪处甸长官司……旧有部酋名贺磔,讹为和泥。本一部,后蛮酋官桂兄弟分为三部,溪处其一也。部夷僰夷、窝泥二种。"

鹤庆军民府[1] 知府

高隆,本府民,授本路总管[2]。洪武十五年归附,起取赴京,病故。贼人反叛,大军复征。男高仲,将引[3]把事,人民归附。十六年,总兵官拟任土官同知,十七年实授。故。男高兴,本年十一月袭职,赴京朝贺。耆民杨贤等保结本官升任知府,本部议拟不准。永乐元年正月,奉圣旨:"他首先来朝,又有人保他,升做知府,只不做世袭。钦此。"故。无儿男,亲弟高宝保结,备马赴京,进贡告袭。十八年九月,奉圣旨:"准他袭。钦此。"故。男高伦告袭。有高兴妻段氏,又奏要将女高观音圆争袭。本部为查,高伦先已保勘明白,议拟具题。宣德七年四月,奉圣旨:"是,高伦准袭。钦此。"正统六年闰十一月,准福建道手本[4],知府高伦为久仇陷害谋官等事[5]。本年十一月二十四日奏过,依斩罪决了。正统七年,节奉钦依:"令三司委的当官[6],体察彼中人情,询访高伦族中,如有夷民信服、才堪任用之人,起送来京,量授以职,协同流官管事,庶几经久可行。钦此。"该三司议得,高伦族中,虽有各支子孙,俱系为恶不良之人,别无堪举亲族。若令本族为官,不惟夷民受害。合将本府知府员缺销除,户下人口,收藉[7]当差。止令流官管事。正统八年十月,奉圣旨:"是。钦此。"[8]

【注释】

[1]鹤庆军民府:明代府名,治所在今云南鹤庆。《明史·土司列传·云南土司二》:"鹤庆,唐时名鹤川,南诏置谋统郡。元初,置鹤州。至元中,升鹤庆府,寻改为路。洪武中,大军平云南,分兵拔三营、万户砦,获伪参政宝山帖木儿等六十七人。置鹤庆府,以土官高隆署府事。十七年以董赐为知府、高仲为同知、赐子节为安宁知州、杨权为剑川知州。赐率其属来朝,贡马及方物,诏赐冠带并织金文绮、布帛、钞锭。……二十年,剑川土官杨奴叛。大理卫指挥郑祥讨之,斩八十余人,杨奴遁。未几,还剑川,复聚蛮为乱,祥复以兵击斩之。二十四年置鹤庆卫。三十年改鹤庆府为军民府。"

[2]总管:元代官名。

[3]将引:带领。

[4]福建道:指都察院福建道监察御史。手本:弹劾高伦的奏章。

[5]知府高伦为久仇陷害谋官等事:《明史·土司列传·云南土司二》载其事较详:"正统二年,副使徐训奏鹤庆土知府高伦与弟纯屡逞凶恶,屠戮士庶,与母杨氏并叔宣互相贼害。敕黔国公沐昂谕使输款,如恃强不服,即调军擒捕。五年,复敕昂等曰:'比闻土知府高伦妻刘氏

同伦弟高昌等,纠集罗罗、麽些人众,肆行凶暴。事发,不从逮讯。敕至,即委官至彼勘实,量调官军擒捕首恶,并逮千户王蕙及高宣等至京质问。'八年,鹤庆民杨仕洁妻阿夜珠告伦谋杀其子,复命法司移文勘验。已而大理卫千户奏报,伦擅率军马欲谋害亲母,又称其母告伦不孝及私敛民财,多造兵器,杀戮军民,支解枭令等罪。遂敕黔国公沐晟等勘覆。及奏至,言伦所犯皆实,罪应死。伦复屡诉,因与叔宣争袭,又与千户王蕙争娶妾,以致挟仇诬陷。所勘杀死,皆病死及强盗拒捕之人。伦母杨亦诉伦无不孝,实由宣等陷害。复敕晟及御史严恭确访。既而奏当,伦等皆伏诛。"

[6]委的当官:派遣合适的官员。

[7]收藉:为"收籍"之误。收籍:编入户籍。

[8]按:明刘文征《滇志·羁縻志》所载鹤庆府土官姓名,多与此处内容不同:"土官高海,其先高赐,元时为本府土千户,传至海,于国初归附,从征佛光寨有功,授千夫长。世居郡城西北隅。部夷附郭者驯而柔,山后乌蛮、猡猡依附险阻,犷悍好杀,调以赴敌,无所短长。沿至高玉死,子高藩臣袭。"

寻甸军民府[1]知府

安晟,曾祖母沙姑,本府民,前曲靖宣慰司[2]土官宣慰阿朝嫡女。壬子年[3]三月内,嫁与前仁德府[4]土官安阳为正妻。安阳洪武十六年赴京朝觐,蒙实授寻甸军民府知府。回到巴东县[5],病故。母沙琛袭。故。把事金沙等保沙姑系故土官安阳正妻,该袭。二十六年七月,奉太祖皇帝圣旨:"准袭。钦此。"故。男长阿察,先故。男妇沙观保送,三十五年[6]十二月,奉圣旨:"准他袭做知府。钦此。"故。男弄革鬼正妻沙仲袭职,正统四年奏,奉圣旨:"既有委官并亲族人等保结,及保勘应袭职,准他袭。还行文书去,着三司覆勘。若有虚诈不实,奏来定夺。钦此。"故。三司保送伊男安定赴部,为因安辛争袭,奏准发回保勘。景泰五年,男安晟就彼袭职。故。成化九年,要保安荣承袭[7],缘无三司会奏,类行云南[8]保勘安晟果否借职,安荣、安宣[9]是否安定、安晟亲男,前项土官知府应该何人承袭,行勘明白,定应袭一人。成化十二年,巡按御史奏称,知府安晟病故,长[10]安宣被伊叔安倘并安晟妾沙适等谋杀,本舍并无应袭儿男;止有安倘男安勒,亦系极刑[11],难以承袭。成化十三年,改流官知府李祥[12]。丁忧。成化十七年,除知府屈伸,致仕。成化二十一年,除知府谢绍,到任管事。成化二十二年,沙古等来京奏扰,发回土官衙门钤束[13],不许再来奏扰。题奉圣旨:"是。钦此。"[14]

【注释】

[1]寻甸军民府:明代府名,治所在今云南寻甸。《明史·地理志·云南》:"寻甸府,元仁德府。洪武十六年十月辛未升为仁德军民府。丁丑改寻甸军民府。成化十二年改为寻甸府。旧治在东。今治在凤梧山下,嘉靖七年十月徙。"

[2]曲靖宣慰司:即曲靖等处宣慰司,元代土官机构名,治所在今云南曲靖。

[3]壬子年:指洪武壬子年,即洪武五年(1372)。

[4]仁德府:元代府名,明代改寻甸府。

[5]巴东县:明代县名,在今湖北巴东。

[6]三十五年:洪武三十五年,实为建文四年(1402)。

[7]男安晟就彼袭职。故。成化九年,要保安荣承袭:《明史·土司列传·云南土司二》所载安晟死亡时间与此处有异:"成化十二年,兵部奏,土官舍人安宣聚众杀掠,命镇守官相机抚捕。十四年,土知府安晟死,兄弟争袭,遂改置流官。"

[8]类行云南:向云南发去公文要求查勘。

[9]安荣、安宣:据乾隆《云南通志·土司志》所载,成化间争夺寻甸军民府知府的安氏子孙并非安荣、安宣:"明洪武中设寻甸军民府,以土司安氏领之。裁为美、归厚二县。宣德间,改为仁德府,领高明、马龙二州,复为美、归厚二县,以安氏世袭知府事。成化十三年,安旸、安乃争袭内乱,遂改寻甸府,设流官。降安氏为营长。"

[10]长:长男。

[11]亦系极刑:也是犯了死罪。

[12]成化十三年,改流官知府李祥:《明史·土司列传·云南土司二》载寻甸军民府改土归流时间为成化十四年:"(成化)十四年,土知府安晟死,兄弟争袭,遂改置流官。"

[13]钤束:管制约束。

[14]按:明刘文征《滇志·羁縻志》载有寻甸安氏土官源起及其子孙嘉靖后之事,可以参见:"土官安氏,国初为仁德府知府,以高明、马龙二州,为美、归厚二县土官属焉。沿至安洋、安乃,相继煽乱,乃改高明为嵩明,属云南,马龙属曲靖,并归厚、为美二县为二十马,改郡名寻甸,设流官莅之,安氏降为马头。嘉靖初,知府马性鲁以督征粮税,系安氏余孽安铨,并其妻裸挞之。铨愤激,遂作乱,攻破府治,合武酋凤朝文,直逼省城。朝廷命尚书伍公文定集大师讨之,灭其族,而其属未尽革面。万历戊申,阿克叛,有大理保、杨礼者响应,又有阿遣马头龙氏亦助逆,官兵讨而诛之。龙氏余孽曰龙戈资,顷复导水、乌诸寇走寻甸,寇退就禽,斩于市。其他观望怀豸心者,犹费抚绥之力云。"

禾摩村巡检司巡检[1]

王赐,云南都司云南中卫土军。告欲照赤水鹏巡检司巡检马速鲁麻[2]例除授。永乐二十二年五月,奉令旨:"照钦依例,着做巡检。多注去[3],还打差使。敬此。"文选司缺册内,开正统三年[4]七月,事简,衙门官员革去冠带为民。

【注释】

[1]禾摩村巡检司巡检:前文已有《元江军民府禾摩村巡检司巡检》篇,记李氏土司事。此条所记的禾摩村巡检司属寻甸军民府,应为同名异地。

[2]马速鲁麻:明初元江军民府少数民族人,原为通事,后得保举为巡检。参见前文《赤水鹏巡检司土官巡检》篇。

[3]多注去:多给一个注册名额。

[4]开:开列,记载。

潞江驿[1] 驿丞

周阿山,金齿千户所土军。洪武三十五年[2],通事长官曩必保授本驿驿丞。永乐六年五月,钦除前职。故。男周礼,二十二年五月奉令旨:"照钦依例,着他做,只不世袭。不守法度时,换了。敬此。"正统三年,该三司会同总兵官木晟[3],照依减省事例裁革。本年六月十九日,题准裁革讫。

【注释】

[1]潞江驿:明代驿站名,在今云南保山。按潞江既为江名,亦为地名,明代在此处设有更大的土司机构。《明史·土司列传·云南土司三》:"潞江,地在永昌、腾越之间,南负高仓山,北临潞江,为官道咽喉。地多瘴疠,蛮名怒江甸。至元间,隶柔远路。永乐元年内附,设潞江长官司。其地旧属麓川平缅,西平侯奏其地广人稠,宜设长官司治之。二年颁给信符、金字红牌。九年,潞江长官司曩璧遣子维罗法贡马、方物,赐钞币,寻升为安抚司。曩璧来朝,贡象、马、金银器,谢恩。宣德元年,曩璧遣人贡马,请改隶云南布政司,从之。"明刘文征《滇志·羁縻志》云:"潞江安抚司,地在永昌、腾越之间,南负高仓山,北临潞江。官道出其中,实咽喉也。民皆僰属。地多瘴厉,夏秋之交为酷。蛮名怒江甸,元至元间隶柔远路。国朝洪武十五年内附,置长官司。永乐九年升安抚司,以线氏领司事。今沿至线世禄。又有线廷举者,司捕事,久死。"应为《明史·土司列传》所本。

[2]洪武三十五年:实为建文四年(1402)。

[3]木晟:为"沐晟"之误。

金齿军民指挥使司水眼巡检司[1] 巡检

苏志仁[2],云南府昆明县指挥李观下头目,前枢密府镇抚。洪武十四年归附,随同观右丞[3]跟大军征进,蒙总官[4]留金齿办事。十五年三月十三日,除授前职。

【注释】

[1]金齿军民指挥使司:明代土司机构名,在今云南保山。《明史·地理志·云南》:"永昌军民府,元永昌府,属大理路。洪武十五年三月属布政司。十八年二月兼置金齿卫,属都司。二十三年十二月省府,升卫为金齿军民指挥使司。水眼巡检司:明代土司机构名,在今云南保山。《明史·地理志·云南》:"保山,倚。本金齿千户所,洪武中置。永乐元年九月又置永昌府守御千户所,俱属金齿军民司。嘉靖三年三月改二所为保山县。……又北有甸头、南有水眼二土巡检司。"

[2]苏志仁:此处称苏志仁为甸头巡检司首任巡检,但明刘文征《滇志·羁縻志》所载则为莽氏:"水眼巡检司土巡检莽氏,沿至莽云蛟听袭。"

[3]观右丞:表述不清,或为"李观右丞"之意。

[4]总官:应指总兵官。

甸头巡检司[1] 巡检

阿张[2],蒲人氏,云南永昌府甸头防送火头[3]。洪武十六年,总兵官札充云南永昌府永昌甸头巡检司巡检,十七年实授。二十三年,改设金齿军民指挥使司管属。故。男莽[4]蒙,永乐十五年九月,奉钦依袭职。正统三年,会奏减省事例裁革。本年六月,题准裁革。故。男莽弄,正统八年奉例承袭[5]。故。男莽俊,未袭亦故。次男莽真,见在听袭。

【注释】

[1]甸头巡检司:明代土司机构名,在今云南保山。《明史·地理志·云南》:"保山,倚。

本金齿千户所,洪武中置。永乐元年九月又置永昌府守御千户所,俱属金齿军民司。……又北有甸头、南有水眼二土巡检司。"

[2]阿张:此处称阿张为甸头巡检司首任巡检,但明刘文征《滇志·羁縻志》所载亦为莽氏:"甸头巡检司土巡检莽氏,沿至莽瓮听袭。"

[3]防送火头:土兵头目职名。

[4]莽:同"莽"。后同,不再出注。

[5]题准裁革……正统八年奉例承袭:按既已裁革,为何又能奉例承袭? 交代不清。

南甸州[1] 知州

刀贡蛮,百夷人。有祖父刀贡孟,先蒙宣慰思伦发[2]委充知州招鲁[3]。洪武三十二年[4],选充百夫长。三十四年,给赐冠带。故。刀贡蛮袭知州百夫长。永乐五年,备方物马匹进贡,钦升腾冲千户所千户夫长兼试千户。具告要照湾甸州知州刀景发例,另立衙门,自当百夷儿女安业当差。永乐二十年,奉圣旨:"准他。钦此。"本年正月,奉圣旨:"是做南甸州。钦此。"故。男刀贡罕[5],洪熙元年四月,奉圣旨:"着他袭了。钦此。"

【注释】

[1]南甸州:明代州名,后为南甸宣抚司,在今云南梁河。乾隆《云南通志·土司志·南甸宣抚司》:"旧名南宋,在腾越南半个山下,其山巅北恒有霜雪,南则炎瘴如蒸。元至元二十六年,置南甸军民总管府,领二甸。明洪武初,刀贡猛本姓龚,江南上元人,因随师南征,住南甸,改姓刀,以招抚曩猛功,授腾冲千户。永乐中,其弟贡蛮入贡,改升南甸土知州。正统八年,刀乐硬以麓川功升宣抚司。传至刀乐临,以平岳凤功升宣慰司。辖部有罗部、司庄、小陇川,皆百夫长分地。知事谢氏,居曩宋。阔氏,居盏西。属部直抵金沙江,与孟养地犬牙相错。万历二十一年,巡抚陈用宾檄知府漆文昌建关置堡于司西北,今不复存。自刀乐临袭后,历传至乐启。

乐启传子乐保，乐保传兄呈祥。本朝平滇，呈祥投诚，授宣抚世职。呈祥死，子启元袭。启元死，今子恩赐袭。其地有丙弄山，在司东十里。又东五里蛮千山，土目凭险阻居其上。沙木笼山，在司南百里，上有关，立木为栅。南牙山，甚高，延袤百余里，官道经之，上有石梯，夷人据此为险。其水曰小梁河，源出腾冲赤土山麓，西南流经南牙山下。曰南牙江，至干崖为安乐河，而合于太盈江。有孟乃河，在司东南七十里，即腾越龙川江之源。俗与木邦同，婚娶用谷茶二长筒、鸡卵五七笼为聘。客至，以谷茶供奉，手掏而食之。产红藤、孔雀、叫鸡。旧额征差发银一百两，今纳差发银十一两。"此说多本自明刘文征《滇志·羁縻志》。

[2]思伦发：明代土官，任麓川宣慰使。

[3]招鲁：土官自定官名。

[4]洪武三十二年：实为建文元年（1399）。

[5]刀贡罕：《明史·土司列传·云南土司三》载其人云："正统二年，土知州刀贡罕奏麓川思任发夺其所辖罗卜思庄二百七十八村，乞遣使赍金牌、信符谕之退还。帝敕沐晟处置奏闻。麓川之役自是起。"

罗卜思庄驿[1] 驿丞

尹成，原任驿丞。赵义，腾冲土人，先充麓川宣慰思伦发下南甸招巴[2]。洪武三十三年，开设腾冲守御千户所，委令暂管南甸驿事。永乐五年，除授罗卜思庄驿丞。考满给由[3]赴部。病故。男赵恺，赴京告袭，不晓汉语，发回为民。南甸州土官知州刀贡罕奏称，腾冲千户所土人总甲尹成，谙晓[4]汉夷事体[5]，保任本驿驿丞。查得本驿见有流官管事，难准。洪熙元年四月，奉仁宗皇帝[6]圣旨："是，不准。钦此。"本官又奏，难准。已行起程。本年七月，奉圣旨："等他再来定夺。钦此。"续本官又奏保尹成送部。宣德五年六月，奉圣旨："准他做驿丞。只不世袭，也不为例。钦此。"正统三年，照例减省事例裁革。本年六月，题准裁革。

【注释】

[1]罗卜思庄驿:明代驿站名,在今云南梁河。《明史·土司列传·云南土司三》:"南甸所辖罗卜思庄与小陇川,皆百夫长之分地。"

[2]招巴:土官自定官名。

[3]考满给由:任职期满考核合格发给证明文书。

[4]谙晓:熟悉。

[5]事体:事务。

[6]仁宗皇帝:即朱高炽,在位仅一年,庙号仁宗。

孟哈驿[1] 驿丞

张保,金齿人。先年,宣慰思发委腾冲缅箐村招附总甲[2]。三十四年[3],设立孟哈驿,委管驿事。有百夫长曩用奏保。永乐十一年,奉圣旨:"准他开设,张保做驿丞,铸与印信。钦此。"故。次男张文贵保送。洪熙元年四月,奉圣旨:"准他做。钦此。"正统三年,照依减省事例裁革。本年六月,题准裁革。

【注释】

[1]孟哈驿:明代驿站名,应在今云南腾冲。

[2]招附总甲:土官自定官名。

[3]三十四年:洪武三十四年,实为建文三年(1401)。

炼象关巡检司[1] 巡检

王四,昆明县民。洪武二十六年,总兵官差令伴送缅人到于缅地,招谕缅人纳速剌等,差送赴京。当年,除罗次县炼象关巡检司巡检。故。长男王源,备马赴京,进贡告袭。永乐十一年二月,奉圣旨:"准他,着袭了。钦此。"故。弘治四年,等孙男[2]王志刚奏袭。看得祖王源故后五十六年,方搀[3]承袭,不准。文选司开弘治四年三月,除流官巡检祝庆管事。

【注释】

[1]炼象关巡检司:明代土司机构名,在今云南禄丰县。按:前文已有《炼象关巡检司巡检》篇,载其土官名李阿白,也是洪武间任炼象关巡检司土巡检,直到正德七年其子孙仍世袭此职。而该炼象关也在罗次县。此处地点相同、名目相同的炼象关巡检司土巡检却是姓王,且也延续到弘治间。因此,其间应有错误。按:明刘文征《滇志·羁縻志》所载炼象关巡检司土巡检亦为李阿白及其子孙。

[2]等孙男:"等"字应误。

[3]方搀:应为"方纔"之误。方纔:即"方才"。

楚场巡检司[1] 巡检

纳察,本州民。洪武十六年,与知州段保前去大理投降。总兵官札充前职,十七年实授。故。文选司缺册内,查得成化八年除流官孙永宁。[2]

【注释】

[1]楚场巡检司:明代土司机构名,在今云南大理。

[2]按:明刘文征《滇志·羁縻志》所载楚场巡检司土巡检事,与此处内容完全不同:"楚场巡检司土官杨波日,元右丞不花颜之裔。洪武中,选为百夫长。造金沙渡舟及筑城运盐,累劳绩,充冠带把事。卒,子木嗣。木卒,子僧寿嗣。僧寿有武勇,从征麓川、佛光、蒲窝、镇康,累功,给勘合,管办巡检司事。寻具奏,实授土巡检。后东川、武定、铁索诸役,或戮力行阵,或护

饷馈军。今沿至杨阶,听袭。"乾隆《云南通志·土司志·楚场土巡检》亦云:"杨波日,元右丞布哈延裔。洪武中,造金沙渡舟及筑城、运盐累劳,充冠带把事。至僧寿,有武勇,从征麓川有功,授土巡检。"未知孰是。

楚雄府[1]同知

高政,僰人,本府楚雄县民。由前元祖父授威楚开南等路军民总管,洪武十五年归附[2]。十六年,总兵官拟任本府同知,十七年实授。故。并无子侄,族人高纳的斤,系正妻,应袭夫职。永乐元年正月,奉圣旨:"还着高纳的斤做同知。钦此。"布政司咨呈备属申,据耆民陈子安等告称,高纳的斤承袭夫职以来,人民皆听所言,石粮[3]有增,深知夷民厚薄。本府别无除授知府,如蒙将高纳的斤照依鹤庆军民府土官高兴一体,升除本府知府。及高纳的斤备马赴京,朝觐到部。为因首先来朝,本部[4]议拟不准。永乐七年正月,奉令旨:"是,他又亲自来朝,升他做知府,只不世袭。还着流官掌印。以后有当袭的人,仍着做同知。敬此。"故。无子,庶长女高冬梅,宣德五年六月奉圣旨:"照依仁宗皇帝圣旨,还着做同知。钦此。"正统元年,三司奏女土官高冬梅故绝,乞流官管事。本年十一月,题准改除流官。

【注释】

[1]楚雄府:明代府名,治所在今云南楚雄。《明史·土司列传·云南土司一》:"楚雄,昔为威楚。元宪宗置威楚万户府。至元后,置威楚开南路宣抚司。洪武十五年,南雄侯赵庸取其地。十七年以土官高政为楚雄府同知,……宣德五年,命故土知府高政女袭同知。政初为同知,永乐中来朝,时仁宗监国,嘉其勤诚,升知府,子孙仍袭同知。政卒,无子,妻袭。又卒,其女奏乞袭知府。帝曰:'皇考有成命。'令袭同知。"

[2]洪武十五年归附:指高政于此年归附明朝,非其祖父。

[3]石粮:粮食。"石"为计算粮食的单位。

[4]本部:指吏部。

澂江府路南州[1]知州

秦晋[2],本州罗罗人。洪武十五年归附,总兵官拟充本州土官。十七年赴京朝觐,除本州同知。三十五年[3],赴京朝贺,本州里老告保。永乐元年正月,钦升知州。故。长男秦禄,永乐七年八月奉令旨:"准他袭职。敬此。"故。长男秦福,宣德七年,本部秦普升授知州[4],奉太宗皇帝圣旨,只不世袭人数题。奉圣旨:"他土人,准他袭。钦此。"故。无子,止生三女。据布政司咨称,秦福次女元真,无过,性纯,识字,夷民信服,该袭。天顺六年十一月,奉圣旨:"是。钦此。"故。成化十三年,都御史王恕[5]奏,女官元真病故,户内别无应袭之人,要改流官。本年十月,除流官知州李升管事。

【注释】

[1]澂江府:明代府名,治所在今云南澄江。《明史·土司列传·云南土司一》:"澂江,唐为南宁、昆二州地。天宝末,没于蛮,号罗伽甸。宋时,大理段氏号罗伽部。元置罗伽万户府,至元中改澂江路。洪武十五年,云南平,澂江归附,改澂江府。地居滇省之中,山川明秀,蚕衣耕食,民安于业。近郡之罗罗,性虽顽狠,然恭敬上官。官至,争迎到家,刲羊击豕,罄所有以供之,妇女皆出罗拜,故于诸府独号安静云。"路南州:明代州名,在今云南路南。《明史·地理志·云南》:"路南州,西南有竹子山。东有劄龙山,石可炼铜。西有巴盘江,源自陆凉州,又有铁赤河合焉。东南有邑市县,元属州,弘治三年九月废。东北有革泥巡检司。西距府百三十里。"

[2]秦晋:明刘文征《滇志·羁縻志》作"秦普",所载其子孙世袭事亦有异:"路南州土官秦普,洪武十七年以降附授同知。永乐中,升知州。普生禄,禄生福。福无子,有二女,曰玄贞,曰

庆姐,相继典州事。至成化中设流,遂失其官。沿至土舍秦世文,世泽未斩,征调尚及之,然皆编民耳。今世文死,子秦国选摄捕盗事,益削弱不振,故近时征调不及。其属夷皆猡猡,性顽,然每土官至,争迎于家,击牲以饮,率妇人罗拜于下,执理甚恭,杀之不怨。"

[3]三十五年:洪武三十五年,实为建文四年(1402)。

[4]长男秦福,宣德七年,本部秦普升授知州:这几句文意混乱,应有脱误。

[5]王恕:明代陕西三原人,正统十三年进士,官至吏部尚书、太子太傅等,卒谥"端毅"。

易龙驿[1] 驿丞

阿索[2],云南寻甸军民府站[3],充本府把事。洪武十六年,总兵官[4]委任驿丞,十七年实授。老病,长男阿倘备马赴京,进贡告袭。永乐三年正月,奉圣旨:"他父既老病故了,着他做,不为例。若不守法度时,换了。钦此。"故。文选司缺册[5]内查得,成化四年十月,除流官周琏。正德七年六月,本部题,据布政司结勘[6],土官驿丞奄受故,庶长男奄盛痼疾,亲侄奄成应袭,前来省令听候就彼冠带。奏,奉圣旨:"是,准他袭。钦此。"

【注释】

[1]易龙驿:明代驿站名,在今云南寻甸。《明史·土司列传·云南土司二》:"洪武十五年定云南,……二十三年置木密关守御千户所于寻甸之甸头易龙驿。"

[2]阿索:明刘文征《滇志·羁縻志》作"奄索":"易龙驿土官奄索,初为寻甸府把事,洪武中从征,资兵饷,授土驿丞。沿至奄荣,世绝。"

[3]站:此字应有误,或为"民"。

[4]总兵官:应为沐英。

[5]文选司:吏部的一个司,主管全国官员的选任等。缺册:记录官职空缺及补任情况的档案。

[6]结勘:勘察终结。

维摩州[1]知州

波得,高祖父沙济,原系知州;至伯父者索,相继管事。洪武十四年故,除授流官管事。伯兄日苴亦故,侄禄旧亦故。波得系亲叔,告袭。三十二年[2]十一月准袭知州。故。男召海年幼,适药系波得正妻,暂署州事。咨部,永乐四年五月,奉圣旨:"着适药做知州。等他儿子大时,替他。钦此。"故绝。房叔者白应袭,行勘,病故。别无定夺。文选缺册内,查得弘治六年改设流官,七年除流官知州王瑞。[3]

【注释】

[1]维摩州:明代州名,在今云南丘北。《明史·地理志·云南》:"维摩州,元大德四年二月置。东北有小维摩山。东南有大维摩山,又有阿母山。又东北有宝宁溪,下流经广南府界,合西洋江。西有三乡城,万历二十二年筑。西北距府二百二十里。"

[2]三十二年:洪武三十二年,实为建文元年(1399)。

[3]按:明刘文征《滇志·羁縻志》所载维摩州世袭土知州姓名,与此处所云不同:"维摩州土官资氏,领州事。设流后,资高、资金相继作祟,州治为墟。其后资金为家奴所杀,祀亦绝。万历中,流民李应辉据之,素狞悍,声教阻绝,州虽有流官,仅侨寓画诺耳。"

新化州摩沙勒巡检司[1]巡检

普远[2],马龙他郎甸长官司民。宣德年间,招抚流民,杀贼有功。正统十年,镇守太监保任摩沙勒巡检司土官巡检。奉圣旨:"准他冠带到任管事。钦此。"嘉靖十五年,云南布政使司将普远侄孙普仲义结送查明。本年闰十二月,奉圣旨:"是。钦此。"

【注释】

[1]新化州:明代州名,在今云南新平。《明史·地理志·云南》:"新化州,本马龙他郎甸长官司,洪武十七年四月置,直隶布政司。弘治八年改为新化州,万历十九年来属。"摩沙勒巡检司:明代土司机构名,在今云南新平。《明史·地理志·云南》:"新化州……又东南有马笼江,即礼社江,亦曰摩沙勒江,有摩沙勒巡检司。"

[2]普远:乾隆《云南通志·土司志·新化州摩沙勒土巡检》作"普宁",且相关事迹及子孙与此处所载亦有异:"普宁,明洪武中归顺,授土巡检。传至荣,荣传弟从化,从化传治,治传天晓。本朝平滇,天晓弟承勋投诚,授世职。康熙四年土司叛,承勋遁去。"

广西

田州府[1]知府

　　岑伯颜[2],即岑间[3],由世袭土官,洪武元年赍前朝印信[4]率众归附,复职。洪武二十年,授田州府知府。长男岑永通,授上隆州[5]知州。洪武二十六年[6],岑坚故,钦准承袭[7]。患病,长男岑祥,备方物马匹,赴京朝觐告替。永乐三年十二月,奉圣旨:"准他替职。钦此。"为事在监[8],病故。正妻李氏无子,本府奏,庶长男岑徽,年三岁,告系本官岑永宁[9]借职,永乐十七年四月,奉太宗皇帝[10]圣旨:"不准。只着他儿子做。钦此。"行令岑徽管事,被岑永宁毒死。奏提庶次弟岑绍,年一十一岁,不曾前来,今暂署府事。候十五以上,起送除授。洪熙元年闰七月,奉圣旨:"是。钦此。"宣德三年六月,该广西巡按御史奏题,奉圣旨:"他每[11]既体勘[12]明白,着岑绍做田州府知府。钦此。"总兵武毅[13],保男岑镛[14]。景泰二年三月,奉圣旨:"既武毅每[15]计议停当[16],准他替。钦此。"后岑绍病故,岑镛嫡长兄岑鉴不忿[17],兴兵赶逐岑镛于广西城[18]内,占据衙门。该会勘[19]得岑镛系妾子,比先伊[20]父溺爱,妄保揆越[21]替职。岑鉴系嫡长男,应合改正袭授知府。景泰四年六月,准就彼[22]袭职。岑镛仍令冠带[23],跟调总兵听调,不管府事。岑鉴故,无嗣。岑镛承袭,后故。男岑溥,成化十一年十一月,题准就彼冠带[24],到任管事。弘治九年,庶长男岑猇谋杀父岑溥[25],砍伤庶弟岑狮。后岑猇惧罪自刎身死[26]。奏保岑溥嫡男岑猛。弘治十一年五月,奉圣旨:"是。准他袭。钦此。"弘治十八年,该两广都御史潘蕃[27]等,该得[28]岑猛构成大祸,失陷府治[29],要将岑猛降为同知[30],本府改设流官知府。奏行,兵部会议[31],将岑猛降为世袭正千户[32],发福建沿海平海卫左所[33],带俸[34]。改设流官知府谢湖,管理府事。正德三年九月,都察院[35]等衙门,会同府部等官会议奏,奉圣旨:"是。岑猛本当重治,但先世多有功迹[36],着做本府同知,掌印管事。待后杀贼有功,奏

广　西　177

来定夺。钦此。"嘉靖二年,岑猛叛逆,诛剿[37],改田宁府,设流官。后卢苏、王受二头目不靖[38],仍降为田州,男邦相为判官[39]。

【注释】

[1]田州府:明代府名,治所先后在今广西田东、田阳。《明史·地理志·广西》:"田州,元田州路。洪武二年七月为府。嘉靖七年六月降为州,徙治八甲,而置田宁府于府城。八年十月,府废,州复还故治,直隶布政司。东南有南盘江。西有来安路,元属广西两江道,洪武二年七月为府,领归仁州、罗博州、田州,十七年复废。北有上隆州,元属田州路,洪武二年属府,成化三年徙治浔州府东北,更名武靖州。又有恩城州,元属路,洪武初属府,弘治五年废。东有床甲、拱甲、斐凤,西有武隆、累彩,北有邑马甲、篆甲,东北有下隆,东南有砦桑,西北有凌时,西南有万冈、阳院,又有大甲、子甲,又有县甲、怕河、怕牙、思郎、思幼、候周十九土巡检司。距布政司千六百里。"

[2]岑伯颜:元末明初广西田州人,元代时即为世袭土官,元廷任之为安抚总管。本名坚,"伯颜"乃模仿蒙古人名而改,以示献媚元廷。洪武元年,明军入广西,率众归附,得复任土官职。《田州岑氏土司族谱》则称:"明年丙申,明太祖洪武元年也(引者按:此误,洪武元年乃戊申年)。平章杨景(引者按:应为杨璟)下两广,公率上林邑令黄嵩、归德州牧黄隍城、向武州州牧黄荣,诸州纳款,缴元朝印绶。诏改田州路为府,授伯颜公知府事。时元有伯颜宰相,太祖恶其名,因赐公改名坚,且赐宴。下诏曰:'广西岑、黄二姓,乃五百年忠孝之家。敕礼部好好看待,着江夏侯送岑坚回田州,世守知府事,子孙代代相承替传。钦此。'"认为本名伯颜,为明太祖所改。但此说似为饰词,不甚可信。按:一些文献又载岑坚乃岑伯颜之子。如《明史·土司列传·广西土司二》:"洪武元年,大兵下广西,右江田州府土官岑伯颜遣使赍印诣平章杨璟降。二年,伯颜遣使奉表贡马及方物,诏以伯颜为田州知府,世袭,自是朝贡如制。六年,田州溪峒蛮贼窃发,伯颜讨平之。伯颜请振安州、顺龙州、侯州、阳县、罗博州、龙威寨人民,诏有司各给牛米,仍蠲其税二年。十六年,伯颜死,子坚袭。"

[3]间:应为"坚"之误。

[4]前朝印信:元朝颁发的官印。

[5]上隆州:明代土州名,在今广西巴马。《明史·土司列传·广西土司二》:"上隆州,宋

置,隶横山寨。元属田州路,明因之。后改隶布政司。洪武十九年,上隆知州岑永通遣从子岑安来贡,赐绮帛钞锭。"

[6]按此处云岑坚(岑伯颜)死于洪武二十六年,而《田州岑氏土司族谱》称"永乐元年,伯颜公卒";上引《明史·土司列传·广西土司二》又载"(洪武)十六年,伯颜死"。三种说法,未知孰是。

[7]钦准承袭:即"钦准岑永通承袭"。

[8]为事在监:因为犯事被监禁。按《田州岑氏土司族谱》载,岑祥奉命率土兵随都督柳升赴安南平乱时,因救助不及致使柳升战死,被逮捕押送京城,死于途中。

[9]岑永宁:文献中未查见此人资料。

[10]太宗皇帝:即朱棣。朱元璋第四子,本封燕王,后起兵推翻侄子建文帝朱允炆政权,自称皇帝,年号永乐,死后庙号太宗,后改为成祖。

[11]他每:他们。

[12]体勘:勘查。

[13]武毅:明代湖广华容人,武将,官至广西副总兵。

[14]岑镛:岑绍庶子。

[15]每:们;他们。

[16]停当:妥当。

[17]不忿:忿忿不平。

[18]广西城:指广西省城。

[19]该:该省。指广西三司。会勘:会同查勘。

[20]比先:先前。伊:他;他的。

[21]妄保:非法保荐。搀越:为"僭越"之误。僭越:超越本分。

[22]就彼:就在原籍。即不用赴京朝见皇帝。

[23]仍令冠带:仍然准许他穿戴官服。

[24]题准就彼冠带:奏告朝廷获准就在原籍穿戴官服任职。

[25]弘治九年,庶长男岑猇谋杀父岑溥:《明史·土司列传·广西土司二》载此事发生在弘治十二年:"弘治十二年,田州土官岑溥为子猇所杀,猇亦死。"

[26]砍伤庶弟岑狮。后岑猇惧罪自刎身死:《粤西文载》载苏濬《(广西)土司志》所载相关

内容与此有异,既无岑狮其人,岑猇亦非自杀:"溥二子:长猇,次猛。猇以失爱,杀溥。土目黄骥、李蛮共杀猇。"又一说岑猇为其祖母所杀,见明人应槚等《苍梧总督军门志》卷十八:"弘治六年,田州府土舍岑猇弑其父知府溥于江中,溥母岑氏执猇诛之。"

[27]潘蕃:明代浙江崇德人,成化二年进士,弘治间迁南京都察院右都御史,总督两广,仕至南京刑部尚书。

[28]该得:查得。

[29]岑猛构成大祸,失陷府治:指岑猛与思恩府知府岑濬结怨,被岑濬率军攻入田州府之事。事见《明史·土司列传·广西土司二》:"弘治十二年,田州土官岑溥为子猇所杀,猇亦死。次子猛幼,头目黄骥、李蛮构难,督府命濬调众护猛。骥厚赂濬,并献其女,且约分地与濬。濬以兵属骥,送猛至田州。不得入,猛遂久留濬所。及总镇诸官摄濬,乃出猛袭知府。濬从索故分地,不得,怒,约泗城、东兰二州攻劫田州,杀掠万计,城郭为墟。濬兵二万据旧田州,劫龙州印,纳故知府赵源妻岑氏。及总兵官诣田州勘治,黄骥惧,匿濬所。先是,濬筑石城于丹良庄,屯兵千余人,截江道以括商利,官命毁之,不听。会官军自田州还,乘便毁其城。……总督邓廷瓒奏:'濬屡抚不服,请调官军土兵分哨逐捕按问。如集兵拒敌,相机剿杀,并将田州土官岑猛一并区处,以靖边疆。'……十七年,濬掠上林、武缘等县,死者不可胜计。又攻破田州,猛仅以身免,掠其家属五十人。总镇以闻,兵部请调三广兵剿之。十八年,总督潘蕃、太监韦经、总兵毛锐调集两广、湖广官军土兵十万八千余人,分六哨。副总兵毛伦、右参政王璘由庆远,右参将王震、左参将王臣及湖广都指挥官缨由柳州,左参将杨玉、佥事丁隆由武缘,都指挥金堂、副使姜绾由上林,都指挥何清、参议詹玺由丹良,都指挥李铭、泗城州土舍岑接由工尧,各取道共抵巢寨。贼分兵阻险拒敌,官军奋勇直前,援崖而进。濬势蹙,遁入旧城,诸军围攻之。濬死,城中人献其首,思恩遂平。"

[30]同知:官名。明代一些朝廷机构及地方府州均有设置,是正长官的第一副手。此处指府同知,正五品。

[31]会议:会同商议。

[32]千户:军职官员名。

[33]平海卫左所:驻军机构名,在福建省。

[34]带俸:领取薪俸。土官本是不领取薪俸的。这里因将岑猛调往福建任职,所以特别给予领取薪俸。

[35]都察院:明代朝廷官署名,负责纠察百官等。

[36]功迹:应为"功绩"之误。

[37]岑猛叛逆,诛剿:此事在几种文献中有记载,详略不一。如《明史·土司列传·广西土司二》云:"岑猛已降福建平海卫千户,迁延不行。及湖至,复陈兵自卫,令祖母岑氏奏乞于广西极边率部下立功,以便祭养。诏总镇官详议以闻,总督陈金奏:'猛据旧巢,要求府佐,不赴平海卫。参政谢湖不即赴任,为猛所拒,纳馈遗徇其要求,宜逮问。'时猛遣人重赂刘瑾,得旨,留猛而褫湖,并及前抚潘蕃、刘大夏,猛竟得以同知摄府事。猛抚辑遗民,兵复振,稍复侵旁郡自广。尝言督抚有调发,愿立功,冀复旧职。会江西盗起,都御史陈金檄猛从征,猛所至剽掠。然以贼平故论功,迁指挥同知。非猛初意,颇犯望。……嘉靖二年,猛率兵攻泗城,拔六寨,遂克州治。岑接告急于军门,言猛无故兴兵攻寨。猛言接非岑氏后,据其祖业,欲得所侵地。时方有上思州之役,征兵皆不至,总督张嵿以状闻。四年,提督盛应期、巡按谢汝仪议大征猛,条征调事宜,诏报可。而应期以他事去,诏以都御史姚镆代,命悬金购猛。然镆知猛无反心,猛方奏辩,镆亦欲缓师。而巡按谢汝仪与镆郤,乃诬镆之子涞纳猛万金,廉得涞书献之。镆惶恐,乃再疏请征,于是部趣镆克期进。镆偕总兵官朱麒发兵八万,以都指挥沈希仪、张经等统之,分道并入。猛闻大兵至,令其下毋交兵,裂帛书冤状,陈军门乞怜察。镆不听,督兵益急。沈希仪斩猛长子邦彦于工尧隘,猛惧,谋出奔。而归顺州知州岑璋,猛妇翁也,其女失爱,璋欲藉此报猛,乃甘言诱猛走归顺,鸩杀之,斩首以献。"岑猛之死,在嘉靖五年。

[38]卢苏、王受二头目不靖:卢苏原是岑猛手下土官头目,王受是思恩府土官头目,岑猛死后,二人联手造反。明廷遣名臣王守仁为两广总督,率军讨伐,王守仁招抚二人,将田州府、思恩府分出多个土巡检司,削弱原先岑氏等土司的势力。此事在几种文献中有记载,详略不一。如明人田汝成《炎徼纪闻》云:"未几,田州土目卢苏纠思恩土目王受等挟邦相反,两江皆震。……吏部侍郎桂萼言提督两广非新建伯王守仁不可。上从之,敕守仁兼兵部尚书总制两广、江、湖四省军务。……六年十一月,守仁至苍梧。时诸夷闻守仁先声,皆股栗听命。而守仁顾益韬晦,见田州已张,岑氏不可遂灭,乃以明年七月至南宁,使人约降苏、受,苏、受许诺,而以精兵二千自卫,至南宁投见有日矣。而守仁所爱指挥王佐门客岑伯高,雅知守仁无杀苏、受意,使人言苏、受须纳万金丐命。苏、受大悔,恚言督府绐我,且仓猝安得万金,必欲万金,有反而已。守仁有侍儿,年十四矣,知佐505谋,夜入帐中告守仁,守仁大惊,达旦不寐,使人言苏、受毋信谗言,我必不杀若等也。苏、受疑惧未决,言来见时必陈兵卫,守仁许之。苏、受复言军门左右祗

广 西 181

候,须尽易以田州人,不易即不来见。守仁不得已又许之。苏、受入军门,兵卫充斥,郡人大恐。守仁数之,论杖一百,苏、受不免甲而受杖,杖人又田州人也。诸夷皆惊,莫测守仁意指。守仁乃疏言思、田构祸,荼毒两省,已逾二年。兵力尽于哨守,民脂竭于转输,官吏罢于奔走,地方臲卼如破坏之舟,漂泊风浪,覆溺在目,不待智者而知之。必欲穷兵雪愤以歼一隅,未论不克,纵使克之,患且不守。况田州外捍交趾,内屏各郡,深山绝峪,猺獠盘踞,尽诛其人,异日虽欲改土为流,谁为编户? 非惟自撤其藩篱,而拓土开疆,以资邻敌,非计之得也。今岑氏世效边功,猛独讳误触法,虽未伏诛,闻已病死。臣谓治田州非岑氏不可,请降田州为州治官,其子邦相为判官,以顺夷情。分设土巡检以卢苏等为之,以杀其势。添设田宁府,统以流官知府,以总其权。又言文臣如左布政使林富宜为巡抚,武臣如都指挥同知张佑宜为总兵。上皆嘉纳,从之。"

[39]男邦相为判官:岑邦相,岑猛之子,得任田州判官,后被卢苏所杀。《蛮司合志》载其事略云:"乃以岑邦相为判官,以张佑充副总兵镇守其地,敕曰:'满三年乃代。'时邦相才十六,佑儿子畜之。而卢苏自矜兴复岑氏功,专制生杀,威行部中,号曰'布伯'。'布伯'者,犹华言'主管'也。邦相拥虚位,不平,遂与卢苏有隙。会张佑将代,望邦相厚赂己。邦相但治供具,无所赂。佑大怒,乃以他事挞邦相。而阴与苏比,购邦彦子芝。已髡髭,育之别所。邦相欲杀芝,不得。适佑不果代,留镇。督府以西山之役,檄佑从征。佑遂置芝衣篋中以行。而邦相乃治供具毒佑,佑死,芝奔梧州。都御史陶谐亦儿子畜芝。于是卢苏遣人刺邦相,不得。邦相召土目罗玉、戴庆谋代苏,苏觉,称疾不出。会其妻生日,诸土目率妻子来贺,且争入问疾。苏伏甲卧内,而后出见诸土目。……因劫诸土目,曰:'邦相之不德,公等所素知也。孺子芝,实岑氏裔,不于此时立,而安立乎?'诸土目皆顿首,曰:'唯命。'苏乃闭诸土目妻,曰:'乞留此为质。'即日以甲士千人攻邦相,弑之,焚其尸。赂都御史谐,言邦相病死无后,芝当立。遂立芝,归田州。"

思明府上思州[1]知州

黄宗荣[2],江州[3]土官籍款[4]。洪武二年九月内给降印信,开设衙门。为因土官黄英杰作耗[5]残民,无土民抚恤,申奉本府,委领江州致仕土官黄威庆[6]次男黄中荣护印[7],署理州事[8]。三十三年[9]二月,除同知。后有本州土民陈用等,并思明府土官知府黄广成,赴京告保黄中荣升知州。永乐元年正月,奉钦依:"既是知府与土民保他,他又首先来朝,升做知州,只不做世袭。若不守法度时,换了。钦此。"病,亲男黄智永告替。十一年二月,奉圣旨:"准他替。钦此。"正统九年故。男黄瑛袭职[10]。景泰四年六月,奏准就彼冠带。

【注释】

[1]思明府:明代府名,治所在今广西宁明。《明史·地理志·广西》:"思明府,元思明路。洪武二年七月为府,直隶行省。九年直隶布政司。南有明江,有永平寨巡检司。领州三。北距布政司二千二百里。"上思州:明代州名,本属思明府,后改属南宁府,在今广西上思。《明史·地理志·广西》:"上思州,元属思明路。洪武初废。二十一年正月复置,属思明府。弘治十八年来属。南有十万山,上思江出焉,东流合西小江,西即交趾所出之左江也。又有明江,亦出十万山,西流入思明府界。又西有迁隆峒土巡检司。东南距府三百里。"

[2]黄宗荣:后文作黄中荣。按《明史·土司列传》:"上思州,唐始置。元属思明路,洪武初,土官黄中荣内附,授知州。"应以黄中荣为是。

[3]江州:明代州名,在今广西崇左市江州区。《明史·地理志·广西》:"江州,元属思明路,洪武二十年直隶布政司。东有归安水,西有绿眉水,下流俱合于丽江。领县一。距布政司二千一百十里。"

[4]籍款:户籍所在;籍贯。

[5]作耗:作恶。

[6]黄威庆:土官,洪武间任江州土知州。参见下文《江州知州》篇。

[7]护印:代理掌管官印。

[8]署理州事:担任代理知州处理公事。

[9]三十三年:洪武年号无三十三年,实为建文二年(1400)。

[10]男黄瑛袭职:按明人应槚等《苍梧总督军门志》卷四《广西布政司·南宁府》所载上思州土官承袭,与此处所载有异:"西南三百里曰上思州。……唐置,属迁隆峒。元属思明路。明兴因之,设流官吏目一员;土知州黄中荣,江州知州黄感庆之三子也。故,子智永袭,故。三子:长英,次敬,又次球。英先亡,而英之子鋆当袭,为其下林□所杀。敬之子鎏欲立其子理,不得,

举兵劫州,杀銎之子濸、汉,支解之。理诛,改设流官知州。"

上林县[1] 知县

黄自诚,本县世袭土官知县。父黄京,前元[2]病故。自诚年幼,缺官,委令叔黄廓署事。后自诚习练老成[3],洪武十年实授袭职。二十八年患病,男黄嵩[4]告替。三十二年[5]准袭。故。男黄庆[6],永乐十六年正月奉圣旨:"准他袭。钦此。"故。男黄澄署印[7]。故。总兵官等照敕事理,将次男黄济勘明,准令就彼冠带[8]承袭。天顺三年七月,奉圣旨:"是。钦此。"故。男黄琼,成化十三年题准[9],就彼冠带,到任管事。

【注释】

[1]上林县:明代广西县名。按明代广西有两个上林县。《明史·地理志·广西》思恩府:"上林,府西南。元属田州路。洪武二年属田州府。嘉靖七年七月来属。北有南盘江,南有大罗溪,东流合焉,即枯榕江之下流也。"在今广西田东。亦即本文所指的土官治理的上林县。又《明史·地理志·广西》柳州府:"宾州……领县二:迁江,州北。……上林,州西少北。西有大明山,澄江出焉,亦名南江,东合北江,又东入迁江县之大江。西北有三里营,南丹卫在焉。卫旧在南丹州,洪武二十八年八月置,二十九年正月升军民指挥使司,寻罢军民,止为卫。永乐二年十二月徙上林县东,正统六年五月徙宾州城,与宾州千户所同治,万历八年徙于此。西南有周安堡,在八寨中,旧为猺獞所据,嘉靖三年讨平之,万历七年改属南丹卫。西北有三畔镇巡检司。又东北有琴水桥、东南有思龙镇、又有三门滩镇三巡检司。"在今广西上林。

[2]前元:先前的元朝。

[3]习练老成:经过学习磨练熟悉了土官职事。

[4]黄嵩:明人应槚等《苍梧总督军门志》卷四《广西布政司·上林县》载黄嵩为明代上林县首任土官知县:"土官黄嵩,洪武二年授知县。故,子伯庆袭。故,子济袭。故,子琼袭。故,

绝。伯福孙顺袭。"

[5]三十二年:洪武年号无三十二年,实为建文元年(1399)。

[6]黄庆:《苍梧总督军门志》卷四《广西布政司·上林县》作黄伯庆。

[7]署印:代理土知县之职掌管官印。

[8]就彼冠带:就在原地穿戴官服。即允许该土司不必来京朝见。

[9]题准:奏报获准。

果化州[1]知州

赵永全[2],本州籍。洪武二年授知州,故。男赵荣宗,二十六年袭。永乐四年,随兵征进,被药箭伤,不能行动。男赵英,永乐七年八月奉令旨:"准他袭职。敬此。"赵英被贼药弩箭射伤,不能管事。男赵勉告替,缘未经二司[3]覆勘。正统元年十一月,奉圣旨:"广西路途窵远[4],既经布政司审勘,且准他替。还行文书去,着都按二司覆勘。如果不实,具奏定夺。钦此。"患箭伤疾,不能任事。男赵腾听调杀贼,三司会奏。成化二年正月,题准行令,已冠带未袭职[5]赵腾,照旧跟随军前杀贼,候事宁之日,到任管事。故。弟赵胜,十三年二月题准,就彼冠带,到任管事。

【注释】

[1]果化州:明代州名,先属田州府,后改属南宁府,在今广西平果。《明史·地理志·广西》:"果化州,元属田州路。洪武二年属田州府。嘉靖九年十二月来属。南盘江在西。东南距府三百二十里。"

[2]赵永全:《明史·土司列传·广西土司一》所载洪武二年得授果化州知州的土官为赵荣:"果化州,宋始置。元属田州路。洪武二年,土官赵荣归附,授世袭知州,以流官吏目佐之。洪熙元年,果化州土官赵英遣族人赵诚等贡马及方物。弘治间,州与归德皆为田州所侵削,因

改隶于南宁。"未知孰是。

[3]二司:此处指指挥使司和按察使司。即后文的"都按二司"。

[4]窎(diào)远:距离遥远。

[5]已冠带未袭职:已经获准穿戴土官官服但尚未获准正式袭任土官职位。

归德州[1]知州

黄胜聪,本州在城籍[2]。有兄知州黄安,丁未年[3]病故。男黄碧,年方一岁,胜聪接袭[4]。洪武二年实授知州[5]。十三年,将印信交与黄胜[6]妻岑氏收管,弃职。弟黄胜全,掌署州事。十九年,自愿逊职[7]与祖父黄碧[8]承袭。二十年,实授知州。故。男黄高,永乐二年三月奉圣旨:"那黄高既是府州都保结明白,就准他袭了知州。钦此。"故。男黄宇,景泰四年正月奏准,就彼冠带管事。故。男黄通,成化十三年四月奉圣旨:"是。黄通准袭依父[9]原职。钦此。"笃疾[10],要将男黄克显告袭查勘。正德四年,勘得黄通委[11]成笃疾,黄克显病故,止有男黄文正,年方五岁,除行守巡[12]等官查勘,应否承袭,另行回报按候[13]。

【注释】

[1]归德州:明代州名,先属田州府,后改属南宁府,在今广西平果。《明史·地理志·广西》:"归德州,元属田州路,洪武二年属田州府。弘治十八年来属。郁江在西南。东南距府三百五十里。"

[2]在城籍:指户籍在州城内。

[3]丁未年:此处指元顺帝至正二十七年(1367)。

[4]胜聪接袭:按明人应槚等《苍梧总督军门志》卷四《广西布政司·南宁府》所载归德州土官,无黄胜聪其人,其他土官姓名亦与此处所载多有不同:"西二百五十里曰归德州。……宋熙宁中置,隶横山寨。元属田州路。明兴因之,设流官吏目一员。土官黄隍城,洪武二年授知

州。故,子志强疾,次子志隆袭。故,子胜恩袭。故,子碧袭。故,子高袭。故,子宇袭。故,子通袭。故,子克显未袭故,子文政袭。绝。志强子胜茂生永,为田州府收禁,夺其印,以黄蛮管州事。通之孙文告复,故,绝。以志强玄孙浩之子马袭。又为黄蛮所杀,绝。今黄诚袭,盖浩之长子佛所生也。弘治十八年改今属。"

[5]洪武二年实授知州:按《明史·土司列传·广西土司一》所载,洪武二年得授归德州知州的土官并非黄胜聪,而是黄隍城:"归德州,宋熙宁中置。元属田州路。洪武二年,土官黄隍城归附,授知州,以流官吏目佐之。"

[6]黄胜:应为"黄胜聪"之误。

[7]逊职:辞去职务。

[8]祖父黄碧:此称谓误。按照上文所记,黄胜聪是黄安的弟弟,黄碧是黄安的儿子,则黄胜聪是黄碧的叔叔。而黄胜全是黄胜聪的弟弟,也是黄碧的叔叔,黄胜全不可能称黄碧为祖父。

[9]依父:他的父亲。依:为"伊"之误。伊:他。

[10]笃疾:重病;病重。

[11]委:确实。

[12]行:行令;命令。守:总兵镇守官或太监镇守官。巡:巡按御史。

[13]按候:调查实情并等候圣旨。

思恩[1]军民府知府

岑永昌,原系思恩州在城籍,系本府[2]土官知府岑坚[3]第三男。前元有兄岑永泰,随父岑坚同诣军前纳款[4]。洪武二年,颁降思恩州印信与兄岑永泰任知州。故,无儿男。岑永昌系亲弟,告袭除故兄知州职事。永乐四年患病,次男岑瓛告替[5]。七年五月,奉令旨:"准他替做知州,便与冠带。敬此。"故,绝。十八年,弟岑瑛袭职。杀贼有功,正统三年,升田州知府,仍掌思恩州事。四年,改为思恩府,岑瑛就授本府知府。杀贼有功,升亚中大夫[6]。十二年,复改为思恩军民府,岑瑛仍任前职。杀贼有功,即升正议大夫[7]。天顺元年七月,奉圣旨:"岑瑛既历练老成,累有军功,不为例改升都指挥同知[8],仍听总兵镇守官[9]调用,还写敕与他知道。钦此。"故。岑镔袭职。故。该总兵官等照敕事理[10],将弟岑璲勘明,准令就彼承袭管事。天顺三年七月,奉圣旨:"是。钦此。"故。庶长男岑璇,预先冠带,协同管事,待出幼[11]授职。成化十五年,布政司造来土官册内,开有岑璲弟三妾黄氏生男岑璇,年方三岁。至成化二十一年,扣[12]年九岁,题奉钦依:"岑璇准冠带,协同管事。钦此。"弘治七年,出幼袭职。本月奉圣旨:"是。钦此。"

【注释】

[1]思恩:明代府名。本为州,正统间升为府。《明史·地理志·广西》:"思恩军民府,元思恩州,属田州路。洪武二年属田州府,后属云南广西府。永乐二年八月直隶广西布政司。正统四年十月升为府。六年十一月升军民府。旧治在府西北。正统七年迁府东北之乔利。嘉靖七年七月又迁武缘县止戈里之荒田驿,因割止戈二里属之。……领州二,县二。东北距布政司千二百里。"主要治所在今广西南宁市武鸣区。

[2]本府:此处指田州府。思恩州原隶属于田州府。

[3]岑坚:明代首任田州府知府。参见前文《田州府知府》篇注释。

[4]纳款:降顺。

[5]次男岑瑆告替:按《明史·土司列传·广西土司二》所载,是岑瑛直接承袭田永昌之职,与此有异:"明洪武二十二年,田州府知府岑坚遣其子思恩州知州永昌贡方物。二十八年,归德州土官黄碧言,思恩州知州岑永昌既匿五县民,不供赋税,仍用故元印章。帝以不奉朝命,命左都督杨文相机讨之,既以荒远不问。永乐初,改属布政司,时居民仅八百户。永昌死,子瑛袭。宣德二年,瑛遣弟瑆贡马。正统三年进瑛职为知府,仍掌州事。"

[6]亚中大夫:明代官员均有散阶官衔,是一种荣誉官称,根据正式官品的级别和功勋授予,共四十二种。亚中大夫是授予从三品官的称号。岑瑛的官职为知府,官品本是正四品,不应得亚中大夫衔;但他军功多,又是土司,所以散阶官衔得提高一级。

[7]正议大夫:散阶官衔名,是授予正三品官的称号。

[8]都指挥同知:明代高级军官名,都指挥使的副手,在武官品级中为从二品。

[9]总兵镇守官:明代朝廷派驻镇守某省或某地的军事大员。

[10]照敕事理:按照圣旨意思处理。

[11]出幼:长大成人。

[12]扣:合。

向武州[1]知州

黄世彧[2],田州府富劳县[3]民。洪武二年,除本县知县。二十八年,因见黄世铁任向武州知州,与镇安府[4]争占地方,大军征剿,彼时世彧惧怕,带印信逃往泗城州[5]潜住。三十二年[6],总兵官招回,仍原管地方。有向武、富劳等州县头目黄五等,告保除任[7]向武州土官,带管富劳县事。三十五年[8]十一月,奉圣旨:"已前太宗皇帝[9]时,有罪的人便罪[10]了,饶了便是好人。似这几个土官,他每[11]自知过,出来认纳粮差[12],又抚安得土人好,合当[13]便着实用他。钦此。"故。男黄嗣谦,永乐十三年八月奏准袭。故,绝。侄黄宗荫,袭任奉议州知州,本部奏准带管本州。故。男黄文昶,袭向武州知州。景泰四年六月,奏准就彼冠带。故。男黄文显袭。故,绝。奏保黄文昶侄男黄瑛应袭,成化十五年八月,奉圣旨:"是。钦此。"流官吏目[14]潘岳,奏称户绝。弘治四年十二月内查勘,未报。

【注释】

[1]向武州:明代州名,在今广西天等。《明史·地理志·广西》:"向武州,元属田州路。洪武二年七月属田州府。二十八年废。建文二年复置,直隶布政司。旧州在东。万历四十五年迁于乃甲。南有枯榕江,下流入于右江。"

[2]黄世彧:《广西土司志》作黄世彧,应是。明人应槚等《苍梧总督军门志》卷四《广西布政司·向武州》即作"黄世彧"。而据《苍梧总督军门志》,明代向武州的首任知州亦非黄世彧:

"向武州，……明兴，洪武间改置向武军民千户所。三十三年罢所，复置州，直隶广西布政司。设流官吏目一员。土官黄志威，洪武二年授知州。七年，随征来安岑郎广有功，授奉议州知州，兼管向武州富劳县，直隶广西布政司。故，子世秩袭，绝。次子世彧任富劳县兼管向武州。故，长子嗣昌袭奉议州，次子嗣谦袭向武州，绝。昌子宗荫袭。"所述土官世次与此处内容亦有不同处。

[3]富劳县：明代县名，在今广西天等。《明史·地理志·广西》："富劳县，元属田州路，洪武二年属田州府，寻为夷獠所据，建文四年复置，后废。"

[4]镇安府：明代府名，治所在今广西德保。

[5]泗城州：明代州名，在今广西凌云。

[6]三十二年：洪武三十二年，实为建文元年(1399)。

[7]告保除任：禀告官府保举黄世彧担任。

[8]三十五年：洪武三十五年，实为建文四年(1402)。

[9]已前：以前。太宗皇帝：为"太祖皇帝"之误。"太宗"为明成祖朱棣死后的庙号，此时他还未做皇帝，不可能有此号。

[10]罪：治罪；惩罚。

[11]他每：他们。

[12]粮差(chāi)：向政府交纳的公粮和官府派遣的劳役。

[13]合当：理应；应该。

[14]吏目：明代官名，此处指州吏目，知州的属官，从九品。

都康州[1] 知州

冯大英，前元[2]任本州知州。故。男冯德高袭职，兼镇边万户[3]。故。男冯原保袭职。洪武元年，被富劳县土官黄世威等赶杀，占管本州，奔投镇安府藏住。病故。冯进福，系冯原保嫡长亲男，一向流落镇安府，不能出官。后大军剿捕，开设奉议军民卫所[4]衙门，蒙总兵官招回，仍守原管地方，就蒙具奏署事。三十五年[5]十一月,奉圣旨:"已前太祖皇帝时,有罪的人便罪了,饶了的便是好人。是,这几个土官,他每既自知过,出来认纳粮差,又抚得土人好,合当便着实用他。钦此。"故。长男冯斌,永乐九年闰十二月奉圣旨:"着他袭。钦此。"故。长男冯智洪,正统元年三月,奉圣旨:"广西路远,且准他袭。还行文书,着三司体覆[6],如果不实,就拿解[7]来京。钦此。"故。总兵等官照敕事理,将男冯哲勘明,准令就彼承袭。天顺三年七月,奉圣旨:"是。钦此。"故。绝。堂弟冯皓[8],成化十三年七月,题准就彼袭职。

【注释】

[1]都康州:明代州名,在今广西天等。《明史·土司列传·广西土司二》:"都康州,宋置,隶横山寨。元属田州路。洪武间,为蛮僚所据。三十二年复置,隶布政司。土官冯姓。其界东南抵龙英,西至镇安,北至向武。"

[2]前元:元朝;先前的元朝。

[3]镇边万户:军事机构官职名。

[4]奉议军民卫所:军事机构名,设于奉议州(在今广西田阳),后迁离。《明史·地理志·广西》:"平南府,东。东南有龚江,即浔江也,东有白马江流入焉。又有奉议卫,洪武二十八年八月置于奉议州,正统六年五月迁于此。"

[5]三十五年:洪武三十五年,实为建文四年(1402)。

[6]体覆:核查回复。

[7]拿解:逮捕押解。

[8]冯皓:据明人应槚等《苍梧总督军门志》卷四《广西布政司·都康州》载,冯皓为冯哲叔父冯智海之子。

江州[1]知州

黄威庆,系本州土官知州。长男黄中立,洪武二十二年替。永乐四年,征进失陷[2]。头目陆郭安等保男黄智贤[3]袭,本年七月,奉圣旨:"知州的有男,着吏部准他袭职。钦此。"十一月,被头目杀死。次男黄智斌,十五年八月奉圣旨:"是。准他袭。钦此。"故。堂侄黄能政到部议题[4]。正统二年九月,奉圣旨:"既有广西三司当该官吏委官人等保结[5],宗图[6]起送黄能政到官,准他袭职。回去仍再体勘[7],若有不实,仍再体勘[8],另行定夺。钦此。"故。无嗣,庶弟黄能广,景泰四年六月,奏准就彼冠带。患疾,男黄海,成化二年正月,题准就彼袭职,照旧军前杀贼,事宁[9]之日,到任管事。

【注释】

[1]江州:明代州名,在今广西崇左市江州区。《明史·土司列传·广西土司三》:"江州,界东抵忠州,西抵龙州,南抵思明,北抵太平府。其州宋置,隶古万寨。元属思明路。明初,土官黄威庆归附。授世袭知州,设流官吏目以佐之,直隶布政司。"

[2]征进失陷:在战事中失利阵亡。

[3]黄智贤:明人应槚等《苍梧总督军门志》卷四《广西布政司·江州》所载土官无此人,且开列其他土官姓名、袭次等与此处内容亦有异:"土官黄威庆,洪武二年授知州。子中立袭,陷于交阯,绝。庆次子忠州知州中谨兼知州事。故,子智高袭。故,子能政袭,绝。次子能广袭。子海袭。故,子永钦袭,为其下陆宣所杀,绝。海次子永铅袭。故,子恩袭。"

[4]到部议题:来到吏部申请奏报袭职。

[5]当该官吏委官人等:各官府负责此事的官员。保结:出具担保书。

[6]宗图:(查核)土官宗族图谱。

[7]体勘:体察核实。

[8]仍再体勘:此句应属赘笔。

［9］宁:安定。

罗白县[1]知县

梁原泰,洪武元年款附[2]。三年,授本县土官知县。五年,征进[3]被伤。二十三年,嫡男梁敬斌替职[4]。故。无子,亲弟梁敬宣告袭。谋杀本州知州黄智斌,重刑监侯[5]。梁永现,的系[6]已故土官知县梁敬斌嫡子[7],应袭,连人送部。宣德十年十二月,奉圣旨:"梁永现,既有各该官吏保结明白,便着他袭故父梁敬斌职事。钦此。"

【注释】

［1］罗白县:明代县名,在今广西崇左市江州区。《明史·地理志·广西》:"罗白,州东北。洪武三年置,属思明府,后来属(江州)。南有陇冬水,下流入于丽江。"

［2］款附:归附;降顺。

［3］征进:随军征战。

［4］二十三年,嫡男梁敬斌替职:按《明史·土司列传·广西土司三》所载,与此处有异:"江州,……领县一,曰罗白。洪武初,土官梁敬宾归附,授世袭知县。敬宾死,子复昌袭。永乐间,从征交阯被陷,子福里袭。"

［5］监侯:为"监候"之误。监候,指"斩监候",即判处死刑收监等候执行。

［6］的系:的确是。

［7］梁永现,的系已故土官知县梁敬斌嫡子:此语与上文"嫡男梁敬斌替职。故。无子"之语矛盾。

镇安府[1]知府

　　岑天保,本府土官籍。洪武二年,授知府。故。嫡长男岑志刚,二十八年十一月袭。永乐元年,患病。男岑永寿署事。八年正月,奉令旨:"既有残疾,准他儿子替了。掌印凡有的事务,还要岑志刚管办。敬此。"老疾。儿岑元气,正统九年正月奉圣旨:"岑元气,既广西三司保勘明白,极边[2]关隘缺人管束,准他就那里替职管事。不为例。钦此。"故。弟岑元全,会勘应袭,就于军前冠带袭职,听用杀贼,会奏明白。成化二年正月,题准袭职知府,岑元全照旧军前杀贼,事宁之日,到任管事。故。男岑釲,十三年七月,题准,就彼冠带袭职。故。嫡长男岑金,弘治十年十月,奉圣旨:"准他袭。钦此。"故。男岑㻞应袭。又该太监[3]潘忠等奏称:"本府地方,设在极边,与归顺州土舍岑璋[4]有仇,屡被侵占。乞免岑㻞赴京,就彼冠带,准与实授。"本月,奉圣旨:"是。着做知府,还不与袭[5]。钦此。"

【注释】

　　[1]镇安府:明代府名,治所在今广西德保。《明史·地理志·广西》:"镇安府,元镇安路,洪武二年为府。西有镇安旧城。洪武二年徙于废冻州,即今治也。南有驮命江,下流合郁江。又有逻水,发源府北土山峡中,下流至胡润寨,与归顺州之逻水合,有湖润寨巡检司。距布政司二千二百里。"

　　[2]极边:最为边远之地。

　　[3]该太监:指皇帝派驻广西的镇守太监。明朝宦官势力甚大,在各省会及其他重要地方都有常驻的镇守太监。

　　[4]归顺州:参看下文《归顺州土官知州》篇注释。土舍:土官。岑璋:土官名,弘治、正德、嘉靖间任归顺州知州。

　　[5]不与袭:不准他的子孙世袭土官职位。

归顺州[1]土官知州

岑瑛[2],系峒[3]主。加调报效[4]土兵三千名临敌,各兵勇健,获功尽多。先,该峒老[5]黄昌等累告复设州治,举保岑瑛授以知州职事。会议[6],得[7]峒主岑瑛授以知州。弘治九年十月,奉圣旨:"是。钦此。"[8]

【注释】

[1]归顺州:明代州名,在今广西靖西。《明史·地理志·广西》:"归顺州,元属镇安路,洪武初废为洞。弘治九年八月复置,属镇安府。嘉靖初,直隶布政司。东北有龙潭水,南入交趾高平府界。又南有逻水,发源西北鹅槽隘界。距布政司二千三百二十里。"

[2]岑瑛:此岑瑛与上文的思恩府土官知府岑瑛非同一人。

[3]峒:土官建制的一种,其长官称知峒或峒主,地位较低,无官品。

[4]加调报效:在上司调派他的土兵时自己增加人数以示效忠报国。

[5]峒老:峒中德高望重的老人。

[6]会议:相关官府会同商议。

[7]得:决定推荐。

[8]按:《明史·土司列传·广西土司三》所载归顺州土司之事更为详尽:"归顺州,旧为峒,隶镇安府。永乐间,镇安知府岑志纲分其第二子岑永纲领峒事,传子瑛,屡率兵报效。弘治九年,总督邓廷瓒言:'镇安府之归顺峒,旧为州治,洪武初裁革。今其峒主岑瑛每效劳于官,乞设州治,授以土官知州。凡出兵,令备土兵五千;仍岁领土兵二千赴梧州听调。'诏从之,增设流官吏目一员。瑛死,子璋袭。复从璋奏,以本州改隶布政司。"

思明府[1] 知府

　　黄忽都,世袭土官籍,前元授武略将军、思明路军民总管[2]。洪武元年款附,二年,开设衙门,授思明府知府。故。男黄广平袭[3]。故。无子,次男黄广成署事。二十八年,奉圣旨:"准他袭。钦此。"故。长男黄瑆,永乐十一年六月,奉圣旨:"着他袭了。钦此。"风疾[4],本年五月,男黄钧替。被族人黄政等杀死。奏保男黄道就彼冠带袭职。弘治六年,患病,嫡长男黄光燮,查无三司会奏行勘,未报。正德三年十二月,俱故[5]。覆勘土舍黄旸,系嫡长亲孙,应袭祖职。及称该府设近安南[6]地方,合照岑溇事例,免其赴京,欲令就彼冠带袭替。本月,奉圣旨:"是。黄旸着做知府,还不世袭。钦此。"

【注释】

[1]思明府:明代府名,治所在今广西宁明。《明史·地理志·广西》:"思明府,元思明路,洪武二年七月为府,直隶行省。九年,直隶布政司。南有明江,有永平寨巡检司。领州三。北距布政司二千二百里。"

[2]思明路军民总管:元朝在广西设置的土官名。此职本是黄忽都之父黄武胜所有,黄忽都世袭而得。

[3]黄广平袭:按黄广平袭职在洪武二十四年。《明史·土司列传·广西土司二》:"思明,唐置州,隶邕州。宋隶太平寨。元改思明路。洪武初,改为府。二年,土官黄忽都遣使贡马及方物。诏以忽都为思明府知府,世袭。十五年,忽都复遣其弟禄政奉表来贡,诏赐钞锭。二十三年,忽都子黄广平遣思州知州黄志铭率属部,偕十五州土官李圆泰等来朝。明年,广平以服阕,遣知州黄忠奉表贡马及方物。诏广平袭职,赐冠带袭衣,及文绮十匹、钞百锭。二十五年,凭祥峒巡检高祥奏,思明州知州门三贵谋杀思明府知府黄广平,广平觉而杀之,乃以病死闻于朝,所言不实。诏逮广平鞫之。既至,帝谓刑部曰:'蛮寇相杀,性习固然,独广平不以实言,故绳以法。今姑宥之,使其改过。'命给道里费遣还。是后朝贡如例。"

[4]风疾:得中风之病。按:黄瑚非病死,乃被其兄黄纮杀死,其子黄钧也一同被杀。杀人者亦非此处所说的"族人黄政"。此事在明人田汝成《炎徼纪闻》、明人应槚等《苍梧总督军门志》及《明史·土司列传》、清毛奇龄《蛮司合志》均有记载。《明史·土司列传·广西土司二》:"宣德元年,……土官知府黄瑚奏凭祥岁凶民饥,命发龙州官仓粮振之。正统七年,瑚遣使入贡。九年,贡解毒药味,赐钞锦。景泰三年,瑚致仕,以子钧袭。瑚庶兄都指挥纮欲杀钧,代以己子。纮守备浔州,托言征兵思明府,令其子纠众结营于府三十里外,驰至府,袭杀瑚一家,支解瑚及钧,瓮葬后圃,仍归原寨。明日,乃入城,诈发哀,遣人报纮捕贼,以掩其迹。方杀瑚时,瑚仆福童得免,走宪司诉其事,且以征兵檄为证。郡人亦言杀瑚一家者,纮父子也。副总兵武毅以闻,将逮治之。纮自度祸及,及谋迎合朝廷意,遣千户袁洪奏永固国本事,请易储。奏入,帝曰:'此天下国家重事,多官其会议以闻。'纮为此举,众皆惊愕,谓必有受其赂而教之者,或疑侍郎江渊云。事成,纮得释罪,且进秩。英宗复辟,纮闻自杀。帝命发棺戮其尸,其子震亦为都督韩雍捕诛。"此一记载本之《炎徼纪闻》卷二:"黄纮者,思明府夷酋也。上世皆土官,弟瑚以世嫡为思明府知府。正统中,纮以捍御功授丘温卫指挥,累迁广西都指挥使,守浔州者八年,威振境内。景泰二年八月,纮之嫡子铼怨不得袭,纮以计授之,聚兵五千,围府执瑚及兄钧等弑之。已而又图夺嫡,乃尽发铼罪,使其子灏阳闻于官,若欲为瑚伸理者。巡抚刑部侍郎李棠、总兵都督金事武毅廉鞫实之,纮坐罪当死。时纯皇帝在东宫,景皇帝有子曰见济,纮遣人入京,先赂用事者,乃具奏,请立见济为皇太子。景皇帝大悦,命礼部会廷臣议。大学士陈循力主之,将复疏署名,吏部尚书王翱有难色,循持笔作半跪强之,翱不得已亦署名上,如所请。于是,宪宗出就沂邸,大臣皆进官,行赏有差。翱得赐元宝,顿首扣案,叹曰:'此朝廷何等大事,乃出一蛮夷耶?吾侪愧死矣。'纮蒙大赦,原免复职、赐诰命,极其褒奖,进都督,充参将,势焰熏灼,人多趋其门。棠致仕。未几,见济薨,谥怀愍太子。英皇复辟,宪宗复位东宫。时纮已死,命发棺鞭其尸。"

[5]俱故:按黄道及其子黄光燮(一作黄光壁)非病故,乃被黄绍(黄纮之孙)杀死。明人应槚等《苍梧总督军门志》卷十八:"弘治十八年,夷民黄绍构乱于思明,伏诛。景泰间,思明知府黄瑚老,传位于庶子钧,而嫡子铼怨之,谋于瑚之弟纮,纮遣其子震以兵袭瑚、钧,杀之。寻纮、铼皆为官兵所获,而震与其子绍遁入龙州。成化戊子,总督都御史韩雍始捕震,诛之。绍度不得免,遂治兵于况村。乙未,破思明州,与其长子文昌。乙巳,又破下石西州,与其次子文盛。弘治甲寅,又破上石西州,与其子文华。丙辰,遣兵陆光鸩杀知府黄道之子光壁,寻又遣兵赵保安刺道,死之。遂据有府治。至是,督府命副总兵欧磐率兵破之。"

广 西 197

[6]安南:今越南。明代前期是中国的一个省。

冯祥县[1]知县

李德愆,思明府冯祥洞土人。洪武二十八年赴京,除授上石西州[2]知州。故。男李寿贤,接管洞事。洪武元年归附,将本洞印记,差头目李处等赍赴总兵官交割后,各洞兵罢。洪武二年,授广西省冯祥洞知洞[3]残疾。男李升,二十四年钦做[4]世袭巡检。二十八年九月,除冯祥巡检司世袭土官巡检,照流[5]一同管事,还着流官掌印。永乐二年,内官[6]杨宗奏改设县治,仍隶思明府管属。奉钦依:"准他,改做冯祥县。着礼部铸印,土官巡检李升,就升做知县掌印。"本年五月,赴京谢恩,中途病故。男李庆青[7]署事。大理寺卿[8]陈洽等保袭,永乐四年闰七月,奉圣旨:"准他袭。钦此。"文选司缺册[9]内,查得成化十八年改为祥州,土官李广[10],成化十一年袭知县,十八年升本州知州。

【注释】

[1]冯(píng)祥县:明代县名,在今广西凭祥。其地本为峒,明初升为巡检司,永乐间又升为县。《明史·土司列传·广西土司二》:"永乐二年,凭祥巡检李升言,其地濒安南,百姓乐业,生齿日繁,请改为县,以便抚辑,从之。以升为知县,设流官典史一员。三年,升以新设县治来朝,贡马及方物谢恩。"

[2]上石西州:明代州名,在今广西宁明。按此处记载的李德愆洪武二十八年得任上石西州知州之事,与他处记载不符。参见下文《上石西州知州》篇。

[3]男李寿贤,接管洞事。洪武元年归附……洪武二年,授广西省冯祥洞知洞:按此处内容与前文李德愆洪武二十八年赴京得任上石西州知州之事矛盾:李德愆洪武二十八年才赴京得任新职(姑且不论这一记载是否属实),那么此前他仍是冯祥峒主,他的儿子李寿贤怎么能在洪武元年接管洞事并在洪武二年任冯祥洞知洞? 洪武元年归附、洪武二年任冯祥洞知洞的,应是

李德愆而非李寿贤。交割:交接。

[4]钦做:钦定担任。

[5]照流:比照流官巡检。

[6]内官:宦官;太监。此处指广西镇守太监。

[7]李庆青:明人应槚等《苍梧总督军门志》卷四《广西布政司·直隶凭祥州》作李庆:"明兴,置凭祥镇巡检司,以元长子升为巡检。故。永乐二年改为县,以升子庆为知县。"

[8]大理寺卿:明代朝廷机构大理寺的正长官,正三品。

[9]文选司:吏部的一个司,主管官员选任等。缺册:记录官职空缺及补任情况的档案。

[10]李广:《蛮司合志》作李广宁,所载承袭事亦与此处所述有异:"凭祥李寰,为土官知州李广宁庶子。其先李升,洪武十八年以凭祥峒归附,授巡检。永乐二年改县治,以升知县事。其后部落蕃衍,当交趾镇南关,为左江要害。成化八年,改州治,以升孙广宁知州事。广宁有十子,寰其季也。广宁死,诸子争立不决,凡三四年,而竟以其孙珠嗣。嘉靖十年,珠又死,族弟珍、珏又争立。珍挈印走况村,况村土舍黄泰以其姊黄孟妻之。珏遂擅摄州事。"明人应槚等《苍梧总督军门志》卷四《广西布政司·直隶凭祥州》亦作李广宁。

忠州[1]知州

黄威升,江州土官籍。洪武授忠州知州。为因阻当诏书,十五年,大军收捕,杀戮官民绝灭。余残土民郭保等,告保黄中谨袭职[2]。二十三年九月赴京,准袭知州。患疾,长男黄智洪,永乐九年三月,奉钦依:"委实病时,着他替了。钦此。"故。洪熙元年,弟黄智胜袭。故。男黄溥成袭。患病。男黄鏸奏袭行勘[3],成化十三年,布政司比例[4]奏给冠带,查勘未报。弘治十三年,黄鏸犯监[5],故。本年二月,男黄瑚承袭。查无三司会奏,亦无供结、宗图按候[6]。

【注释】

[1]忠州:明代州名,在今广西扶绥。先属思明府,后属南宁府。《明史·地理志·广西》:"忠州,元属思明路,洪武初废,二十一年正月复置,属思明府。万历三年九月来属。东北距府四百余里。"

[2]余残土民郭保等,告保黄中谨袭职:按《明史·土司列传·广西土司二》所载与此有异:"忠州,宋置,隶邕州。元属思明路。洪武初,土官黄威庆率子中谨归附,授威庆江州知州,中谨忠州知州,皆世袭,设流官同知吏目佐之。"

[3]行勘:行文查勘。

[4]比例:按照先例。

[5]犯监:犯罪被监禁。

[6]供结:担保书。宗图:宗族图谱。按候:备案以供审查。

下石西州[1]知州

闭贤,本州土官籍,思明府人。前元袭授洞兵千户[2],因本州土官亡绝,洪武元年举保,二年授知州。故。嫡长男闭三贵,十八年承袭。故,无嗣。府帖[3]委弟闭聪护印署事[4],后告袭。永乐二年六月,奉圣旨:"着他袭。钦此。"故。男闭瑀,十六年四月,奉圣旨:"准他袭。钦此。"

【注释】

[1]下石西州:明代州名,在今广西宁明。《明史·地理志·广西》思明府:"下石西州,元属思明路,洪武二年属府。旧治在东南。万历间,始迁今治。西距府百四十里。"

[2]洞兵千户:土官职名,军职。

[3]府帖:思明府发下公文。

[4]护印署事:代理掌印管事。按明人应槚等《苍梧总督军门志》卷四《广西布政司·思明

府》载闭聪之后下石西州承袭土官姓名为:"子聪袭。故,子瑀袭。故,子荣未袭,绝。瑀次子高袭。故,子遇未袭故。子芳袭。故,子建极袭。"

思明府思明州[1]知州

黄志铭,父黄均寿,系本府知府黄忽都弟[2],款附[3]。洪武二年三月赴京,授思明州知州。故。志铭洪武二十一年[4]七月奉圣旨:"着他袭了。钦此。"

【注释】

[1]思明州:明代州名,在今广西宁明。先属思明府,后属太平府。《明史·地理志·广西》:"思明州,元属思明路,洪武二年属思明府。万历十六年三月来属。东有逐象山。东北有明江,自思明府流入。东北距府二百十里。"

[2]父黄均寿,系本府知府黄忽都弟:《明史·土司列传·广西土司二》所载略有差异:"思明州,东抵思明府,西抵交阯界,南抵西平州,北抵龙英州。土官黄姓,与思明府同族。洪武初,黄君寿归附,授世袭知州,属思明府,后为黄绂所并。万历十六年,黄拱圣之乱,改属太平。"《蛮司合志》君寿作"均授",云:"思明土官黄武崇,于国初归命,给府州印各一。以长子黄忽都为思明知府,次子黄均授为思明知州。"

[3]款附:投诚归附。

[4]明人应槚等《苍梧总督军门志》卷四《广西布政司·思明府》载黄志铭洪武二年得授知州:"思明州,……土官知州黄志铭,洪武二年授知州。成化十三年传至黄义子黄永宁,为况村黄绍所破,与其子文昌。文昌诛,其州又为其子黄泰所据,无袭。"

思陵州[1]知州

韦延寿,本州袭土官。洪武元年款附,兄土官知州韦弥坚,将元时印信告缴,被思明府隐蔽[2],不曾申明降印[3]。二十一年,降印到州。故。长男韦成护印。永乐四年正月,奉圣旨:"先着韦成做了思陵州知州,还去照勘[4]。钦此。"故。次男韦昌[5]奏查。正统元年十二月,奉圣旨:"且准他袭。还行文书去,着三司覆勘。若有不实,奏来定夺。钦此。"故。长男韦长[6]告袭。成化十四年四月,奉圣旨:"是。钦此。""行令就彼,冠带袭职。钦此。"[7]正德三年,患病。长男韦伯勇病故,无嗣。韦瑄[8],系次男,应袭。及称该州设近安南极边地方,合照岑瑛事例[9],免其赴京,欲令就彼冠带。奏,圣旨:"是。着做知州,还不世袭。钦此。"

【注释】

[1]思陵州:明代州名,在今广西宁明。《明史·土司列传·广西土司三》:"思陵州,宋置,属永平寨。元属思明路。洪武初,省入思明府。二十一年复置思陵州。二十七年,土官韦延寿贡马及方物。宣德四年,护印土官韦昌来朝,贡马,赐钞币。正统间,贡赐如制。其界东至忠州,西北至思明,南至交阯。"

[2]隐蔽:隐瞒收藏。

[3]不曾申明降印:没有向朝廷奏报颁发新的土官印章。

[4]照勘:核查其任职资格。

[5]韦昌:清思陵州韦氏土官《亲供世系宗支图本》载,韦成之子名韦常。

[6]韦长:清思陵州韦氏土官《亲供世系宗支图本》作韦昌。

[7]奉圣旨:"是。钦此。""行令就彼,冠带袭职。钦此。":按:此段文字有误。后一"钦此"是赘语,应删;"行令就彼,冠带袭职"是叙述语,非圣旨中语。

[8]韦瑄:清思陵州韦氏土官《亲供世系宗支图本》作韦宣。

[9]合照岑瑛事例:应该按照岑瑛的先例。岑瑛是明代镇安府土官,他在袭职时得到朝廷

允准,不必赴京朝见,就在原籍就职。参见前文《镇安府知府》篇。

利州[1]知州

岑颜,泗城州[2]土官知州。岑志良,原任本州[3]知州,病故,绝嗣。委泗城州知州岑振掌管。后岑振病故,故举保伊男[4]岑琔袭职。布政司参得难任利州知州职事,另行举保有服[5]兄岑瑶嫡长男岑颜,保岑琔有服正亲[6],咨部承袭利州祖叔父[7]岑志良知州职事。永乐元年闰十一月,奉圣旨:"着他做利州知州。钦此。"被泗城州土官岑豹[8]用药箭射伤左腿。年老[9],长男岑璇,景泰元年五月十九日奏袭,行勘未报。

【注释】

[1]利州:明代州名,在今广西田林。《明史·地理志·广西》:"泗城州……西南有利州,元属田州路,洪武七年十一月直隶布政司,正统六年五月徙治泗城州古那甲,嘉靖二年废。"

[2]泗城州:明代州名,在今广西凌云。参见下文《泗城州知州》篇。

[3]本州:指利州。

[4]故举保伊男:原本保举他的儿子。

[5]有服:指同一高祖之下的男性子孙亲属(包括配偶)。服:本指丧服,古代有五服之制,人死,亲属根据亲疏程度分别穿不同的丧服,分五种:斩衰,齐衰,大功,小功,缌麻。引申指有资格穿这些丧服的人。

[6]正亲:嫡系亲属。

[7]祖叔父:叔祖父。

[8]岑豹:据清毛奇龄《蛮司合志》,岑豹为岑颜之侄:"泗城州女土官卢氏,故土官岑瑄妻也。瑄卒无子,卢氏袭职,知州事。既而卢氏以其侄岑豹年长,乃致仕,请豹承袭。豹既袭,忽仇卢氏,率土兵五百人围卢氏庐,谋杀之,且毁伯父岑瑄像。卢氏欲废豹,疏言豹无道,所为不

孝,难使承袭。而豹之叔父利州土官知州岑颜,亦奏豹兴兵谋杀卢氏,侵越地方,州民被害。独都督山云谓豹实故土官岑瑄之侄,虽欺凌卢氏有据,而承袭其本事也。"

[9]年老:据《明史·土司列传·广西土司三》记载,岑颜被岑豹所杀:"利州,汉属交阯,号阪丽庄。宋建利州,隶横山寨,元因焉。土官亦岑姓,洪武初归附。授知州,以流官吏目佐之,直隶布政司。宣德二年,利州知州岑颜遣头目罗向贡马。正统元年,泗城岑豹侵据利州地,并掠颜妻子财物。总兵官山云以闻,帝敕镇、巡官抚谕之。四年,颜遣族人岑忻贡银器方物。五年,颜奏:'本州地二十五甲,被豹兴兵攻占,母覃被囚,妻财被掠,累奉敕抚谕,猖獗不服。'帝遣行人黄恕、朱升敕谕豹,事具前传。七年,豹复与颜相仇杀,帝敕总兵官吴亮宣布恩威,令各罢兵,而豹终杀颜及其子得,夺州印去,遂以流官判州事。"

太平府罗阳县[1]知县

黄宗愈,祖父黄瑄,系本县世袭土官。伯父[2]黄谷保,洪武二年授任本县知县。四年,有忠州官族黄郎道首下头目黄陆陪,逃来本县藏躲,官军缉捕。黄谷保奔入山岩,自割身死。子嗣剿杀尽绝。祖父黄得全[3],因年老,被驮卢[4]兴兵霸占县治,不能安居,与父黄用隆出外倚住[5]。洪武七年,招谕回县,民人黄桂寿告保管办县事,未蒙实授[6],各病故。黄宣[7],系黄谷保亲侄,洪武十八年闰九月,奉圣旨:"既是照勘明白,准他袭。钦此。"故。男黄广通,宣德五年正月,奉圣旨:"准他。钦此。"故。绝。弟黄广海,宣德八年二月,奉圣旨:"准他袭。钦此。"故。男黄宗愈,体勘明白,准令就彼冠带,承袭管事。天顺三年七月,奉圣旨:"是。钦此。"故。男黄仁敬,成化十三年七月,准就彼冠带袭职。

【注释】

[1]太平府:明代府名,治所在今广西崇左市江州区。《明史·地理志·广西》:"太平府,元太平路,至元二十九年闰六月置。洪武二年七月为府。领州十七,县三。东北距布政司二千

五十里。"罗阳县:明代县名,在今广西扶绥。《明史·地理志·广西》太平府:"罗阳,府东北。南有丽江。西有驮排江,源出永康县,下流入于丽江。"

[2]伯父:应指黄瑄的伯父。

[3]祖父黄得全:按文意,此黄得全应为黄谷保之祖父。下文黄用隆应为黄谷保之父。然而表述不清。

[4]驮卢:地名,在今广西崇左市江州区。

[5]倚住:投靠他人居住。

[6]民人黄桂寿告保管办县事,未蒙实授:此处内容有误。上文称黄谷保已于洪武四年自杀,不应于洪武七年还被人推荐管办县事。

[7]黄宣:上文作"黄瑄"。按明人应槚等《苍梧总督军门志》卷四《广西布政司·太平府》亦作黄宣,且其任职时间及其承袭者等与此处所述亦有差异:"东一百里曰罗阳县。……土官黄宣,洪武元年授知县。故,子广通袭。故,子宗愈袭。故,子敬仁袭。子景淳未袭故。子钰麟未袭故。子昂袭。"

永康县[1]知县

杨荣贤,前元永康县尹杨朝英男。洪武元年归附,授本县知县。故。十六年,府帖令男杨益愆署事。十九年实授。故。长男杨武高结部[2],永乐十年十一月奉圣旨:"着他袭了。钦此。"故。男杨琼,宣德七年八月奉圣旨:"着他袭。钦此。"故。男杨雄杰,成化二年正月,准行冠带,未袭,杨雄杰照旧军前杀贼,候事宁到任。文选司缺册内,查得成化十四年十一月,改设流官潘衡。[3]

【注释】

[1]永康县:明代县名,在今广西扶绥。万历间升为州。《明史·地理志·广西》:"永康州,元永康县,属太平路。万历二十八年六月升为州。北有故城。万历中迁于今治。西有绿瓮

江,下流亦合丽江焉。西南有思同州,旧属府,万历二十八年六月省。西南距府二百里。"

[2]结部:指广西三司开具担保书等呈送吏部。

[3]按:永康县改土归流,是因为杨雄杰犯罪被杀。《明史·土司列传·广西土司二》:"永康州,宋置县,隶迁隆寨。元隶太平路,土官杨姓。成化八年,其裔孙杨雄杰纠合峒贼二千余人,入宣化县劫掠,且伪署官职。总兵官赵辅捕诛之,因改流官。万历二十八年升为州。"

陀陵县[1]知县

黄福寿,系本县世袭土官。归附降印[2],被本府土官知府黄英惢拘[3]。黄在已后洪武十三年内,将带出离[4]府治。黄福寿故,男黄真亮年幼,本府委吏廖宗锡委同权县[5]。十一年,帖仰令[6]黄真亮暂署县事。二十年,到县署事。三十二年[7]实授。长男黄胜佑,永乐六年七月,奉圣旨:"既是土官,如今着他袭实授的知县。还取布政司与太平府的保结。钦此。"故。亲男黄璇,宣德七年奉圣旨:"着他袭。钦此。"故。正统十一年五月,奏准令堂兄黄富[8]袭职。故。男黄永宽,保袭间亦故。嫡长孙黄晟应袭,成化十三年五月,准就彼冠带,到任管事。

【注释】

[1]陀陵县:明代县名,在今广西扶绥。

[2]降(jiàng)印:颁发土官知县官印。

[3]黄英惢:元末明初太平府土官。《明史·土司列传·广西土司二》:"洪武元年,征南将军廖永忠下广西,左江太平土官黄英衍等遣使赍印诣平章杨璟降。……二年,黄英衍遣使奉表贡马,乃改为太平府。以英衍为知府,世袭。"拘:指拘留黄福寿并截留他的官印。

[4]将带:携带。出离:出走离开。

[5]委同权县:委派他一同代理管理县事。

[6]帖仰令:太平府发出公文命令。

[7]三十二年:洪武三十二年,实为建文元年(1399)。

[8]正统十一年五月,奏准令堂兄黄富袭职:按明人应檟等《苍梧总督军门志》卷四《广西布政司·太平府》载,黄富为明代陀陵县首任土官,洪武元年即任,且其子孙袭职者亦与此处所载有异:"陀陵县,在府治东北。……宋建,隶古万寨。元隶太平路,明兴因之。土官知县一员,流官典史一员,驮柴驿流官驿丞一员。土官黄富,洪武元年授知县。故,子永宽袭。故,子廷熟袭。故,子晟袭。故,长子文政、次子文荣俱绝;三子曷故,生长子万宁,生子政宝、政宗,俱故,绝。曷次子球袭。"

太平州[1]知州

李以忠,本州土官籍,前太平府知府[2]。洪武元年归附,二年实授知州。故。男李圆太袭职。患病,男李威敬护印署事。故,绝。李铎,系李威敬亲弟,三十三年雇袭[3]。故。男李毅[4],年幼,宣德七年,出幼告袭。本部议得[5],伊[6]父系革除年间替职人数[7]。本年八月,奉圣旨:"准他做,只不世袭。钦此。"患病。景泰五年,镇抚官[8]保伊男李珧[9]替职,就彼冠带,承袭管事。天顺三年七月,奉圣旨:"是。钦此。"故。男李珖,成化十五年三月奉圣旨:"李珖准做知州,不世袭。钦此。"

【注释】

[1]太平州:明代州名,在今广西大新。《明史·土司列传·广西土司二》:"太平州,旧名瓠阳,为西原农峒地。唐为波州,宋隶太平寨,元隶太平路。洪武元年,土官李以忠归附,授世袭知州,设流官吏目佐之。"

[2]前太平府知府:此语应误。元代无太平府,明洪武二年改元太平路为太平府。李以忠在元代不可能是"太平府知府"。明人应檟等《苍梧总督军门志》卷四《广西布政司·太平府》亦作"土官李以忠,太平知府,洪武元年归附,降太平知州",同误。

[3]三十三年:指建文二年(1400)。雇袭:袭任。"雇"字疑误。

[4]李縠:民国《雷平县志·太平州历任袭职名衔》作"李谷"。

[5]本部:指吏部。议得:商议认为。

[6]伊:他的。

[7]革除年间:指建文帝在位期间。朱棣篡位之后,革除建文年号,故有此称。替职人数:可以袭任土官职位的人员名单。

[8]镇抚官:指广西镇守太监、广西巡抚。

[9]李珤:《苍梧总督军门志》及民国《雷平县志·太平州历任袭职名衔》均作"李瑶"。

龙英州[1]知州

赵士贤[2],本州世袭土官籍。洪武元年归附,授本州知州。故。男赵人忠[3],十二年袭。故。庶长男赵武威,三十五年[4]袭。故。庶长男赵崇森袭,未实授。故。次男赵崇彬应袭,结部[5],宣德八年二月,奉圣旨:"准他袭。钦此。"庶男赵文荣,景泰四年正月,准就彼冠带。后被贼射伤左腿。男赵万宁应袭,本部看得[6]赵文荣不见自行告替[7],又无三司会奏,难以准理。天顺八年八月二十四日行勘。[8]

【注释】

[1]龙英州:明代州名,属太平府,在今广西天等。《明史·地理志·广西》:"龙英州,南有通利江,有三源,下流入于丽江。南距府二百十里。"

[2]赵士贤:《明史·土司列传·广西土司二》作李世贤:"龙英州,旧名英山,宋为峒。元改州,属太平路。洪武元年,土官李世贤归附,授世袭知州,割上怀地益其境,设流官吏目佐之。"疑误。明人应檟等《苍梧总督军门志》卷四《广西布政司·太平府》作"赵仕贤"。

[3]赵人忠:《苍梧总督军门志》卷四《广西布政司·太平府》作"赵仁忠"。

[4]三十五年:洪武三十五年,实为建文四年(1402)。

[5]结部:指广西三司将担保书等送交吏部。

[6]本部:指吏部。看得:查得;查知。旧时公文开头的套语。

[7]自行告替:自己申请让儿子袭职。

[8]行勘:发出公文勘查。按:《苍梧总督军门志》卷四《广西布政司·太平府》载,赵万宁未能袭职:"子文荣袭。故,子万宁未袭故。长子元匡、次元瓒未袭故。次元瑶袭。庶子澄与其嫡兄彦麒争立,澄弑元瑶,坐死。停袭。"

安平州[1]知州

李赛都,本州世袭土官男[2]。洪武元年,总兵官归附[3],二年授本州知州。故。嫡男李昶,亦故。庶长男李贵[4],二十一年四月准袭父职。永乐四年,征进安南[5],被贼药箭射伤残疾。嫡长男李显,保部,九年十一月奉圣旨:"准他替。钦此。"十六年,被太平州知州李铎兴兵杀死。三司保勘李显同母弟李华,二十一年七月,奉圣旨:"是。钦此。"查有李华见在[6],当日袭职,给凭[7]回州管事。后残疾。长男李森替职,故。长孙李璘承袭,故。长男李裕、次男李嬉,相继故。绝。弘治十年十二月,三司奏保第三男李祯应袭。查得应袭土官底簿内来历,与今奏词宗图[8]不同。奏查已故知州李璘,以前袭替,来历明白,通行缴报行勘。

【注释】

[1]安平州:明代州名,属太平府,在今广西大新。《明史·地理志·广西》:"安平州,南有陇水,下流合于逻水。东南距府百十里。"

[2]世袭土官男:世袭土官的儿子。此"世袭土官"指李赛都之父李郭祐,李郭祐在元末任安平州土官知州。

[3]总兵官归附:应为"归附总兵官"。按:《明史·土司列传·广西土司二》所载洪武初归

广 西　209

附的安平州土官非李赛都而是其父李郭祐："安平州，旧名安山，亦西原农峒地。唐置波州，宋析为安平州，元隶太平路。洪武初，土官李郭祐归附，授世袭知州，设流官吏目佐之。"疑是。明人应槚等《苍梧总督军门志》卷四《广西布政司·太平府》亦同此，且所载承袭土官与此处亦有其他不同处："西北一百二十里曰安平州。……唐置波州，宋皇祐初改今名，隶太平寨。元及明兴因之。设流官吏目一员。土官李郭祐，洪武元年归附，授知州。故，子赛都袭。故，子贵袭。故，子昶袭，故，绝。昶弟显袭，故，绝。三弟华袭。故，子森袭。故，子璘袭。故，子祯袭。故，子源袭。"

[4] 李贵：清安平州土官李秉圭《建宗祠碑记》作"李文贵"。

[5] 征进安南：安南即今越南，汉代以后历朝为中国属国，明建文间安南内乱，永乐四年成祖朱棣派兵征剿，次年剿平，将安南收入中国领土，改名交趾，设交趾布政使司。"征进安南"指此。

[6] 见在：当时在世。见通"现"。

[7] 凭：指担任知州的相关凭证。

[8] 奏词：奏章的内容。宗图：土官的宗族图谱。

结伦州^[1]知州

冯万杰，本州世袭土官知州，洪武二年除授。患病。男冯志威，二年九月奏准袭父职。患病，男冯郎黄，改名冯武辉，掌署。本州知州邬修，保勘冯武辉应替父职，未实授。后母岑氏谗妒[2]武辉承袭，通同[3]头目农业等，意在陷害。武辉走脱逃命，岑氏返称冯郎黄起兵夺印。冯志威瘤疾[4]在床，无知文理[5]，辄信人吏[6]潘松等捃申[7]。蒙三司委官体勘，别无夺印害父供[8]，报去。后冯志威病故，冯阿农等各状赴府，告保武辉回州办事。头目农业等，将无籍[9]幼小弟冯郎高越例争袭。冯郎高、冯郎黄各具本差人赍[10]奏。公同体勘[11]，例应冯武辉承袭，具奏。及该镇远州[12]知州赵得茂，亦奏保冯武辉当袭。永乐七年七月奏，钦依:"吏部体勘得明白了,着他庶长[13]做当郎[14]。"吏部尚书兼詹事府詹事蹇义[15],奏称那庶长男冯郎黄,父在时告他抢夺印信,差人去体勘来,有这缘故。如今冯郎黄、冯郎高进马[16],见在这里。钦依:"仔细审得明白了,与他定夺。钦此。"勘得冯郎黄,系已故知州冯志威庶长男,虽应承袭,缘[17]伊父存日[18],曾告本人有悖逆夺印情犯[19],难今[20]承袭。冯郎高,系庶次男,别无过犯。永乐七年七月,奉圣旨:"冯郎高,着他袭职。冯郎黄那厮[21]无礼,发去辽东都司安置[22]。"故。男冯崇富,未袭亦故。续该龙英州知州赵文荣,奏称和州[23]冯郎高病故,男冯崇富未袭,问决本州[24]。申称孙男冯奎应袭。看得冯郎高替职以来,今七十余年,子孙不曾具奏袭替。先年本州吏目彭澄奏,要将伊孙[25]冯奎应袭。本部看得前项名字,事有隐蔽[26],行勘。成化三年,又奏前因。查无三司会奏,行勘未报。[27]

【注释】

[1]结伦州:明代州名,属太平府,在今广西天等。《明史·土司列传·广西土司二》:"结伦州,旧名邦兜,亦西原农峒地。宋置结安峒,隶太平寨。元改州,属太平路。洪武二年,峒长冯万杰归附,授世袭知州,设流官吏目佐之。"

[2]谗妒:因嫉妒而进谗言。

[3]通同:勾结。

[4]痼疾:重病。

[5]无知文理:不识字。

[6]人吏:吏员;小吏。

[7]捏申:捏造事实告状。捏:通"捏"。

[8]供:供词。

[9]无籍:在申报官府备案的继任者名单中没有名字。

[10]赍(jī):送往。

[11]公同体勘:相关官府会同勘察。

[12]镇远州:参看下文《镇远州知州》篇注释。

广 西 211

[13]庶长:庶出的长子。

[14]当郎:当家;管事。

[15]詹事府詹事:詹事府主官。詹事府是明代中央政府机构之一,主要负责管理内廷之事。塞义:明代四川巴县人,洪武十八年进士,官至吏部尚书、太子少师,卒赠太师,谥"忠定"。

[16]进马:进贡马匹。

[17]缘:因为。

[18]存日:在世时。

[19]情犯:犯罪情节。

[20]难今:应为"难令"之误。

[21]厮:骂人之词,犹言"混蛋"。

[22]辽东都司:军事机构名称,在今辽宁。安置:流放。

[23]和州:明代广西无此州名,且本文前文亦无此名,疑误。

[24]问决本州:请教本州如何决定。这是龙英州知州赵文荣的话。

[25]伊孙:他的孙子。

[26]隐蔽:隐情。

[27]按:按明人应槚等《苍梧总督军门志》卷四《广西布政司·太平府》载明代结伦州世袭土官姓名,与此处所载多有不同:"东北二百二十里曰佶(结)伦州。……土官知州一员,流官吏目一员。土官冯万杰,洪武元年授知州。故,子志威袭。故,子永高袭。故,子崇富袭。故,长子绍琼、次子绍瑶俱绝,三子绍理袭。故,子晏袭。生七子,长、二子皆为三子玑所杀,玑因下狱。少子寿庆袭。"

镇远州[1]知州

赵昂杰,本州世袭土官籍。洪武三年授知州。故。男赵胜昌[2],二十六年署事。备马赴京告袭,永乐三年八月,奉圣旨:"赵胜昌,着他袭了知州便回去。钦此。"七年,被赵志能父子杀死。男赵得茂应袭,年方一十岁,保部。为无亲身前来,八年九月,奉令旨:"着他袭了,等出幼时来朝。钦此。"故。宣德八年四月,男赵得兴替职,征伤有疾,保男赵富毂替职。正统十一年九月,奉圣旨:"既应该替职,准他。钦此。"

【注释】

[1]镇远州:明代州名,属太平府,在今广西天等。《明史·地理志·广西》:"镇远州,北有杨山,南有岩磨水。西南距府二百八十里。"

[2]赵胜昌:据《明史·土司列传·广西土司二》载,洪武初归附的首任知州是赵胜昌,非赵昂杰:"镇远州,旧名古陇,宋置,隶邕州。元隶太平路。洪武初,土官赵胜昌归附,授世袭知州,设流官吏目佐之。"《苍梧总督军门志》所载亦略同:"镇远州……宋置,元及明兴因之。土官知州一员,流官吏目一员。土官赵胜昌,洪武元年授知州。故,子得兴袭。故,子富谷袭。故,子瑛未袭,绝。次子暹未袭。子昊未袭故。子廷钰袭。"

恩城州[1]知州

赵斗清,本州世袭土官籍。洪武元年归附,授知州。故。男赵雄威,洪武十年承袭,故,无子。弟赵雄杰[2],二十九年七月,奉圣旨:"准他袭。钦此。"故。长男赵志显护印,亦故。次男赵志晖[3],永乐十六年正月,奉圣旨:"准他袭了罢。钦此。"故。七年[4],男赵福惠袭,患病。男赵存宣袭替。成化二年正月,准行令已冠带,未袭职,赵存宣照旧军前杀贼,候事宁之日到任。征进染病。长男赵忠顺,弘治十年十二月,奉圣旨:"准他替。钦此。"

【注释】

[1]恩城州:明代州名,在今广西平果。按明代广西应有两个恩城州,另一个恩城州辖地在今广西桂平,土官姓岑。

[2]赵雄杰：据明人应檟等《苍梧总督军门志》卷四《广西布政司·太平府》载，赵雄杰为明代恩城州首任知州，非赵斗清；其他承袭土官亦有与此处内容不同处："西北一百二十里曰恩城州。……唐置恩城州，宋为上恩城、下恩城二州，后并为恩城一州，隶太平寨。元隶太平路，明兴因之。设流官吏目一员。土官赵雄杰，洪武元年归附，授知州。故，子智晖袭。故，绝。晖弟智显未袭，子福惠袭。故，子存宣袭。子忠顺袭。故，子明继袭。故，子鉴袭。子彭袭。"

[3]赵志晖：清恩城州土官所撰《恩城州土官族谱》（见《壮族土官族谱集成》）作"赵智晖"："生子任知州赵雄威，绝。弟任知州赵雄杰，生子任知州赵智晖。"

[4]七年：年号不详，有宣德、正统、景泰几种可能。

万承州[1]知州

许祖俊，本州世袭土官籍。洪武二年归附，授知州[2]。故。男许郭安保袭。永乐四年，总兵官委令土兵参随官征进安南，弟许郭泰，俱各失陷[3]。许永成[4]，系庶长男，九年正月，奉令旨："是。准他袭。钦此。"故。男许奎，正统五年五月，奉圣旨："既土官，准他袭，还催都按二司[5]保结来。若不实，着三司拿解将来。钦此。"景泰元年，因调征进风疾[6]，男许荣宗替职。景泰四年六月，奏准就彼冠带。故。男许瑢，年一十二岁，应袭。本部查思同州[7]土官知州黄崇广年六岁承袭事例[8]，成化十三年五月，奉圣旨："许瑢准照例袭父原职。钦此。"

【注释】

[1]万承州：明代州名，属太平府，在今广西大新。《明史·地理志》："万承州，西南有绿降水，亦名玉带水。西南距府五十里。"

[2]许祖俊，……洪武二年归附，授知州：按《明史·土司列传·广西土司二》所载，洪武初归附授知州者，为许郭安："万承州，旧名万阳。唐置万承、万形二州。宋省万形，隶太平寨。元隶太平路。洪武初，土官许郭安归附，授世袭知州，设流官吏目佐之。永乐间，郭安从征交阯，

死于军,子永诚袭。"

[3]俱各失陷:两人都兵败身亡。

[4]许永成:《明史·土司列传》作许永诚。

[5]都按二司:指都指挥使司和按察使司。

[6]风疾:中风。

[7]思同州:参见下文《思同州知州》篇注释。

[8]黄崇广年六岁承袭事例:参见下文《思同州知州》篇。

都结州[1]知州

农应广,前朝任知州[2],病故。男农武高,洪武三年实授知州。故。长男农威斌署州,未实授;洪武二十九年四月,被结伦州土官冯万杰谋杀,绝嗣。农威烈,系亲弟,永乐元年二月,奉圣旨:"着他袭,还去要布政司官保结来。钦此。"故。长男农永昌袭职,为无本府官吏保结,行取去[3],后农永昌未实授。故。弟农永隆承袭。宣德八年二月,奉圣旨:"准他袭。还问布政司要委官保结。钦此。"故。男农得安[4],景泰四年正月,奏准就彼冠带。

【注释】

[1]都结州:明代州名,属太平府,在今广西隆安。《明史·土司列传·广西土司二》:"都结州,元属太平路,土官农姓。洪武初内附,授世袭知州,设流官吏目佐之。"

[2]农应广,前朝任知州:按明人应槚等《苍梧总督军门志》卷四《广西布政司·太平府》载,农应广是明代都结州首任知州,其子孙世袭者,亦与此处所载有异:"东北二百二十里曰都结州。……宋为都结峒,隶太平寨。元隶太平路,后为州。明兴因之,土官知州一员,流官吏目一员。土官农应广,洪武元年授知州。故,子得安袭。故,子富谷袭。故,子广宁袭。故,子惠政袭。故,子福高袭。故,长子万寿未袭故。次子万真袭。"

[3]行取去:行文去取。

[4]农得安:按《苍梧总督军门志》卷四《广西布政司·太平府》载,农得安是农应广之子,此处称为农永隆之子。

全茗州[1]知州

许武兴,本州世袭土官籍。洪武二年,开设衙门管事。故。弟许武明承袭,故,无子。许添庆[2],系许武明亲叔,奏准承袭。故。长男许武坚,年一十岁,咨部[3],永乐元年二月,奉圣旨:"既是年幼,免他来,准他袭了职。钦此。"孙男许均玉,景泰四年六月,准就彼冠带。故。男许胜安,成化十三年七月,准就彼冠带袭职。

【注释】

[1]全茗州:明代州名,属太平府,在今广西大新。《明史·地理志·广西》太平府:"全茗州,西有通利江,一名大利江。南距府百六十里。"

[2]许添庆:《明史·土司列传·广西土司二》作李添庆,且载此人为明代首任全茗州知州:"全茗州,旧名连冈,为西原地,宋置,隶邕州。元隶太平路。洪武初,土官李添庆归附,授世袭知州,设流官吏目佐之。"而明人应檟等《苍梧总督军门志》卷四《广西布政司·太平府》所载首任全茗州知州为许天庆,其袭任土官姓名亦多有不同:"北一百二十里曰全茗州。……宋置,隶邕州。(元属)太平路,明兴因之。土官知州一员,流官吏目一员。土官许天庆,洪武元年授知州。故,子武队袭。故,子诚袭。故,子均正袭。故,长子胜安袭。故,绝。次子胜宁袭。故,子荣高袭。故,子德瑛未袭故。子金袭。"

[3]咨部:呈报吏部。

216　　土官底簿笺注

茗盈州[1]知州

李玉英,本州世袭土官。洪武二年归附,授知州[2]。二十四年患病,长男李福茂替职。故。长男李斌,备马赴京,朝贡告袭。永乐四年正月,奉圣旨:"着他做知州。钦此。"故。李复初长男李子实[3],宣德二年二月,奉圣旨:"着他做知州。钦此。"老疾。男李茂龄,正统十二年四月,奉圣旨:"准他袭替。钦此。"患疾。男李季东[4],成化二年正月,准行就彼冠带袭,照旧军前杀贼,候事宁之日,到任管事。成化三年二月病故,绝嗣。奏保亲弟李季华[5],成化十三年七月,准就彼冠带袭职。

【注释】

[1]茗盈州:明代州名,属太平府,在今广西大新。《明史·地理志·广西》:"茗盈州,南有观音岩,涧水出焉,下流入于丽江。西南距府六十里。"

[2]李玉英……授知州:《明史·土司列传·广西土司二》载洪武初茗盈州归附土官首任知州者为李铁钉:"茗盈州,宋置,隶邕州。元隶太平路。洪武初,土官李铁钉归附,授世袭知州,设流官吏目佐之。"明苏濬《广西土司志》亦持此说:"茗盈州,在府治北一百六十里,西抵全茗界,南抵养利界,东抵万承界,宋置,隶邕州。元隶太平路,明因焉。洪武初,土官李铁钉归附,授世袭知州,以流官吏目佐之。"而明人应槚等《苍梧总督军门志》卷四《广西布政司·太平府》所载首任茗盈州知州及袭任土官姓名又多有不同:"北一百二十里曰茗盈州。……宋置,元及明兴因之。设流官吏目一员。土官李德兴,洪武元年授知州。故,子复初袭。子子实袭。故,子懋龄袭。故,子季华袭。子万青袭,故,绝。次子万荣袭,故,绝。又次万和未袭故,子显奇袭。"

[3]李复初长男李子实:此二人前文俱无说明,不知其世系身份。据上引《苍梧总督军门志》,李复初是李德兴之子。其子李子实,民国原茗盈州土官官族撰《茗盈州土司宗支图》作"李实"。

［4］李季东：民国原茗盈州土官官族撰《茗盈州土司宗支图》作"李东"。

［5］李季华：民国原茗盈州土官官族撰《茗盈州土司宗支图》作"李华"。

上下冻州[1]知州

赵帖从[2]，本州世袭土官籍。父赵清任，前授龙州万户府元师生[3]；长兄赵帖坚，前授万户府万户。洪武元年，将[4]印并脚色[5]归附。洪武二年，龙州赵帖从赍贡[6]赴京朝觐，蒙将赵帖从除授太平府上下冻州知州。故。长男赵福祥袭职，被人射死。次男赵福高亦故。三男赵福禹[7]承袭。永乐四年，调管领土兵征进安南，失陷[8]。赵庆昌，系赵福禹嫡长亲男，年一十一岁，本部[9]为无亲身赴京，永乐七年正月，奉令旨："是。免他来，着袭了职。敬此[10]。"故，别无嫡庶儿男。亲弟赵庆隆告袭[11]，病故，无嗣。赵福高男赵礼，保勘听袭[12]间又故。赵礼男赵广胜，天顺六年，保送军前袭职，患疾。奏保男赵世真[13]，成化十三年十月，准行就彼冠带袭职。

【注释】

［1］上下冻州：明代州名，属太平府，在今广西龙州。《明史·土司列传·广西土司二》："上下冻州，旧名冻江，宋置冻州。元分上、下冻二州，寻合为一，属龙州万户府。洪武元年，土官赵贴从归附，授世袭知州，设流官吏目佐之，属太平府。贴从死，子福瑀袭。永乐四年从征交阯，死于军。"

［2］赵帖从：《明史·土司列传》作"赵贴从"。或误。

［3］龙州万户府：元朝在广西设立的土官机构，治所在今广西龙州。元师生：语不通，疑为"元帅"之误。

［4］将：带着。

［5］脚色：履历

[6]赍贡:恭送贡品。

[7]赵福禹:《明史·土司列传·广西土司》作"赵福瑀"。

[8]失陷:战败身亡。

[9]本部:指吏部。

[10]敬此:义同"钦此"。

[11]亲弟赵庆隆告袭:明人应槚等《苍梧总督军门志》卷四《广西布政司·太平府》所载上下冻州土官无此人,且其他土官姓名亦有差异:"西北二百五十里曰上下冻州。……宋为冻州,隶太平寨。元分上冻、下冻二州,隶太平路,后隶龙州。明兴,割隶太平府。各设流官吏目一员。洪武二年,上冻土官张招、下冻土官马志高乱平,始合为一州。土官赵帖从以平二州功,授知州。故,子福瑀袭。故,长子庆昌袭,故,绝。次子元礼袭。故,子广胜袭。故,子世贞袭。故,长子纲绝,次嫡子纪袭,绝。庶子文兴袭。故,子源恩袭。故,子继英袭。故,子廷玺袭。"

[12]听袭:等候袭任土官。

[13]赵世真:民国《龙州县志·上下冻州土官世系》作"赵世珍"。

思同州[1]知州

黄崇广,本州世袭土官。祖父黄宗胜,原袭曾祖父黄克嗣思同州知州,故。洪武十三年,父黄朝容系长男,告袭。三十一年十二月,奉太祖高皇帝圣旨[2]:"与他冠带,回去署事,还体勘他。钦此。"三十二年[3]实授。故。长男黄宗广[4],年六岁,永乐四年正月,奉圣旨:"他虽年幼,土人每[5]既信服他,着他袭做知州。钦此。"故。男黄威显,正统十三年十月,奉圣旨:"黄威显,既总兵官三司等官保勘明白,准袭他父知州,着回州管事,抚恤[6]人民。钦此。"故。长男黄志灏,成化十一年四月,奉圣旨:"准他袭。钦此。"

【注释】

[1]思同州:明代州名,属太平府,在今广西扶绥。《明史·土司列传·广西土司二》:"思同州,旧名永宁,为西原地,唐置,隶邕州。宋隶太平寨。洪武元年,土官黄克嗣归附,授世袭知州,设流官吏目佐之,属太平府。万历二十八年,省入永康州。"

[2]三十一年十二月,奉太祖高皇帝圣旨:此语不实。太祖高皇帝即朱元璋,他在洪武三十一年闰五月去世,不可能十二月还下圣旨。此圣旨应是继位的建文帝朱允炆所下。

[3]三十二年:洪武三十二年,实为建文元年(1399)。

[4]黄宗广:应为"黄崇广"之误。

[5]每:们。

[6]抚恤:安抚体恤。

左州[1]同知

黄郭鼎,前朝左州知州黄万明男,被上思州官族黄宗顺兴兵侵占赶逼,郭鼎流移[2]龙州住坐[3]。洪武元年归附。前土官知府黄英衍[4],将原占本州印信缴纳总兵官处。二年,蒙降本州印信,黄英衍拘留在已[5]三年,本州乡老接取黄郭鼎回州复业。故。亲男黄佛生,二十二年府令署事。二十八年,为谋杀等事,府帖准令男黄庆斌暂署州事。三十年,为陈情事提取[6],绝嗣。本年除流官知州张思温赴任。三十二年[7],放回为民。乡老张五等告保黄胜爵系土官宗派[8],应袭。三十二年,准袭本州同知职事。后有耆民[9]人等周安等,随本官朝贺,告保同知黄胜爵升除知州。本部议拟不准。永乐元年正月,奉圣旨:"他首先来朝,又有人保他,升做知州,只不做世袭。若不守法度时,换了。钦此。"故。男黄蕴亮年幼,宣德七年出幼[10],奉圣旨:"准他做,只不世袭。钦此。"故。成化十二年并二十年[11],节该伊次男[12]黄昱奏袭,行勘未报。文选司缺册,成化十三年选流官知州韩隆、周安。

【注释】

[1]左州:明代州名,属太平府,在今广西崇左市江州区。《明史·地理志·广西》:"左州,东有旧治,成化十三年迁于思崖村。正德十五年迁于今治,本古揽村也。西北有金山。南有丽江。西南距府百里。"

[2]流移:流落迁移。

[3]住坐:居住。

[4]黄英衍:太平府土官知府。参见前文《陀陵县知县》篇注释。

[5]拘留在已:将印信扣押在自己手中。

[6]为陈情事提取:因为告状之事被逮捕审讯。

[7]三十二年:洪武三十二年,实为建文元年(1399)。

[8]黄胜爵系土官宗派:据《明史·土司列传·广西土司二》载,黄胜爵是明代左州首任知州:"左州,旧名左阳,唐置,隶邕州。宋隶古万寨。元属太平路。洪武初,土官黄胜爵归附,授世袭知州。再传,子孙争袭,相仇杀。成化十三年改流官。"

[9]耆民:年高望重的民众。

[10]出幼:成年。

[11]成化十二年并二十年:即公元1476年及1484年。

[12]节该:连续呈报。伊次男:他的第二个儿子。

龙州[1]知州

赵帖坚[2],世袭土官。洪武元年归附,二年赴京朝觐,除龙州知州,兼守御职事。故。亲弟赵帖安男赵宗寿,二十五年十一月,奏准袭伯父赵帖坚职事[3]。故。男赵景升,洪武三十一年袭。赵景升为榜文事提问[4],病故,无子。堂叔赵武成承袭间,为不法事,提解行在都察院[5],病故。男赵仁政,宣德三年五月,奉圣旨:"着赵仁政做知州。还去催那三司的文书来。钦此。"故。男赵南杰,景泰四年正月,准就彼冠带。故。男赵源,成化十一年九月,准就彼冠带,到任管事。

广西　221

故,无嗣。赵相,系亲侄[6],及称该州地方设在极边,与交南[7]抵界,照岑瑢事理[8],免其赴京,欲令就彼给与冠带。正统三年,奉圣旨:"是。赵相与做知州,还不世袭。钦此。"

【注释】

[1]龙州:明代州名,在今广西龙州。《明史·地理志·广西》:"龙州,元龙州万户府。洪武二年七月仍为州,属太平府。九年六月直隶布政司。南有龙江,自交趾广源州流入,即丽江也,有明江流入焉,下流为南宁府之左江。距布政司二千三百里。"按明代四川亦有龙州。

[2]赵帖坚:按民国《龙州县志·龙州土官世系》,载赵帖坚之前世系:"龙州职官,初为土司赵氏世袭。其先赵鼎,……以功受世袭龙州知州。……子奎袭。奎子老彭。彭子清臣,无子,以弟清任袭。任子帖坚,明洪武二年归附,授龙州知州世袭。"

[3]赵宗寿……袭伯父赵帖坚职事:此事内情复杂,在《明史·土司列传》及毛奇龄《蛮司合志》等文献中有详细记载。节录《明史·土司列传·广西土司三》部分文字:"龙州,古百粤地。汉属交阯。宋置龙州,隶太平寨。元大德中,升州为万户府。洪武二年,龙州土官赵帖坚遣使奉表,贡方物。诏以帖坚为龙州知州,世袭。八年改隶广西布政司。时帖坚言:'地临交阯,所守关隘二十七处,有警须申报太平,达总司,比报下,已涉旬月,恐误事机,乞依奉议、泗城二州,隶广西便。'从之。十六年,帖坚以孝慈皇后丧,上慰表,贡马及方物,赐绮帛钞锭有差。二十一年,帖坚病,无子,以其从子宗寿代署州事。帖坚卒,宗寿袭。郑国公常茂以罪谪居龙州。帖坚妻黄氏有二女,一为太平州土官李圆泰妻,茂纳其一为妾。时宗寿虽袭职,帖坚妻犹持土官印,与茂、圆泰专擅州事,数陵逼宗寿。会茂以病卒,其阍者赵观海等亦肆侮宗寿。宗寿乃与把事等以计取土官印,上奏,言茂已死,并械观海等至京。于是帖坚妻惶惧,使人告宗寿掳掠,又与圆泰谋劫茂妾并其奴婢往太平州,又尽掠赵氏祖父官诰诸物,又欲并取龙州之地。乃自至京,告宗寿实从子,不应袭,宗寿亦上章言状。帝乃诏宗寿勿问,下吏议帖坚妻与圆泰罪,既而以远蛮俱释之。……广西布政司言宗寿屡诏赴京,拒命不出,又言南丹、奉议等蛮梗化。帝复命致仕兵部尚书唐铎往谕宗寿,讫不从命。诏发湖广、江西所属卫所马步官军六万余,各赍三月粮,期以秋初俱赴广西。命都督杨文佩征南将军印,为总兵官,都指挥韩观为左将军,都督金事宋晟为右将军,刘真为参将,率京卫马步军三万人至广西,会讨龙州及奉议、南丹、向武

等州叛蛮。……宗寿偕耆民农里等六十九人来朝谢罪,贡方物。宗寿死,子景升袭。景升死,无嗣,以叔仁政袭。"

[4]为榜文事提问:所谓"榜文事"未见记载,不详。提问:提审讯问。

[5]提解:押送提审。行在都察院:应指南京都察院。行在:皇帝巡行所在地。南京是明代洪武、建文两朝京城,朱棣篡位之后将都城迁至北京,但仍然在南京保留了主要的朝廷机构,视为另一个京城。故明代有"两京"之说。

[6]赵相,系亲侄:按赵源死无嗣,其庶兄赵溥有二子:长赵相,次赵楷。赵相当立,而赵楷阴谋夺之,为祸多年。明田汝成《炎徼纪闻》记其事颇详,节录于此:"赵楷者,广西龙州土官族子也。其先赵帖坚,洪武初以万户府归附,改知州,六传而至赵源。源妻岑氏,田州知府岑镛女也,负其家势,专制部中。源死无子,而庶兄溥有二子,长相、次楷。州人推相当立,楷妒之,谓岑氏曰:'主何不自为地?相诚立,则州非主有也。何不购乳子而拥之?以主家之灵,谁敢异议者?是主世世有龙州也。'岑深然之,遂以立仆韦队之子璋,诡云遗腹,鞠之外家,而岑之兄子猛方炽,乃遣府目韦好以兵三千纳璋龙州,弗克。楷遂奏言:'璋实源子,当立,为相所篡。'事下督府,而楷、璋通赂,上下莫敢主相者。……嘉靖元年相死,州人立燧。五年猛伏诛。七年楷弑燧,州人立其族弟煖。时新建伯王守仁提督两广,幕客岑伯高者,幸用事,楷行赂伯高,言煖异姓,非赵氏裔,当立者楷也。守仁惑之,遣上思州知州黄熊兆核之,熊兆党伯高,言楷诚当立。以州印畀楷,楷遂弑煖,大乱。……都御史蔡经忧之,属副使翁万达及汝成曰:'愿二君戡定也。'万达谓汝成:'此贼非计擒,祸且不测。'时汝成填抚藤峡,万达独行郡,至南宁,故沉滞不为理,州人大哗。万达曰:'赵氏之族殚矣,非楷莫立者。顾负罪不丐我,故迟之耳!'楷闻之颇慰。万达乃遣人谓楷曰:'楷诚以三十一村赎罪,我当贷之,且以官畀。'楷益喜,万达愈厚与之,时时称楷智勇冠军,即南征可当一面。楷遂统精兵千人诣万达言事,且以三十一村地图来献。万达留语旬日,楷浸慰弛不为备,部兵多以乏粮遣归者。万达召楷及邓瑀等入见,伏壮士劫之,曰:'汝辈滔天罪,不得活命,尽今日矣!宜自为计,楷死,官必及汝子,可为书谕汝党勿乱也。'楷皇恐顿首曰:'门祚衰薄,丧乱频仍,官府悉以罪楷,何也?楷诚死,而官府食言,官不及楷子,奈何?'万达曰:'食言者,有如此日!'呼血而与之盟。楷乃流涕,头抢地曰:'楷知罪矣!'为书谕其党曰:'业已如此,乱无益也。可善抚我子,以存赵氏。'万达既得书,即日杖楷等毙之,以楷书谕其州人。时楷子匡时生四年矣,会汝成立之,一州悉定。"

[7]交南:安南,又称交趾,即今越南。

[8]岑溎事理:岑溎事的先例。岑溎是弘治间镇安府土官知府,因其继任时年幼,朝廷免其赴京朝见,准许就在原籍就职。

庆远府那地州[1]知州

罗黄貌,系宋朝世袭土官,归附。洪武七年,授本州知州[2]。九年,被利州知州岑志良杀害,劫去印信。十六年,男罗宝[3]赴京,钦蒙重发降印信,除授本州知州。十七年,被贼杀死。亲男罗挞[4],十九[5]准袭。故。男罗志通,永乐十年五月,奉圣旨:"准他袭。钦此。"故。嫡长男罗文愈,正统五年七月,奉圣旨:"他是土人,既有府州官保结,着他袭。还行文书与布政司覆勘,若不实,拿解来京。钦此。"疾。男罗武杰,年十一岁,成化十三年七月,奉圣旨:"着他袭。钦此。"患病。正德五年五月,男罗廷轳应袭,及称该州地方不宁,乞免本舍[6]赴京,准令就彼冠带。奉圣旨:"是。罗廷轳着做知州,还不世袭。钦此。"

【注释】

[1]庆远府:明代府名,治所在今广西河池市宜州区。《明史·土司列传·广西土司一》:"庆远,秦象郡,汉交阯、日南二郡界,后沦于蛮。唐始置粤州,天宝初,改龙水郡,属岭南道,乾符中,更宜州。宋升庆远军节度,咸淳初,改庆远府。元为庆元路。洪武元年仍改庆远府。时征南将军杨文既平广西,二年,行省臣言:'庆远府地接八番溪洞,所辖南丹、宜山等处,宋、元皆用其土酋安抚使统之。天兵下广西,安抚使莫天护首来款附,宜如宋、元制,录用以统其民,则蛮情易服,守兵可灭。'帝从之,诏改庆远府为庆远南丹军民安抚司,置安抚使、同知、副使、经历、知事各一员,以天护为同知,王毅为副使。三年,行省臣言:'庆远故府也,今为安抚司,其地皆深山旷野,其民皆安抚莫天护之族。天护素庸弱,宗族强者,动肆跋扈,至杀河池县丞盖让,与诸蛮相煽为乱,此岂可姑息以胎祸将来? 乞罢安抚司,仍设府置卫,以守其地。"报可。乃命莫天护赴京。"那地州:明代州名,在今广西河池市金城江区一带。《明史·土司列传》:"那地

224　土官底簿笺注

州,在府城西南二百四十里。宋熙宁初,土人罗世念来降,授世职。崇宁五年,诸蛮纳土,遂置地、那二州,以罗氏世知地州。大观中,析地州置孚州。元仍为地、那二州。洪武元年,土官罗黄貌归附,诏并那入地,为那地州,予印,授黄貌世袭土知州,以流官吏目佐之。"

[2]罗黄貌,系宋朝世袭土官,归附。洪武七年,授本州知州:这一记载应有误(至少亦是表述不清)。罗黄貌在宋朝已是土官,至明朝洪武七年已是百年之后,仍得任本州知州,无此可能。

[3]罗宝:清那地州土官撰《罗氏宗谱》作"罗明宝"。

[4]罗挞:清那地州土官撰《罗氏宗谱》作"罗程达"。

[5]十九:此语表述不清,疑应为"年十九"或"(洪武)十九年"。

[6]本舍:土官本人。

广南府同知[1]

侬即金[2],洪武十七年任本府土官同知。顽拗不服粮差[3],官军剿杀间逃亡。十九年,男侬真祐[4]袭。二十九年,又为开设广南卫守寨不服,官军擒杀。永乐六年,侬即金赴京自首,比先[5]诈死逃匿,首要改过自新。钦蒙放[6]去辽东住坐[7]。里老火头[8]何安等,先保侬真祐男侬郎举,系侬真祐等叛属,难准袭用,将节次奏过缘由。永乐二十二年十二月初九日,本部官题,奉圣旨:"侬真祐犯的事,在大赦以前了。他的儿子侬郎举,土人每既保他好,吏部行文书,着他知道。等他来朝时,与他官职去。钦此。"续该[9]本人到部,洪熙元年正月,奉圣旨:"这事都在大赦以前了,准黔国公[10]说,着侬郎举做广南府通判[11]。钦此。"故。男侬胤祖[12]袭。征进麓川有功,升本府同知[13]。故。男侬俊袭,故。庶长男侬寿龄,成化元年五月,准行令侬寿龄就彼冠带承袭。该三司会奏,侬俊庶次亲男侬良应袭。成化三年十一月,准行令侬良应就彼承袭。故。十八年六月,堂叔侬士英奉圣旨:"侬士英着做土官同知。钦此。"

【注释】

[1]广南府同知：此则应入"云南"篇，《土官底簿》编者误置于"广西"篇。广南府：明代府名，治所在今云南广南。《明史·土司列传·云南土司一》："广南，宋时名特磨道，土酋侬姓，智高之裔也。元至元间，立广南西路宣抚司。初领路城等五州，后惟领安宁、富二州。洪武十五年归附，改广南府，以土官侬郎金为同知。十八年，郎金来朝，赐锦绮钞锭。二十八年，都指挥同知王俊奉命率云南后卫官军至广南，筑城建卫。郎金父贞祐不自安，结众据山寨拒守。俊遣人招之，不服，时伏草莽中劫掠，觇官军进退。俊乃遣指挥欧庆等分兵攻各寨，自将取贞祐；又以兵扼间道，绝其救援。诸寨悉破，众溃，贞祐穷促就擒，械送京师。降郎金为府通判。"

[2]侬即金：应为"侬郎金"之误。

[3]顽拗不服粮差：性情刁顽，不交公粮不服差役。

[4]侬真祐：《明史·土司列传·广西土司》作侬贞祐，且为侬郎金之父。应是。此处作侬郎金之子，下文又称"先保侬真祐男侬郎举"，混乱不当。民国广南侬氏撰《亲供宗图》又云："壹世祖侬郎恐，前宋授宣抚职。生贰子：长不花，次贞祐。长不花，未袭身故，生子郎金。贰世祖侬郎金，明初授同知职。故，无嗣。三世祖侬正祐，袭受同知职。"亦难凭信：侬郎恐既然在宋朝做宣抚官，其孙却能在明朝授职，宋朝与明朝之间还隔了一个将近百年的元朝，从时间上说就不甚合乎逻辑；而所谓"贞祐"与"正祐"应是同一人，应是侬郎金的叔父，然而依此处所述，侄子为二世祖，叔父反为三世祖。此种混乱状况与《土官底簿》所述近似。按：明刘文征《滇志·羁縻志》所载广南府土官世系及世袭等事，较为可信："土官侬郎恐，元时为宣抚。有二子，长不花，次祯祐。不花生侬郎，天兵南下归附，授土同知。死无嗣，祯祐袭，后以他事罢罪死。洪武二十九年，镇守臣请官其子侬郎举，高皇帝曰：'侬祯祐犯事，在大赦已前，饶他。儿子侬郎举，土人你们既保他，也好。吏部行文书，着他知道。等他来朝时，与他官职。'至仁庙时，镇臣具疏再请，得旨：'准国公说，着侬郎举做广南府通判职事。'郎举死，子胤祖袭。正统中，以征麓川功，升同知。嘉靖中，侬承恩从征元江，殿后有功。死，无嗣，四门族舍、目兵、百姓，咸推侬文举以冠带署事。阿堂之役，率兵三千助征。凤继祖、别者龙之讨，皆以功奖。其后征河底，亦以功著。万历七年，遂实授同知。后征罕、岳，亦建功焉。文举死，子应祖继。二十一年，官兵征三乡，应祖亲获叛首阿机鲁、桥阿则，俘于军门，钦赏白镪百镒。二十八年，征播，征其兵二千，授之职。三十六年，征寻甸叛目，获大理保、杨礼，旌以四品服。应祖死，子绍周袭。自祯祐伏法，设流官，侬氏之泽斩矣，郎举得袭，实四门舍目之力。故至今沿为例，凡侬氏替袭，必由之。

土官之政多出四门,租税仅取十之一。土官贫弱以此。道险瘴恶,知府不至其地,郡篆以临安卫指挥一人署之。指挥以他事远出,则篆亦尘封一室,土酋取入其宅,必有瘟疫死亡。万历末年,侬绍汤争立,纠交趾兵象入郡,焚掠一空,迄今疮痍未苏。"

[5]比先:先前。

[6]放:流放。

[7]辽东:明代设辽东都司,在今辽宁,指此。住坐:居住。

[8]里老:指少数民族中有威望的老人。火头:土官手下的头目。

[9]续:接着;稍后。该:那。

[10]黔国公:指沐晟,开国功臣沐英之子,封黔国公,镇守云南。

[11]通判:官名。明代府通判为知府副手之一,正六品。

[12]侬胤祖:民国广南侬氏撰《亲供宗图》作侬印祖,当是其清代族人避雍正帝胤禛之讳而改。乾隆《云南通志·土司志·广南府土同知》亦作侬印祖。按:《云南通志·土司志》所载广南侬氏土官世系较为清晰:"元时,侬郎恐为宣抚,有二子:长布哈,次正佑。明初,布哈子郎金归顺,授土同知。死,无嗣。正佑袭,后以罪死。至洪熙时,侬郎举缘事降为通判。郎举死,子印祖袭,正统中以征䝾川功复同知。传至文举,历有战功。文举死,应祖袭,从官兵征三乡,亲获贼首阿机等,赐白金百镒;后又以征吐蕃、寻甸功,赐四品服。应祖死,子绍周袭,随征东川、寻甸有功,授土知府。绍周死,子鹏袭。本朝平滇,鹏投诚,授同知世职。鹏死,子绳英袭。绳英死,子振纪幼,妻严氏抚孤摄事。振纪旋死,庶子振裔办理地方事务。"不过未交代侬郎举为何人之子。

[13]同知:明代府同知为正五品,官级比通判高。

宜良县汤池巡检司[1]巡检

马祺,元江军民府因远罗必甸长官司[2]土民。永乐二年,父马奴[3]因晓夷语,选充通事[4],节跟[5]都指挥等官陈濬等,征进八百[6],累次下番[7]。故。宣德二年,马祺仍充通事。景泰元年,该云南车里军民宣慰司土官刀思弄发等,各奏保通事马祺入番年久,办事公谨,要照巡检马速鲁麻[8]事例,升除土官职事。景泰元年四月,奉圣旨:"既土官每保,准他升授巡检。钦此。"故。长男马添祥、次男马诠,相继故绝。马祺次男第三男马添禄应袭,缘伊父原充下番通事,保升土官巡检,不系军功升授,查有前项钦依,不曾开有世袭字样。成化十六年十一月奉圣旨:"马添禄准做土官巡检。钦此。"嘉靖九年十二月,马添禄改名荣禄。亲孙马瓒,奉钦依:"准令冠带,就彼到任管事。钦此。"

【注释】

[1]宜良县汤池巡检司巡检:此则应入"云南"篇,《土官底簿》编者误置于"广西"篇。宜良县:明代县名,属云南府,在今云南宜良。《明史·地理志·云南》云南府:"宜良,府东少南。东有大池江,一名大河,亦曰巴盘江。西有汤池巡检司。"

[2]元江军民府:明代土府名,治所在今云南元江。《明史·土司列传·云南土司二》:"元江,古西南夷极边境,……元时内附。至元中,置元江万户府。后于威远更置元江路,领罗槃、马笼等十二部,属临安、广西、元江等处宣慰司。洪武十五年改元江府。十七年,土官那直来朝贡象,以那直为元江知府,赐袭衣冠带。十八年,置因远罗必甸长官司隶之,以土酋白文玉为副长官。二十年,遣经历杨大用往元江等府练兵,时百夷屡为边患,帝欲发兵平之故也。二十六年,置元江府儒学。二十七年,知府那荣及白文玉等来朝贡。永乐三年,荣复入朝贡。帝厚加赐予,遂改为元江军民府,给之印信。"因远罗必甸长官司:明代土司机构名,在今云南元江。

[3]马奴:明刘文征《滇志·羁縻志》载:"宜良县汤池巡检司土官马奴,以通事屡偕诸使臣入三宣,后又导诸夷贡方物。正统中,以其子马祺为巡检,从诸夷酋之请也。凤继祖之乱,发其兵三百人。近以莽甸不靖,复征其众戍昆阳。今沿至马羲征袭。"与此处所云略有异。

[4]通事:翻译人员。

[5]节跟:几次跟随。

[6]八百:即所谓"八百媳妇国"(相传其国王有八百名妻室,故名),元明时在今泰国境内的一个小国,明初降顺明王朝,明廷在其地设置八百大甸军民宣慰使司,后来时有反叛。明刘文征《滇志·羁縻志·八百大甸军民宣慰使司》:"夷名景迈,世传其酋有妻八百,各领一寨,因名八百媳妇国。元初征之,不能得志,后遣使招附。元统初,置八百等处宣慰司。皇明洪武二

十四年,其酋来贡,乃立八百大甸军民宣慰使司。东至车里宣慰使司界,南至波勒蛮界,西至大古喇界,北至孟艮府界。自姚关东南行,至其地五十程。有南格刺山,下有河,南属八百,北属车里,平川数千里,辖部广远。其产巨象、安息、白檀诸香。民皆僰夷,刺花样于眉目间,见客则把手为礼。好佛恶杀,一村一寺,每寺一塔,殆以万计。有敌人侵之,不得已一举兵,得所仇而罢,名慈悲国。嘉靖间,为缅所兼,刀氏避居景线,一名小八百。缅以其弟莽应龙住居景迈城,为右臂。万历十五年,刀氏以文请兵恢复,议未许。今久为缅有矣。"

[7]下番:进入番人地区。

[8]马速鲁麻:明初元江军民府少数民族人,原做通事,后得保举为巡检。参见前文《赤水鹏巡检司土官巡检》篇。

南丹州[1]知州

莫金,本州土人,系前任知州。洪武二十八年,莫金被大军剿捕[2]后,有都督同知韩观[3],令男莫禄暂管州事。三十五年[4]十一月,奉圣旨:"已前太祖皇帝时,有罪的人便罪之,饶了的便是好人。似这几个土官,他每既自知过,出来认纳粮差,又抚安得土人好,合当便着实用他。如何着他署事,你吏部行文书去,教黄世或、马进福、黄嗣弥[5]、莫禄知道,都着他每实授知州。改隶的州县地方不动。钦此。"年老。男莫植[6]替职。宣德三年三月,奉圣旨:"是。钦此。"故。男莫必升[7],景泰四年正月,奏准就彼冠带。武进伯朱瑛[8]等照敕书事理,将应袭弟莫必胜,准令就彼冠带承袭。天顺三年七月,奉圣旨:"是。钦此。"故。嫡次男莫继恒保袭[9],弘治二年七月,奉圣旨:"是。钦此。"

【注释】

[1]南丹州:明代州名,属庆远府,在今广西南丹。《明史·土司列传·广西土司一》:"南丹州,宋开宝初,土官莫洪胭内附。元丰三年置南丹州,管辖诸蛮,历世承袭。元至正末,莫国

麒纳土,命为庆远南丹溪洞安抚使。明洪武初,安抚使莫天让归附。七年置州,授莫金知州,世袭,佐以流官吏目。金以叛诛,废州置卫。后因其地多瘴,迁之宾州。既而蛮民作乱,复置土官知州,以金子莫禄为之。"

[2]莫金被大军剿捕:明人应槚等《苍梧总督军门志》卷十七:"(洪武二十八年)奉议州土官黄世铁,南丹州土官莫金,都康、向武等州土官乱,命左都督杨文等讨之。先是,文等奉命讨龙州赵宗寿,大军至龙州,宗寿降,遂命移师向诸州。斩黄世铁,分军向武、都康等州,斩其蛮众。至镇安府,抚定土官岑志纲,即征其土兵,抵龙英州,防遏贼冲。寻获土官黄嗣隆,斩之。复攻南丹州,土官莫金遁,杀其子莫万和,擒莫应台等,械之军中。"《明实录·太祖实录》等文献亦有记载。

[3]韩观:明初江南凤阳人,武将,历官广西都指挥使、都督同知、征南将军等,多年镇守广西。

[4]三十五年:洪武三十五年,实为建文四年(1402)。

[5]黄世或:明代广西向武州知州。参见《向武州知州》篇。马进福:未详。《明史·土司列传》及其他相关文献未见其人。黄嗣弥:明代广西奉议州知州。参见《奉议州知州》篇。

[6]男莫桢:清南丹州土官所撰《巨鹿宗支南丹知州宗谱》,载莫禄之子为莫继祯:"莫禄之子莫继祯,字元章,号琴台,承袭南丹知州。正统年间带兵平宜山属诸溪峒,以功授庆远府同知,仍知州事。"

[7]莫必升:明人应槚等《苍梧总督军门志》卷四《广西布政司·庆远府》作"莫必胜",且所载其他南丹州土官姓名、任职时间等亦与此处内容有异:"西二百四十里曰南丹州。……唐羁縻蛮人之地,宋元丰间立为南丹州,设土官管辖诸峒群酋。元属庆远南丹溪峒等处安抚司。明兴,洪武初仍为州,省永、隆、福、延四州入焉。二十八年废州,设南丹卫,寻复置州。设流官吏目一员。土官莫金,洪武二年授知州。老,子祯袭,功升同知,又升福建运副,掌州事。故,子必胜袭。故,长子苏嵩绝,次子继太袭。故,子扬幼,以继太弟继恒袭。故,扬袭,绝。继太次弟继华生子振亨袭。故,子惟武袭。故,子从时袭。"

[8]朱瑛:籍贯未知,明初将领,官广西总兵等,封武进伯。

[9]嫡次男莫继恒保袭:清南丹州土官所撰《巨鹿宗支南丹知州宗谱》,载莫必胜之子为莫扬:"莫必胜之子莫扬,字显卿,号志勇,承袭南丹州知州。嘉靖五年随总督姚镆征田州之马寨,卒于军前。"

东兰州[1]知州

韦钱保，系世袭土官知州[2]。洪武十二年归附，授知州。十八年故。亲男韦万目[3]，二十八年准袭。患病。嫡男韦赞[4]，见年一十六岁，永乐五年八月，奉圣旨："准他替职。钦此。"故。长男韦济民，永乐二十二年五月，奉令旨："准他袭。敬此。"故，绝。韦钱保孙韦爵[5]，应袭，告保在官[6]，宣德七年，被首贼黄文进等杀死。长男韦玩，正统元年三月，奉圣旨："准他袭。钦此。"故。妾覃氏生男韦兴宗，年六岁，保伊叔韦善借职，候韦兴宗长成，退还职事。十一年七月，奉圣旨："是，准拟。钦此。"后韦兴宗长成，景泰四年正月，奏准就彼冠带替职，仍将伊叔韦善革去冠带闲住。韦兴宗病故，男韦祖铉，成化十一年十二月奉圣旨："准他袭。钦此。"老疾。男韦正宝阵亡，要将嫡孙韦虎臣替职，行勘未报。嘉靖二年十一月，抚按官会奏韦虎臣病故，男韦起云，幼小染病，将伊弟韦虎林承袭[7]，但称该州设在极边地方，仇杀未宁，比照岑溎事例，免其赴京，就彼实授。奉圣旨："是。韦虎林暂准冠带，照旧军前管事，待勘明之日，与他实授。以后务要依期领兵防守，若有违碍，抚按官奏来处治。钦此。"三年，复勘明白，奉圣旨："是。韦虎林准与实授。钦此。"

【注释】

[1]东兰州：明代州名，属庆远府，在今广西东兰。《明史·地理志·广西》："东兰州，洪武十二年置。以西兰州省入，又省安习、忠、文三州入焉。东南有滆洞江，一名都泥江，又名红水河，又名乌泥江。东北距府四百二十里。"

[2]韦钱保，系世袭土官知州：据《蛮司合志》及苏濬《广西土司志》载，韦钱保原先并非世袭土官，而是庆远土官韦富挠手下的头目，明初以欺骗手段夺取了主人的职位。《蛮司合志》："庆远土舍韦富挠，其先在唐宋时，世有东兰、西兰二州，及侬智高反，窜匿失官；逮其父晏勇，始据有东兰故地。洪武初，富挠遣土目韦钱保诣阙，上故元所授东兰州印，贡方物。时钱保欺谩，

故匿富挠名,而谩以己名上之。朝廷不察,即以钱保为东兰知州。奉朝命赴任,阳阳设施,富挠无如何。既而钱保以征敛暴急虐土民,土民不服。乘富挠怏怏,遂召众挟富挠称乱。官军进讨之,先擒其党韦公焕,力言钱保冒袭不平,土民激变有所自。于是,乃奏闻,执钱保去官,而敕富挠戴罪责后效,置余党不问。"(嘉庆)《广西通志·东兰州韦氏土官世系》亦有同类记载。

[3]亲男韦万目:按此人可能并非韦钱保之子,应为韦富挠之子。因为韦钱保冒名顶替之事已被发觉并逮捕撤职,应当恢复韦富挠的土官身份。

[4]韦赞:明苏濬《广西土司志》作"韦质",且注明引自《土官底簿》:"《土官底簿》云:韦钱保,世袭东兰知州,洪武十二年归附,授知州。十八年钱保死。子万目二十八年袭。万目患疾,子质永乐五年袭。质死,子济民二十二年袭。"误。但《明太宗实录》永乐九年六月项下又有:"辛亥,湖广保靖宣慰使彭勇烈、广西东兰州土官知州韦质,各遣人贡马,悉赐钞币。"据此,则有可能是《土官底簿》抄错。

[5]韦钱保孙韦爵:(嘉庆)《广西通志·东兰州韦氏土官世系》载"济民无子,以万目弟万喜之子爵袭"。韦爵疑非韦钱保之孙。

[6]告保在官:已向上级官府申报保举。

[7]男韦起云,幼小染病,将伊弟韦虎林承袭:按韦起云后来仍得承袭土官位。苏濬《广西土司志》所载与此有异:"兴宗死,子祖铉十一年袭。老疾。子正宝阵亡,孙虎臣应袭,病死。子起云幼病。嘉靖二年,以虎臣弟虎林袭。《通志》云:虎林颇知文墨,由是官族兵目皆衣汉衣服。嘉靖十年,虎林有疾,乃以起云袭。起云死,子应龙袭。"

奉议州[1]知州

黄嗣昌,系向武州土官知州黄世彧[2]男。嗣昌有祖黄志威[3],已备方物,令伯父黄世铁赴京奏准,除伯父黄世武任都康州知州[4],次伯父黄世铁任向武州知州,父世彧授富劳县知县。洪武三年,祖黄志威朝贡回,还向武州,在闲五年。总兵官江夏侯[5]大军到来南宁府[6],祖父统领土兵,接济军饷,蒙授奉议州兼守御事[7]。后赴京朝贺,十五年正月会同馆内故。二十八年,为镇安府奏发[8],蒙大军到来征进,父黄世或惧怕,前往泗城州寄住。三十二年[9],蒙总兵官招谕,父黄世或回守地方。赴京,三十三年,除署向武州土官,带管富劳县事。永乐元年实授。先有奉议州头目周真进等,告保黄嗣昌袭管奉议州事。因有兄黄嗣弥在闲,亦是黄志威一般嫡孙,让兄黄嗣弥承袭,除授知州。被田州府知府岑永通令弟岑永宁杀死兄嗣弥全家,头目黄文召告保黄嗣昌承袭。永乐四年正月初九日早,本部官[10]于奉天门[11]引奏,奉圣旨:"着他做奉议州知州。不志诚时,换了。钦此。"故。庶长男黄宗荫,奉议、向武二州目民陈荫等,告保袭奉议州知州兼管向武州事。本部参照,黄宗荫既系黄嗣昌庶长亲男,应袭奉议州知州;其向武州知州黄嗣让,亦系黄宗荫同宗,今既绝嗣,本州事务亦各准令黄宗荫带管。宣德七年二月,奉圣旨:"是。钦此。"[12]故。男黄文显袭职。景泰四年六月,奏准就彼冠带。

【注释】

[1]奉议州:明代州名,属思恩府,在今广西田阳。《明史·地理志·广西》:"奉议州,元直隶广西两江道。洪武五年省入来安府,七年二月复置,直隶行省。二十八年复废,寻复置,直隶布政司。嘉靖六年二月来属。东有旧城。今治本砦林村也,洪武初,迁于此。北滨南盘江,有州门渡。距府百十里。"

[2]黄世或:《广西土司志》作黄世彧。应是。

[3]黄志威:据《明史·土司列传》所载,黄志威原为元代田州府总管,但此说存疑,因为元代有田州路无州府,且田州地方为岑氏土官地盘。

[4]除伯父黄世武任都康州知州:按前文《都康州知州》篇所载,都康州知州为冯姓土官,被黄世威(即此处之黄志威)侵占,冯姓土官逃难,被广西总兵官召回仍任原职。并无朝廷任命黄世武任都康州知州之说。

[5]总兵官江夏侯:指周德兴。周德兴为元末明初凤阳人,明朝开国功臣,平广西,封江夏侯。

[6]南宁府:明代府名,治所在今广西南宁。

[7]按:黄志威得授奉议州知州兼守御事,《明史·土司列传·广西土司三》所载与此处所

云有异:"奉议州,宋置。初属静江军,后属广西经略安抚司。元属广西两江道宣慰司。洪武初,土官黄志威旧为田州府总管,来归附。二年,诏授其子世铁为向武州知州,世袭。三年,志威入朝贡。六年,招抚奉议等州百十七处人民,皆款服。帝嘉志威功,命以安州、侯州、阳县属之。七年,以志威为奉议州知州兼守御,直隶广西行省。"

[8]奏发:上奏朝廷告发。

[9]三十二年:洪武三十二年,实为建文元年(1399)。

[10]本部官:指吏部官员。

[11]奉天门:明代皇宫诸门之一。

[12]按:据《明史·土司列传·广西土司三》所载,黄宗荫并未实授知州,乃署职:"宣德二年,署州事土官黄宗荫,遣头目贡马。正统五年,宗荫科敛劫杀,甚且欲戕其母。母避之,杀母侍者以泄怒,为母所告。佥事邓义奏其事,帝敕总兵官柳溥及三司按验以闻。"

泗城州[1]知州

岑振,系本州土官知州岑善忠嫡长男。振祖父岑恕木罕,授宣命散官、武略将军、来安[2]总管。父岑善忠,袭授宣命武略将军、来安路总管。洪武初款附,给降印信,授来安府知府。五年,被宗叔岑坚捏词排陷[3],大军收捕,已沐恩宥[4]。总兵官江夏侯将来安府与田州府知府岑坚兼守御事,本府衙门不曾革并。七年,复附降印,授泗城州知州职事[5]。故。长男岑振袭[6]。故。长男岑瑄[7],差头目苏祥赍奏。永乐元年五月,奉圣旨:"岑瑄,准他袭了。钦此。"故,绝。妻卢氏袭职。永乐二十二年七月,照钦依例:"准他袭,行文书着他知道。敬此。"镇巡三司奏,岑豹告系岑瑄亲侄,比先曾立为嗣,因年幼,伯母卢氏借职;今豹长男大[8]。会议令岑豹承袭,令卢氏在闲,量拨附近田庄养赡终身。本部依拟具题。宣德七年五月,奉圣旨:"是。钦此。"故[9]。男岑应应袭[10],成化十四年四月,奉圣旨:"是。钦此。"

【注释】

[1]泗城州:明代州名,在今广西凌云。《明史·土司列传·广西土司三》:"泗城州,宋置,隶横山寨。元属田州路。其界东抵东兰,西抵上林长官司,南抵田州,北抵永宁州。洪武五年,征南副将军周德兴克泗城州,土官岑善忠归附,授世袭知州。十三年,善忠子振作乱,寇利州,广西都司讨平之。十四年,善忠来贡方物。二十六年,振遣人贡马及方物,诏赐以钞锭。"

[2]来安路:元代行政区划名,治所在今广西田阳。明初改来安府,后撤。

[3]捏词排陷:捏造不实之词陷害。

[4]沐恩宥:蒙受皇恩得到宽恕。

[5]岑善忠……授泗城州知州职事:明泗城土官岑兆禧撰《岑氏宗支世系》称"岑善忠,袭父职,洪武六年又因田州说讪,降印隆州,奉训大夫,广西泗城州知州"。

[6]长男岑振袭:明泗城土官岑兆禧撰《岑氏宗支世系》载岑善忠长子名岑子振:"岑子振,长房,袭父职奉训大夫、广西泗城州知州。"

[7]长男岑瑄:明泗城土官岑兆禧撰《岑氏宗支世系》载岑子振(岑振)之子为岑均,岑瑄为岑均之子:"岑均,袭父职奉训大夫、广西泗城州知州。岑瑄,长房,袭父职。故,绝。"

[8]今豹长男大:应为"今豹长大"。"男"字衍。

[9]按:岑豹其人横暴,与伯母卢氏不和,且多次兴兵侵掠周边土司领地。《明史·土司列传·广西土司》、苏濬《广西土司志》、毛奇龄《蛮司合志》等均有相关记载。如《明史·土司列传·广西土司》:"宣德元年,女土官卢氏遣族人岑台贡马及银器等物,赐赉有差。八年,致仕女土官卢氏奏,袭职土官岑豹率土兵千五百余人谋害己,又弃毁故土官岑瑄塑像,所为不孝,难俾袭职。豹叔利州知州颜亦奏豹兴兵谋杀卢氏,州民被害。……正统元年,豹遣人入贡。二年,豹攻利州,掠其叔颜妻子财物。朝廷官至抚谕,负固不服,增兵拒守。云以闻,乞发兵剿之。帝敕云曰:'蛮夷梗化,罪固难容,然兴师动众,事亦不易,其更遣人谕之。'五年,颜奏豹侵占及掠掳罪。头目黄祖亦奏豹杀其弟,籍其家。瑄女亦奏豹占夺田地人民,囚其母卢氏。帝复遣行人朱升、黄恕斋敕谕之,并敕广西、贵州总兵官亲诣其地,令速还所侵掠,如不服,相机擒捕。六年,总兵官柳溥奏:'行人恕、升同广西三司委官谕豹退还原占利州地,豹时面从,及回,占如故。今颜欲以利州、利甲等庄易泗城、古那等甲,开设利州衙门,宜从其请,发附近官军送颜赴彼抚治蛮民。倘豹仍拒逆,则率兵剿捕。'从之。八年,豹遣人奉贡,赐彩币。十年,豹复奏颜占据其地,帝令速予议处,不可因循,贻边方害。成化元年,豹聚众四万,攻劫上林长官司,杀土官岑志

威,据其境土。兵部言:'豹强犷如此,宜调兵擒捕,明正典刑。'从之。未几,豹死。"

[10]男岑应应袭:明泗城土官岑兆禧撰《岑氏宗支世系》载岑豹之子名岑真应:"岑真应,长房,字山鸣,袭父职。"

田州府上隆州[1]

知州岑永通,系本府在城籍,已故田州府知府岑坚长男。洪武元年,领众归附。二年十月,除授知州。二十六年,父岑坚病故,永通系长男,具奏钦准,袭父田州府土官知府职事,带嫡长男岑祥在府,听承府事[2]。次男岑琼年幼,令房叔岑贵抚育。岑琼在州,协同流官办纳税粮等项事务。岑琼后长男[3],年一十六岁,出幼,自备马匹等物进贡,告授前职。本部查得本州知州岑永通,先袭故父岑坚知府职事,并上隆州除授流官管事等项,议拟不准。永乐四年十二月,奉太祖皇帝[4]圣旨:"着做知州。钦此。"故。男陈氏[5],宣德四年二月,奉宣宗皇帝[6]圣旨:"准他袭。行文书着他知道。钦此。"后陈氏故,绝。景泰四年,总督等官保本府已故土官知府岑绍庶次男岑铎,任本州知州。本月,奉景皇帝[7]圣旨:"是。钦此。"成化二年,都督和勇[8]等奏称"广西断藤峡[9],山极险峻,各贼哨聚为患。看得先任田州府上隆州知州岑铎,被伊祖母岑氏奏其奸嫂、谋杀亲兄岑鉴,拿送广西布政司收监候。伊母妻奏诉,并无奸嫂杀兄情由。臣访得岑铎所犯,系土官衙门争论事理。伏乞以地方为重,岑铎宥[10]其可矜疑之罪[11],令其复任上隆州知州职事,迁来断藤水路中间地名碧滩,开札[12]衙门,把截[13]道路"等因。[14]奉宪宗皇帝[15]圣旨:"他每既会议处置停当[16],都准行,该看了来说。钦此。"该兵部咨查议覆奏,奉宪宗皇帝圣旨:"是。都准议,碧滩立做武靖州[17],隶浔府[18];岑铎饶了罪,着[19]武靖州知州。钦此。"行令岑铎武靖州土官知州。正德三年,故。庶长男岑玘应袭,及称该州设在断藤峡口,盗贼不时出没,不可缺官抚理,合照岑鋑事例,免其赴京。奉武宗皇帝[20]圣旨:"是。着做知州,还不世袭。钦此。"

【注释】

[1]上隆州:明代州名,在今广西田阳。按:此题中"上隆州"后应漏"知州"。

[2]听承府事:令他帮助处理本府事务。

[3]岑琼后长男:应为"岑琼后长成"或"岑琼后长大"之误。

[4]太祖皇帝:应为"太宗皇帝"之误。"太宗"为永乐帝朱棣庙号。"太祖"是朱元璋庙号。

[5]男陈氏:误。此"陈氏"为岑琼之母,岑琼死无子,陈氏袭任。《明史·土司列传·广西土司二》:"上隆州,宋置,隶横山寨。元属田州路,明因之。后改隶布政司。洪武十九年,上隆知州岑永通遣从子岑安来贡,赐绮帛钞锭。洪熙元年,土官知州岑琼母陈氏来朝,贡马,赐钞币。宣德四年以陈氏为知州。时琼已卒,无子,土人诉于朝,愿得陈氏袭职,故有是命。"《蛮司合志》亦有记载云:"宣德四年,上隆州土官知州岑琼卒,无子,有侄岑松尚幼。土人诉于朝,言琼母陈氏有才识,可理州事,愿得陈氏袭职,以抚其民。诏从之。土官之子死而母袭者,自陈氏始。"

[6]宣宗皇帝:即朱瞻基,年号宣德,庙号宣宗。

[7]景皇帝:即朱祁钰,年号景泰,庙号代宗。

[8]和勇:明初将领,蒙古人,官左都督等,封靖安伯。

[9]断藤峡:地名,在今广西桂平。本名大藤峡,明代前期,此处有巨藤贯穿河峡上方,人可行其上,故名。明田汝成《炎徼纪闻》:"断藤峡旧名大藤峡,云其江发源柳庆,东绕浔州,碕礧矶排,滩泷汹漰,两岸万山盘礴六百余里。西北联武宣县,迤逦而东,绵络象州、永安、修仁、荔浦、平乐诸州县,截以府江西南,接贵县依左江而下,包桂平带平南抵藤县,浸淫苍梧。大抵藤峡面势以桂平大宣乡崇姜里为前庭,象州东乡、武宣北乡为后户,而右贵县之龙山、左藤县之五屯,若两臂也。峡以北巢峒屋列,不可殚名。"后因瑶民起事,明廷遣韩雍平之,斩断巨藤,改名断藤峡。

[10]宥:饶恕。

[11]可矜疑之罪:证据可疑的罪名。

[12]开札:开设驻扎。

[13]把截:驻扎把守。

[14]按:据《蛮司合志》载,奏赦岑铎使其调任武靖州知州者,是韩雍而非和勇:"大藤峡在

浔州万山中，山有水，名浔江，发源柳、庆，东流至州，经象州、永安、修仁、荔浦、平乐诸境，夹江两山，皆崟岈巉巢。其最险恶地为大藤峡，以其有孤藤渡磵，如徒杠然，故名。南截浔水为府江。自藤峡至府江，约三百余里。其地惟藤峡最高，登峡则数百里皆历历在目。故军旅往来，顾盼立尽。诸蛮以此为奥区，桂平大宣乡、崇姜里为前庭，象州东乡、武宣北乡为后户，藤县五屯障其左，贵县龙山据其右，若两臂然。峡北岩洞以百计，如仙女关、九层崖，尤极险厄者。峡以南，有牛肠、大峜诸村，皆缘江立寨。藤峡、府江之间为力山，力山之险，倍藤峡焉。……先是，峡中有大藤如斗，延亘两厓，诸蛮皆缘之以渡。至是，斩峡藤断之，名断藤峡。……既平，雍乃上言：'诸猺之性，惮见官吏，摄以流官，终难靖乱。上隆州土知州岑铎，先因祖母奏其盗嫂谋兄，故推鞫在禁；乃五年之间，竟无证佐。臣愚，以为鸟兽之族，岂识彝伦？暧昧之言，讦自中蕡。闻其人骁勇冠军，倘被以特恩而复其职，改隶浔州为诸猺长，则效治可立计也。'……上皆允纳。于是设武靖州于断藤峡，以岑铎为知州，属浔州府。"

[15]宪宗皇帝：即朱见深，年号成化，庙号宪宗。

[16]停当：妥当。

[17]武靖州：明代州名，在今广西桂平。《明史·地理志·广西》："桂平……东北有武靖州，成化三年置，万历末废。"

[18]浔府：浔州府，明代府名，治所在今广西桂平。

[19]着：应为"着任"或"着做"。

[20]武宗皇帝：即朱厚照，年号正德，庙号武宗。

恩城州[1] 知州

岑烈，本州原任知州。洪武二十六年故，绝。景泰四年九月，奏保本府土官知府岑绍庶次男岑钦[2]，任本州知州。奉圣旨："是。钦此。"

【注释】

[1]恩城州：明代州名，在今广西桂平。

[2]岑钦:据《明史·土司列传·广西土司二》,岑钦为田州土官岑溥之叔,后任恩城州知州数十年,死后州被废:"恩城州,唐置,宋、元仍旧。明初因之,隶广西布政司,朝贡如例。成化十九年,知州岑钦,田州土官岑溥叔也,相仇杀。溥败,钦入田州,焚府治,大肆杀掠。溥诉于制府,下三司官鞫理。弘治三年,钦复入田州,与泗城土官岑应分据其地。巡抚秦纮请调兵剿之。兵部言兵不可轻动,惟令守臣谕令应缚钦自赎。五年,钦走岑应所借兵,总镇檄应捕之,钦遂杀应父子。已而应弟接俫以兵送钦,亦杀钦父子。有司以恩城宜裁革,从之,州遂废。"

庆远府忻城县[1]知县

莫敬诚[2],系本府宜山[3]县民,前八仙屯土官千户莫保子孙。总兵三司保擒治房族[4]土兵一千名口纳粮,追出原虏[5]去良民人口妇男一十六口送官,升本县知县世袭。故。男莫凤,未袭先故。孙莫鲁应袭。本部看系初袭人数[6]。成化十三年七月,奉圣旨:"莫鲁,准袭他祖原职。钦此。"

【注释】

[1]忻城县:明代县名,在今广西忻城。《明史·地理志·广西》庆远府:"忻城,府南少东。西有乌泥江,即都泥江。北有三寨堡土巡检司。"

[2]莫敬诚:《明史·土司列传·广西土司一》作莫诚敬:"忻城,宋庆历间置县,隶宜州。元以土官莫保为八仙屯千户。洪武初,设流官知县,罢管兵官,籍其屯兵为民,莫氏遂徙居忻城界。宣、正后,猺獞狂悖,知县苏宽不任职。猺老韦公泰等举莫保之孙诚敬为土官,宽为请于上官,具奏,得世袭知县。由是邑有二令,权不相统,流官握空印,僦居府城而已。弘治间,总督邓廷瓒奏革流官,土人韦保为内官,阴主之,始独任土官。"

[3]宜山:明代县名,在今广西河池市宜州区。

[4]房族:本族。

[5]虏:通"掳",掳掠。

[6]看系初袭人数:查实是原定袭职人员之一。

崇善县[1]知县

赵福贤,系本县世袭土官知县赵元佐男。洪武元年款附,二年授袭祖职。患病。长男赵暹,永乐元年正月,奉圣旨:"是。准他替职。钦此。"宣德三年[2],为侵占地方杀掳等事[3],全家抄札[4]。景泰二年,该太平等州县乡老[5]何全等,告保李循懋承袭。三司议得李嵩系李懋[6]诈名,及目老[7]黄杲等告保前土官农污孙男农广贤。盖土人挟诈多端,若保别县之人,终不信服。合无[8]除授流官知县,前来掌管。正统三年[9]八月,奉圣旨:"是。选的当[10],除去[11]抚治夷民。钦此。"

【注释】

[1]崇善县:明代县名,在今广西崇左市江州区。《明史·地理志·广西》太平府:"崇善,倚。府治驮卢村,洪武二年徙治丽江。旧县治在府西北,嘉靖十九年迁入郭内。北有青连山。东有将军山,下有威震关,一名伏波关。南有府前江,即丽江,又西有逻水流入焉。北有壶关,正德三年置。又东北有保障关。"

[2]《明史·土司列传》载事在宣德元年。

[3]侵占地方杀掳等事:按赵暹所犯罪行不止如此。《明史·土司列传·广西土司二》:"宣德元年,崇善县土知县赵暹谋广地界,遂招纳亡叛,攻左州,执故土官,夺其印,杀其母,大肆掳掠,占据村洞四十余所。造火器,建旗帜,僭称王,署伪官,流劫州县。事闻,帝命总兵官顾兴祖会广西三司剿捕。兴祖等招之,不服,遣千户胡广率兵进。暹扼寨拒守,广进围之,给出所夺各州印,抚谕胁从官民,使复职业。暹计穷,从间道遁。伏兵邀击,及其党皆就擒。"

[4]抄札:抄没家产。

[5]乡老:乡里德高望重的老人。

[6]李懋:前句作"李循懋"。

[7]目老:土官手下的老头目。

[8]合无:是否。

[9]按明人应槚等《苍梧总督军门志》卷四《广西布政司·太平府》载崇善县改土归流的时间在宣德元年:"附郭曰崇善县。……宋建,隶古万寨。元隶太平路,明兴因之。土官知县,设流官典史一名。宣德元年,赵暹以兵逼府,为乱伏诛,改设流官知县。"

[10]选的当:挑选适当的人。

[11]除去:任命为那里的官员。

太平府养和州[1]知州

赵志兴,本州世袭土官籍。归附,授本州知州。故。无嗣。本州头目欧二等告保弟赵方承袭兄职护印,故。男赵武宁年幼,布政司将本州印信,暂令土官弟赵志真掌管。赵武宁出幼袭职,永乐元年二月,奉钦此[2]:"既是年幼,免他来,准他袭了职。钦此。"故。族目人等告保依[3]庶兄赵武高袭职,五年九月,奉圣旨:"免他来,着袭了职。钦此。"查得天顺四年八月内,太平府知府林贵等奏保赵茂授职,本部参系不准人数[4],本州已除流官管事,年久仍难准理。

【注释】

[1]养和州:查各相关文献均无此州,应为"养利州"之误。养利州:明代州名,属广西太平府,在今广西大新。《明史·地理志·广西》太平府:"养利州,有旧州三,一在州北,一在西北,一在东北。又西北有养水。北有通利江,至崇善县注于丽江。以上二州,元属太平路。南距府百五十里。"

[2]奉钦此:误。应为"奉钦依"。

[3]依:误。应为"伊",意为"他的"。

[4]参系不准人数:查得此人不在土官继任人名单。

上石西州[1]知州

何士弘[2],本州籍,系静江府[3]人。为因本州官亡绝[4],本府举保权办州事。洪武二年,给降印信,开设衙门,就任本州知州。故。二十一年,府令男何义护印。亦故,无嗣。本宗别无以次儿男。本州印信,一向头目邓婴守护,及族目黄高兴。何士弘不系同族,委系异姓无干之人,不系承袭。成化十五年正月,题准选除流官知州彭侃讫[5]。

【注释】

[1]上石西州:明代州名,先后属思明府、太平府,在今广西宁明。《明史·地理志·广西》:"上石西州,元属思明路。洪武末省。永乐二年复置。万历三十八年来属。东有明江,西北流入丽江。东北距府三百三十里。"

[2]何士弘:明人应槚等《苍梧总督军门志》卷四《广西布政司·思明府》作"何仕弘"。

[3]静江府:宋代府名,治所在今广西桂林。元代改静江路,明代改桂林府。此处称元代人何士弘是静江府人,不当。

[4]本州官亡绝:上石西州土官知州曾更换几姓。《明史·土司列传·广西土司二》:"上石西州,宋属永平寨,元属思明路。明初属思明府,至万历三十八年改属太平府。州更土官赵氏、何氏、黄氏凡三姓,皆绝,始改流官。"

[5]讫:了结此事。

永平寨巡检司[1]巡检

黄文聪,本府土官籍。有前土官知寨韦义郎家人韦进,告有家人韦义郎,于洪武二十七年三月初八日故,黄文聪署事。革并。[2]

【注释】

［1］永平寨巡检司：明代土司名，在今广西宁明。《明史·地理志·广西》："思明府，元思明路。洪武二年七月为府，直隶行省。九年直隶布政司。南有明江，有永平寨巡检司。"

［2］按：本则文字表述不清。

结安州[1]知州

张仕泰，本州世袭土官。洪武元年归附，二年除授知州[2]。故，绝。亲弟张仕荣[3]赴京朝贡，二十六年袭。故。长男张高，永乐四年正月，奉圣旨："准他袭。钦此。"正统十一年，布政司咨，据该州倘甲村土民赵王二等告称，被结伦州知州冯宗富等，聚众将本州知州张高杀死。

嘉靖七年[4]添设三十员：

武靖州知州岑邦佐[5]，田州吏目岑邦相[6]，临时[7]巡检龙奇[8]，岩马甲巡检卢苏[9]，大田子甲[10]巡检黄富，万洞甲[11]巡检陆豹，杨院[12]巡检林盛，思郎[13]巡检胡喜，累彩[14]巡检卢凤，怕河[15]巡检罗玉，武龙[16]巡检王笋[17]，拱甲[18]巡检邢相，床甲[19]巡检卢保，婪凤[20]巡检黄陈，下隆[21]巡检黄对，县甲[22]巡检罗宽，篆甲[23]巡检黄采[24]，砦桑[25]巡检戴得[26]，怕牙[27]巡检李德，思幼[28]巡检杨赵，侯周[29]巡检戴庆，思恩白巡检王受[30]，兴龙[31]巡检韦贵，定罗[32]巡检徐五，定安[33]巡检潘良，古零[34]巡检覃益，旧城[35]巡检黄石，那马[36]巡检苏关[37]，下旺[38]巡检韦文明，都阳[39]巡检王晋。

【注释】

［1］结安州：明代州名，属太平府，在今广西天等。《明史·地理志·广西》："结安州，西有堰水，下流入丽江。西南距府二百二十里。"

［2］张仕泰……二年除授知州：按明人应檟等《苍梧总督军门志》卷四《广西布政司·太平

广西　243

府》所载结安州首任知州为张福海,其子孙承袭者亦有异:"东北二百二十里曰结安州。……宋为结安峒,隶太平寨。元隶太平路,后改为州。明兴因之,土官知州一员,流官吏目一员。土官张福海,洪武元年授知州。故,子仕荣袭。故,次子仕太袭。故,子高袭。故,子伯纲袭。故,次子伯通袭。故,子文贵未袭故。子威显未袭故,绝。次子威烈未袭故。子世胡未袭故。子墩瑶袭,绝。次子惠聪袭,故,绝。三子惠攸见在。"

[3]张仕荣:《明史·土司列传·广西土司二》载张仕荣为结安州首任知州:"结安州,旧名营周,亦西原农峒地。宋置结安峒,隶太平寨。元改州,属太平路。洪武元年,土官张仕荣归附,授世袭知州,设流官吏目佐之。"

[4]此年王守仁平定广西田州土官之乱,奏请朝廷在原田州、思恩两府内新设土官三十名,以分割削弱田州、思恩两土官势力。

[5]岑邦佐:原田州土官知府岑猛之子,岑猛发动叛乱被杀,朝廷将岑邦佐调往武靖州,武靖州在今广西桂平。明人应槚等《苍梧总督军门志》卷四《广西布政司·浔州府》:"东北三十里曰武靖州。……原碧滩地。成化三年总督都御史韩雍以其地为断藤峡要路,立武靖州。时上隆州土知州岑铎犯奸嫂杀兄在禁,奏宥其罪,迁其原管土兵男妇于此,世为武靖土官知州,仍设流官吏目一员。铎故,子玘袭。绝,以田州府岑猛子邦佐袭。嘉靖五年猛乱,安置邦佐于漳州。八年,总督尚书王奏复故子鉴管州事。"

[6]岑邦相:亦为岑猛之子,岑猛被杀,朝廷以岑邦相继任,但降为田州判官(一作吏目,未知孰是)。

[7]临时:一作"凌时",地名,在田州府。明人应槚等《苍梧总督军门志》卷八《兵防·广西》:"田州凌时土巡检司,巡检龙寄。"此下二十八个土巡检司,均在明代原田州府、思恩府境内,即在今广西百色、河池两市境内。部分土巡检司具体辖境难以详考,其土官情况亦多失载。

[8]龙奇:明人应槚等《苍梧总督军门志》卷八《兵防·广西》作"龙寄"。

[9]岩马甲:明代地名,应在今广西百色市境内。《苍梧总督军门志》卷八《兵防·广西》作"砦马":"砦马土巡检司,巡检卢苏。"卢苏:本为田州府土官手下土目,嘉靖初与王受联手发动叛乱,被王守仁招抚,得任世袭土巡检。

[10]大田子甲:《苍梧总督军门志》卷八《兵防·广西》作"大田":"大田土巡检司,巡检黄富。"应在今广西百色市境内。

[11]万洞甲:明代地名,应在今广西巴马。《苍梧总督军门志》卷八《兵防·广西》作"万

峒":"万峒土巡检司,巡检陆豹。"

[12]杨院:明代地名,应在今广西百色市境内。《苍梧总督军门志》卷八《兵防·广西》作"阳院":"阳院土巡检司,巡检林盛。"

[13]思郎:明代地名,应在今广西百色市境内。

[14]累彩:明代地名,应在今广西百色市境内。

[15]怕河:明代地名,应在今广西百色市境内。

[16]武龙:明代地名,在今广西百色市右江区。

[17]王笋:《苍梧总督军门志》卷八《兵防·广西》作"黄笋"。

[18]拱甲:明代地名,应在今广西百色市境内。

[19]床甲:明代地名,应在今广西百色市境内。

[20]婪凤:明代地名,在今广西田东。

[21]下隆:明代地名,在今广西田东。

[22]县甲:明代地名,应在今广西百色市境内。

[23]篆甲:明代地名,在今广西巴马。

[24]黄采:《苍梧总督军门志》卷八《兵防·广西》作"黄莱"。

[25]砦桑:明代地名,具体不详。

[26]戴得:《苍梧总督军门志》卷八《兵防·广西》作"戴德"。

[27]怕牙:明代地名,具体不详。

[28]思幼:明代地名,具体不详。

[29]侯周:明代地名,应在今广西百色市境内。

[30]白:应为"白山",明代地名,在今广西马山。王受为嘉靖初田州、思恩土官叛军首领之一,后被王守仁招抚,并得任白山土巡检司世袭土巡检。《苍梧总督军门志》卷八《兵防·广西》:"思恩府……白山土巡检司,巡检王受。故,侄王珍袭。故,子王对袭。"

[31]兴龙:应为"兴隆",明代地名,在今广西马山。《苍梧总督军门志》卷八《兵防·广西》:"思恩府兴隆土巡检司,巡检韦贵。故,子韦□袭。"

[32]定罗:明代地名,在今广西马山。《苍梧总督军门志》卷八《兵防·广西》:"定罗土巡检司,巡检徐五。故,子徐猛袭。"

[33]定安:应为"安定",明代地名,在今广西田林。《苍梧总督军门志》卷八《兵防·广

西》:"安定土巡检司,巡检潘良。故,子廷文袭。被杀,次子廷宝袭。"

[34]古零:明代地名,在今广西马山。

[35]旧城:明代地名,在今广西平果。《苍梧总督军门志》卷八《兵防·广西》:"旧城土巡检司,巡检黄石。故,子黄元袭。"

[36]那马:明代地名,在今广西马山。

[37]苏关:《苍梧总督军门志》卷八《兵防·广西》作"苏门":"那马土巡检司,巡检苏门。被杀,绝,土目黄理袭。故,子黄旸袭。"

[38]下旺:明代地名,在今广西平果。《苍梧总督军门志》卷八《兵防·广西》:"下旺土巡检司,巡检韦文明。故,子明阳袭。"

[39]都阳:明代地名,在今广西都安。

四川

乌撒军民府[1]土官知府

实卜[2]，系妇人。洪武十六年，除本府女知府。患病，男阿能应替。洪武十八年六月，敬依[3]准替。实卜病故，长男禄革先故，嫡孙卜穆年幼，保次男阿能替职。后卜穆年长，赴京朝奏。二十四年，奉太祖皇帝圣旨："袭了。钦此。"卜穆故。男凯班年幼，卜穆亲弟阿达借职。永乐十六年正月，奉太宗皇帝圣旨："只着他亲男凯班做知府。钦此。"阿达发回。凯班未任病故。保阿达佺安铭赴京告袭，中途亦故。又保卜穆弟能得袭职。宣德二年九月，奉圣旨："着能得袭做知府。钦此。"故。堂弟尼禄，宣德五年六月，奉圣旨："准他袭。钦此。"故。堂叔公普茂，系阿能长男能得堂弟[4]，正统四年四月，奉圣旨："准他袭。还着三司保结前来。钦此。"故。卜穆应袭曾孙福客，患病。保前故知府阿能长孙陇旧借袭。成化四年三月，本部题准，行令陇旧冠带到任管事。福客病痊，照旧退还承袭。故。后陇旧患风病，退还福客亲弟安伯承袭。成化十三年八月，奉圣旨："是。钦此。"行令安伯就彼冠带袭职。故。男福沙亦故。户绝。三司奏保，舍人安得，系已故土官知府实卜嫡派土官知府尼禄长男宇通嫡长男，安得应袭。弘治三年六月，奉圣旨："是。钦此。"

【注释】

[1]乌撒军民府：明代府名，治所在今贵州威宁。《明史·地理志·四川》："乌撒军民府，元乌撒路，后至元元年九月属四川行省。洪武十五年正月为府，属云南布政司。十六年正月改属四川布政司。十七年五月升为军民府。西有盘江，出府西乱山中，经府南为可渡河，入贵州毕节卫界。有可渡河巡检司。又西有赵班巡检司。又有阿赫关、郚撒二巡检司。东南有七星关。东有老鸦关，又有善欲关，皆与贵州毕节卫界。又南有倘唐驿，路出云南沾益州。东北距布政司千八百五十里。"军民府：明代在少数民族地区设置的行政区划。

［2］实卜：明代乌撒女土官，首任知府。明刘文征《滇志·羁縻志》载其人及其子孙世袭事较详："沾益州土官安举宗，在元为曲靖宣慰使。其后有禄哲，大兵平南，哲妻实卜与夫弟阿哥归附，卜授乌撒府知府，哥授沾益州土知州。(《志草》作阿索)传至安九鼎，世绝，妻安素仪典州事，因以乌撒安绍庆继，实禄哲七世孙墨次子乌撒酋安云龙弟：此沾益绝而乌撒继也。其后，云龙为乌人安国正所杀，复以绍庆次子效良为乌撒土知府：此乌撒绝而沾益继也。绍庆死，长子效忠先卒，沿孙安远袭。效良弟效贤娶于水西，曰设科，水、蔺之变，与效良合。其法堕、落龙、瓦乍、木洞诸营长以叛，远不能制，寻死。远弟边，初赘亦佐酋妇隆氏，今以继远，而诸营阴阳于水、乌间，为滇寇，边寄空名而已。土官营栅坐石龙山，险阻四塞，介蜀、黔之境。所部四十八营，以勇健称，其众三倍乌撒云。"《四库全书·云南通志·土司志》："明初开滇，有禄哲妻实卜，与夫弟阿哥归顺，卜授乌撒土知府，哥授沾益土知州。"应本自刘文征《滇志》。

［3］敬依：通"钦依"，圣旨。

［4］堂叔公普茂，系阿能长男能得堂弟：此语应有误。上文称能得与尼禄为堂兄弟，此处称普茂为尼禄之堂叔公，则普茂不可能又是能得之堂弟。

建昌卫军民指挥使司白水马驿土官驿丞[1]

陈真，系前建昌府杂造局[2]民。洪武二十五年，为因月鲁作耗[3]，人民逃散，蒙土官指挥使安的差委，招抚夷民，就令署驿接应走递[4]。三十一年，本官带领陈真赴京奏保，钦授本驿土官驿丞。老疾。宣德六年，男陈得名奉圣旨："准他替。也不世袭。钦此。"老疾。男陈忠，查无会奏，拟将本人发回，奏定夺。景泰四年十二月，奉圣旨："路远，往复人难。着他冠带回去管事。仍行都布按三司，保勘明白。若有奸诈，解来发落。钦此。"

【注释】

［1］建昌卫军民指挥使司：明代带土司性质的军事机构名，驻建昌，在今四川西昌。《明

史·地理志·四川》："建昌卫军民指挥使司,元建昌路,属罗罗蒙庆宣慰司。洪武十五年正月为府,属云南布政司,兼置卫,属云南都司。十月,卫府俱改属四川。二十五年六月,府废,升卫为军民指挥使司。二十七年九月来属。领守御千户所四、长官司三。南有泸水,流入金沙江。又北有长河,南有怀远河,西南有宁远河,下流俱合于泸水。"白水马驿:明代驿站名。在今四川西昌境内,其地又有巡检司。驿丞:主管驿站的小官。

[2]建昌府:明代府名,治所在今四川西昌。杂造局:官府中机构名,负责工程建造等。此陈真应属匠籍。

[3]月鲁作耗:指月鲁帖木儿发动的叛乱。月鲁帖木儿原为元朝云南行省平章,降明后得任建昌卫指挥使,后于洪武二十五年发动叛乱。《明史·土司列传·四川土司一》："洪武五年,罗罗斯宣慰安定来朝,而建昌尚未归附,十四年遣内臣赍敕谕之,乃降。十五年置建昌卫指挥使司。元平章月鲁帖木儿等自云南建昌来,贡马一百八十匹,并上元所授符印。诏赐月鲁帖木儿绮衣、金带、靴袜,家人绵布一百六十疋,钞二千四百四十锭。以月鲁帖木儿为建昌卫指挥使,月给三品俸赡其家。……二十五年,致仕指挥安配贡马,诏赐配及其把事五十三人币纱有差。已而月鲁帖木儿反,合德昌、会川、迷易、柏兴、邛部并西番土军万余人,杀官军男妇二百余口,掠屯牛,烧营屋,劫军粮,率众攻城。……(蓝)玉率兵至柏兴州,遣百户毛海以计诱致月鲁帖木儿并其子胖伯,遂降其众,送月鲁帖木儿京师,伏诛。"

[4]署驿:署理驿站主管。接应:接送往来官员。走递:递送物品。

建昌卫军民使司使司泸沽驿[1] 驿丞

杨兴祖,系本卫前僧纲司[2]籍民。洪武三十年赴京,除授前职,给由[3]。患病。男杨应亮,起送到部,查得先该杨兴祖朝贺到京,将历任脚色缘由[4],具告定夺。永乐元年正月,奉圣旨:"着他从新去做。钦此。"今要替职,为查本官原系举保授任,别无功迹。今告年老要替,难准。欲令回任,听终于官。伊男随父回还。宣德五年十月,奉圣旨:"准他替。只不世袭。"天顺四年,患疾。男杨勖患病。五年,兵部咨[5]男杨景昭就彼冠带,缘先年四川行都司[6]并本卫二次奏保,行仰三

四川 251

司会勘,到今二十七年之上,未见勘报。今奏前因,仍难定夺。弘治元年十一月,奉行勘[7],未报。

【注释】

[1]使司使司:后一"使司"赘,应删。泸沽驿:明代驿站名,在今四川冕宁。

[2]僧纲司:明代地方府、卫中主管寺院僧尼的机构。

[3]给由:考核后发给被考核官吏的证明文书。

[4]脚色:履历。缘由:得任职的原因。

[5]兵部咨:兵部奏报。此驿站设于建昌卫内,属兵部管。

[6]行都司:行都指挥使司的简称,明代军事机构名。

[7]奉行勘:奉命勘查。

乌蒙军民府[1]知府

实哲,系本府知府亦得[2]曾祖母。洪武十九年七月,蒙总兵官西平侯[3]钧旨:"亦得年幼,不谙理法。着令曾祖母实哲替职。"本年十一月,文华殿[4]启闻讫依蒙管事[5]。故[6]。男阿普[7]袭。故。纳孔[8]年幼,难袭。三十三年[9]六月,令伊妻[10]设北替任管事。亦故。缘男纳孔,先于三十一年五月,保纳孔妻撒可承袭前职[11],保部。永乐二年八月,奉圣旨:"着撒可袭了知府职事。还要布政司保来。钦此。"故。男禄昭告,要就府冠带承袭。宣德六年二月,奉圣旨:"准他就那里冠带。还催那保结来。钦此。"故。无子,正妻杨普亦故,止有次妾撒姑应袭。要照撒可等事例,就府冠带袭职。正统元年四月,奉圣旨:"照例准他。还催取布政司保结来。钦此。"故。要保已故长男厄勒正妻亦得母实固[12],就彼冠带。正统十二年七月,奉圣旨:"准他袭。还着三司保勘来,若不实,就着巡按御史拿了问。钦此。"亲男禄尉告袭,勘报。成化四年三月,准行令禄尉就彼冠带承袭。患病,伊妻实舟应替。六年九月,准袭。故。禄溥[13]族兄阿圭嫡长男禄载应袭,但称该府地方,与芒部犬牙相搀[14],难以摘离,行令本舍[15],照例纳谷三百石,就彼冠带管事。嘉靖三年七月,奉圣旨:"是,这土舍准照例纳谷。完日,就彼袭替。钦此。"

【注释】

[1]乌蒙军民府:明代府名,治所在今云南昭通。《明史·地理志·四川》:"乌蒙军民府,元乌蒙路,后至元元年九月属四川行省。洪武十五年正月为府,属云南布政司。十六年正月改属四川布政司。十七年五月升为军民府。西有凉山。北有界堆山,与叙州府界。西南有金沙江,下流合于马湖江。南有索桥,金沙江渡处。北有罗佐关。"

[2]本府知府亦得:本则文字,并未提及亦得任本府知府之事。而且全篇所述人物关系、土官任职时间等亦多有混乱矛盾之处。

[3]总兵官西平侯:指沐英,明初凤阳府人,明朝开国功臣,封西平侯,镇守云南。

[4]文华殿:明代皇城宫殿名。应指文华殿大学士之类。

[5]依蒙管事:语不通。应为"依例管事"。

[6]故:实哲之死,应在洪武二十九年之后,因为《明史·土司列传·四川土司一》载:"(洪武)二十九年,乌蒙军民府知府实哲贡马及毡衫。自是,诸土知府三年一入贡,以为常,或有恩赐,则进马及方物谢恩。"

[7]阿普:乾隆《云南通志·土司志·乌蒙土知府》载阿普为首任乌蒙土知府:"明初,阿普效顺,授乌蒙军民府知府,世其职,隶四川。"

[8]纳孔:依文意,此人应为阿普之子。

[9]三十三年:洪武三十三年,实为建文二年(1400)。

[10]伊妻:他的妻子。应指阿普的妻子。

[11]缘男纳孔,先于三十一年五月,保纳孔妻撒可承袭前职:文意混乱。上文称纳孔于洪武三十三年(建文二年)时还因年幼不能袭职,要由阿普之妻设北袭职,则纳孔又何能于洪武三十一年保举其妻任职?而且,既然已经有妻可以保举,为何自己反而不能任职?

[12]已故长男厄勒正妻亦得母实固:前文称亦得为"本府知府",此处称亦得为"已故长男

厄勒正妻",不知所云。且此厄勒为谁人之长男亦无交代。

[13]禄溥:此人身份无交代。

[14]芒部:指芒部军民府,明代土府名,治所在今云南镇雄。犬牙相搀:犬牙交错。

[15]本舍:该土官。

重庆府信宁[1]巡检司巡检

田惟载,思南民籍[2],明氏[3]时授怀远将军。洪武四年六月,大军平属[4],田惟载赴京朝觐。五年,将宣抚司改设思宁进忠长官司,授长官职事。会同馆[5]病故。有同去头目邢仕安告蒙[6],礼部奏,令男田茂常承袭,领敕印回还到任。为因地方系彭水、武隆[7]二县,先行附籍,别无地方申达。启,奉令旨,将思宁长官司改设信宁巡检司,系彭水县所属。五年,到任。患疾。次男田任谅告替。三十三年[8]十二月,准替。

【注释】

[1]重庆府:明代府名,治所在今重庆市。《明史·地理志·四川》:"重庆府,元重庆路,属四川南道宣慰司。洪武中为府,领州三,县十七。西北距布政司五百五十里。"信宁:地名,在今重庆武隆。

[2]思南:明代县名,在今贵州思南。民籍:明代户籍分为民籍、军籍等多种。

[3]明氏:指明玉珍。明玉珍,元末湖广随州人,农民军领袖,在四川重庆建大夏国称帝,后被朱元璋所灭。

[4]平属:平定所属地区。

[5]会同馆:京城所设会馆,接待外地来京人员。

[6]告蒙:奏告朝廷请求恩典。

[7]彭水:明代县名,在今四川彭水。武隆:明代县名,在今重庆武隆。

[8]三十三年:洪武三十三年,实为建文二年(1400)。

成都府茂州汶川县寒水[1]巡检司巡检

高小金,本县上寒水里人。父高良儿,前代世袭巡检。洪武七年六月,钦授世袭寒水巡检司土官巡检。故。当年,本处首目[2]孟道贵作耗[3],总兵官克复威、茂[4]等处。男高才贵投降,缘与孟道贵同寨人数,将印信给与副巡检孟尚保掌署。高才贵起解[5],行至中途,脱走回家,一向为民。后孟尚保为事[6],印信兵牌人[7]等掌管。三十一年,里老人等举保高才贵管事。赴京,礼部批回掌印,署。三十五年[8],除授巡检朱麒,到司管事。当年赴京朝贺,本官具告,本司原系土官衙门,高才贵见在告夺[9]。永乐元年二月,奉钦依:"那土人高才贵,已经赦了,便是好人。如今取他赴京来,除他去[10]。钦取[11]。"永乐二年正月,奉钦依:"着他做寒水巡检。守法度时,常教他做。不守法度,换了。钦此。"故。男高兴,永乐七年二月,奉令旨:"着他做巡检,只不做世袭。不守法度时,不用他。敬此。"故。男高茂林,宣德六年二月,奉圣旨:"准他做。不守法度时,换了。钦此。"正统七年,被贼杀死。九年,男高隆送部,查无保结,欲将高隆发回勘夺。本年十二月,奉圣旨:"高隆他父既被贼害,该管官吏人等,保勘他系嫡长男,着袭巡检职事,回去抚管夷民。着四川三司该府官覆勘,并查印信有无奏来,不许扶同[12]作弊。钦此。"患病。男高盛故,长孙高贵、玄孙[13]高天禄,相继病故。高隆庶长男高德,弘治十年十二月,奉圣旨:"是,高德准袭土官巡检。钦此。"

【注释】

[1]成都府:明代府名,治所在今四川成都。茂州:明代州名,在今四川茂县。汶川县:明代县名,在今四川汶川。寒水:地名,在今四川汶川。

[2]首目:土官头目。

[3]作耗:作乱;反叛。

[4]威、茂:威州、茂州。威州,明代州名,在今四川汶川。

[5]起解:押送审判。

[6]为事:因为犯事。

[7]兵牌人:持有兵牌的人。兵牌是一种军中凭证。

[8]三十五年:洪武三十五年,实为建文四年(1402)。

[9]见在:现在在世。告夺:申诉被夺职。

[10]除他去:让他去做官。

[11]钦取:应为"钦此"之误。

[12]扶同:互相勾结。

[13]玄孙:依文意,应为曾孙。

芒部军民府[1]知府

发绍,系本府已故土官安兹弟[2],袭职。洪武五年,总兵官立嗣,将侄男已作起发[3]赴京,给赐冠带回还。十六年四月,赐发绍实授知府。朝觐,病故。总兵官着令已作署府事。故。妻速感应袭。二十二年十月,奉钦依,做知府管事。故。男阿弟年幼,举保枝叶[4]小土官阿伯暂署府事,候阿弟长成承袭。二十八年,准令署事。阿弟出幼,备马赴贡告袭。永乐三年十二月,奉圣旨:"准他袭职。钦此。"十二年,妹香佩袭。故。兵部尚书王骥题,阿弟无子,保阿弟庶长男蜜戴[5],亦故。推保本人正妻奢贵,照本府女土官知府速感等缴部准令就府冠带事[6]例,令奢贵冠带管事。正统七年五月,奉圣旨:"准他。后不为例。钦此。"故。三司奏勘,居宗系奢贵亲子,应袭,要令就彼冠带。议拟再勘会奏。天顺三年五月,奉圣旨:"是。钦此。"未袭,故。成化四年,勘得居宗正妻奢懿应袭。本年三月,准行令奢懿就彼冠带承袭。故。二十年,奢懿男陇慰告袭,行勘未报。

嘉靖元年,参将何卿保土舍陇寿该袭,及弟陇政争夺。先该布政司结勘奏保,陇寿在万里不毛之地,既该彼处官司会勘,准照及边[7]事例,就令在彼袭替,仍取宗图。奏,奉圣旨:"是,准在彼袭替。钦此。"[8]

【注释】

[1]芒部军民府:明代府名,后改镇雄府,本属云南,后改隶四川,治所在今云南镇雄。《明史·地理志·四川》:"镇雄府,元芒部路,属云南行省。洪武十五年正月为府。十六年正月改属四川布政司。十七年五月升为军民府。嘉靖五年四月改府名。万历三十七年五月罢称军民府。……有益良州、强州,元俱属芒部路,洪武十七年后废。又有阿头、易溪、易娘三蛮部,元属乌撒路,洪武十五年三月属芒部府。"

[2]发绍,系本府已故土官安兹弟:按乾隆《云南通志·土司志·镇雄州土知州》载芒部土官世代皆为陇氏,并无此处所载之发绍、安兹等:"原为芒部路,陇氏世为酋长。明初设芒部府,隶云南。洪武十六年改为芒部军民府,隶四川,仍以陇氏为知府。嘉靖三年,陇政、陇寿兄弟争立,改设流官,改芒部为镇雄军民府。七年,夷酋普奴等叛,平之,仍令寿子胜袭知府职。胜传子清,清传子来凤。来凤死,妻禄氏更名陇应祥,办理府事。水西酋叛,应祥有保固功,授贵西道,卒封正议大夫。子怀玉袭,授大仆卿。怀玉卒,子鸿勋袭。本朝平蜀,鸿勋投诚,仍授世袭。传至天成、联岳、联嵩。联嵩死,子庆侯袭。雍正五年,乌蒙叛,以藏匿奸宄革职,配江西。改土府为州,设流官,隶云南。"

[3]起发:发送。

[4]枝叶:指同宗族的亲属。

[5]阿弟无子,保阿弟庶长男蜜戴:阿弟既有"庶长男",则"无子"之语不通。

[6]本府女土官知府速感等缴部准令就府冠带事:本书及其他相关文献未见记载此事。

[7]及边:应为"极边"之误,意为极其边远地方。

[8]按:陇寿与陇政等争袭芒部土官事,《蛮司合志》所载较此处更为详尽,节录部分内容:"芒部土官陇慰死,其子陇寿与陇政、支禄争立。朝命以嫡故立寿。而陇政、支禄倚乌撒土舍安宁等,数为乱,且称兵向寿。寿亦借水西兵相抵牾,而政竟杀寿,收寿印。川抚王轼与御史刘黻上其事。黻言宜顺从夷情以立支禄;而轼言陇政、支禄同以犯公杀朝廷命吏罪,不赦。诏遣参

将何卿督剿之,斩支禄并贼党二百余级,俘二十余人,降者数百。而政奔乌撒。卿令土舍安宁及土妇奢勿擒政以献,安宁初许诺,既而出献阿核、阿达尸,云政无有。久之,传政死。兵部议奏:'芒部陇氏,衅起萧墙,骚动两省。王师大举,始克荡平。今其本属亲支已尽,无人承袭。请改芒部军民府为镇雄府,设流官知府统之。分属夷良、母响、落角利之地为怀德、归化、威信、安静四长官司,使陇氏疏属阿济、白寿、祖保、阿万四人统之。其朝贡马匹,如程番府例。以重庆通判程洸升试知府,松潘参将何卿兼提督,守其地。'许之。"

东川军民府[1]知府

摄赛,系乌撒军民府前知府实卜长女,军民府[2]女土官知府姑胜古长男阿发娶为正妻。夫故,前知府姑胜古年老。洪武二十年,钦依承袭知府。二十一年,本府蛮民为逆,大将军收剿。二十四年复职。二十六年,奉太祖皇帝圣旨:"依旧设做府治,土官摄赛,还着他做知府。钦此。"故。男普合,备马赴京进贡。永乐四年正月,奉圣旨:"准他袭。钦此。"故。男阿得年幼,众议亲弟阿伯暂袭,候阿得长成袭替。具本[3],差小土官以车等赍奏。永乐十年正月,奉圣旨:"不准他兄弟袭,只着他儿子袭。便十岁以下,也着袭了。他那兄弟,既是夷民信服,着他做首领官名头[4],帮那小的办事。钦此。"故。后保堂弟普得,就府冠带。正统三年正月,奉圣旨:"既有三司委官保结,且准他袭。还行文书去照勘,若有不实,奏来定夺。钦此。"故。男乌伯,查勘应袭,准令就府冠带。天顺三年四月,奉圣旨:"是,钦此。"嘉靖五年,奏保禄庆承袭。本月奏圣旨:"是,禄庆准照例纳谷,完日就彼袭替。钦此。"[5]

【注释】

[1]东川军民府:明代府名,本属云南,后改隶四川,治所在今云南会泽。《明史·地理志·四川》:"东川军民府,元东川路,属云南行省。洪武十五年正月为府。十七年五月升为军民府,

改属四川布政司。二十一年六月废。二十六年五月复置。西南有马鞍山,府旧治在焉。寻移治万额山之南。"

［2］军民府:应指东川军民府。

［3］具本:准备好奏章。

［4］名头:头衔。

［5］按:乾隆《云南通志·土司志·东川府土知府》载东川府首任土知府为禄鲁祖,相关事亦多有异:"明洪武十四年开滇,禄鲁祖归附,授土知府,隶云南。后归四川,改东川军民府。传至禄千钟,以讨叛夷功,加四川按察司副使衔。至万兆,又以剿寇功加布政司参议衔。"

同知[1]

李任广,本州人,荫授[2]前宣慰司[3]副使。洪武四年投降,七年七月授龙州[4]同知。十六年,赴京朝贡。故。男李昭,洪武十八年启,准袭。故。男李觉,永乐十年正月,奉圣旨:"准他袭。钦此。"十二年,赴京朝贡。故。次男李爵应袭,二十二年正月,奉圣旨:"照例。钦此。"

【注释】

［1］同知:此处指龙州同知,龙州知州的副手。

［2］荫授:凭借父祖功勋而得授官职。

［3］宣慰司:土司机构名。

［4］龙州:明代州名,在今四川平武一带。《明史·土司列传·四川土司一》:"初,龙州薛文胜于洪武六年来降,命仍知龙州。既置松潘安抚司,命文胜为安抚使。既置松州卫,仍以松潘为龙州。宣德七年升龙州为宣抚司,以土知州薛忠义为宣抚使。龙州者,汉阴平道也。"

判官[1]

王祥，本州古城乡人，授前宣慰司副使。洪武四年投降，七年除授龙州判官。故。男王思民，十六年赴京朝觐。当年十一月袭职。患疾。男王真，永乐三年十二月，奉圣旨："既患眼疾，准他替了。钦此。"故，无嗣。故弟王智男王崇政，永乐二十二年正月，奉圣旨："照例。钦此。"故。王玺，系王思民庶长男，宣德三年十二月，奉圣旨："准他袭。钦此。"

【注释】

[1]判官：此处指龙州判官，龙州知州的副手之一，职位低于同知。

龙州宣抚司经历司知事[1]

康进忠，宣德二年充把事[2]。为因松茂作耗[3]，总兵官蒋贵[4]坐调本州土兵差委。土官知州薛义忠，同康进忠前赴军前听调，杀贼宁息[5]。七年，番蛮仍复作耗，本州差委督领，守有功。九年，升龙州为宣慰司。土官知州薛继贤，同里老吏文富，举保康进忠升任土官知事，不支俸给。十年十月，差把事王思聪伴送康进忠赴通政司告投[6]。本年十二月，奉圣旨："吏部知道。钦此。"正统元年正月，奉圣旨："既已土官土人举保，着他做知事，不为例。钦此。"故。男康志新先故，会奏，康志诚委系康进忠嫡男。成化十七年六月，奉圣旨："康志诚准做土官知事。钦此。"故。弘治六年并十三年，康茂禾、康茂伦，各奏承袭，行勘未报。弘治十五年，题康志诚故，康茂伦袭职，本舍[7]祖系保升，不曾开有世袭字样。奉圣旨："康茂伦准袭土官知事。钦此。"正德十三年，康茂伦亲男康廷凤该袭，正舍[8]

自祖以来不曾开有世袭字样。奏,奉圣旨:"是,康廷凤准袭。钦此。"

【注释】

[1]龙州宣抚司:明代土司机构名,由龙州升格,治所在今四川平武。《明史·地理志·四川》:"龙安府,元龙州,属广元路。明玉珍置龙州宣慰司。洪武六年十二月复置龙州。十四年正月改松潘等处安抚司。二十年正月仍改为龙州。二十二年九月改龙州军民千户所。二十八年十月升龙州军民指挥使司,后复曰龙州。宣德七年改龙州宣抚司,直隶布政司。嘉靖四十五年十二月改曰龙安府。领县三。南距布政司四百八十里。"经历司:隶属于宣抚司的机构。知事:小官名。

[2]把事:土官手下小头目。

[3]松茂:松,指松潘,地名,在今四川松潘,明代在此设卫,又曾设军民指挥使司。茂,指茂州,明代州名,在今四川茂县。作耗:作乱。松潘等地在明代多次叛乱。

[4]蒋贵:明代南直隶江都县人,大将,宣德间,长期与松潘等地诸番交战,历官总兵官、平蛮将军等,封定西侯。卒赠泾国公,谥"武勇"。《明史·土司列传·四川土司一》:"宣德二年,……四川巡按等奏松潘卫所辖阿用等寨蛮寇,拥众万余,伤败官军,请讨之。……遣都指挥金事蒋贵往,同松潘卫指挥吴玮招抚番寇,令调附近诸卫军二万人以行。时贼围松潘、叠溪、茂州,断索桥,官军与战皆败,出掠绵竹诸县,官署民居皆被焚毁,镇抚侯琏死之。蜀王护卫官校七千人来援,命都督陈怀与指挥蒋贵等合师亟讨之,而枭宏于松潘以徇,并窜诸将之贪淫玩寇者。三年,陈怀等率诸军屡败贼于圪答坝、叶棠关、夺永镇等桥,复叠溪,抚定祁命等十族,又招降渴卓等二十余寨,松潘平。八年,八部安抚司及思囊儿十四族朝贡之使陛辞,令赍敕还谕其土官,俾约束所辖蛮民,安分循理,毋作过以取罪戾。九年,敕指挥金事方政、蒋贵等抚剿松潘。政等至,榜谕祸福,威、茂诸卫俱听命,惟松潘、叠溪所辖任昌、巴猪、黑虎等寨梗化。政令指挥赵得、宫聚等以次进兵,平龙溪等三十七寨,班师还。命蒋贵佩平蛮将军印,镇守松潘。"

[5]宁息:平息;平定。

[6]通政司:明代中央政府机构名,长官为通政使,正三品。告投:投送相关文书并禀告诉求。

[7]本舍:该土官。

[8]正舍:义同"本舍"。

天全六番招讨太平驿[1]土官驿丞

高庸,本司土人。洪武年间,本司委接递使客。永乐八年,任驿丞。故。男高孟仪,十年袭。故。男高伦,景泰二年袭。故。长男高志洪,成化十四年二月二十七日,准袭。

【注释】

[1]天全六番招讨:即天全六番招讨司,明代土司机构名,在今四川天全。《明史·土司列传·四川土司一》:"天全,古氐羌地。五代孟蜀时,置碉门、黎、雅、长河西、鱼通、宁远六军安抚司。宋因之,隶雅州。元置六安抚司,属土番等处宣慰司,后改六番招讨,又分置天全招讨司。明初并为天全六番招讨司,隶四川都司。"太平驿:明代驿站名,在今四川汶川。

平乐府照平堡[1]巡检司巡检

龙彪[2],冠带千长[3]。先该峒老黄昌等复设州治巡检,举保龙彪授本堡巡检。会议得千长龙改授照平堡巡检,带领土兵,乘坐哨船,专一巡哨。弘治九年十月,奉圣旨:"是。钦此。"

【注释】

[1]平乐府照平堡:按:此则应属"广西"篇,《土官底簿》作者误置于"四川"篇。平乐府:明代府名,治所在今广西平乐。《明史·地理志·广西》:"平乐府,元大德五年十一月置。洪武元年因之。领州一,县七。北距布政司百九十里。"照平堡:应为昭平堡,地名,在今广西昭平。又据《蛮司合志》,明代四川播州宣慰使司辖境亦有昭平堡,设有巡检司:"土官,则知府四人,曰乌撒,曰乌蒙,曰芒部,曰东川;同知一人,曰乌撒;判官一人,知事一人,曰龙州;把事一人,曰马

湖;巡检八人,曰信宁,曰侮伲溪,曰麻剌村,曰昭平堡,曰寒冰,曰宁戎,曰明月,曰三盆。"《土官底簿》作者将两省同名小地名混淆。

[2]龙彪:明代广西平乐县土官。明人应槚等《苍梧总督军门志》卷八《兵防·广西》:"平乐府平乐县……昭平寨巡检司,土巡检一员龙彪,系昭平里人,充千长,杀贼有功,弘治六年奏升。故,子景云署印管事。故,弟龙腾云袭。老疾,子星先故,次子昊袭。故,星子润鸿袭。故,子袭。弓兵二十八名。"

[3]冠带千长:有官服的千户。

马湖府[1]知府

安济,蛮夷长官[2]籍罗罗[3]人。洪武四年投降,患病,令男安本代领各司土官王麒等赴京。五年正月,改立马湖府,安济授世袭知府。患病。男安本,奏准袭职。故。男安潜,永乐五年三月,奉圣旨:"准他袭。钦此。"男安灏,正统三年二月,奉圣旨:"且准他袭。还行文书去体勘,如果违碍,具奏定夺。钦此。"故。弟安洪,景泰三年二月,奏准行令就彼冠带袭职。患疾,长男安鳌,成化六年六月,准行令就彼冠带替职。弘治八年,文选司付开[4],土官知府安鳌,为事问拟凌迟[5]处死,家口迁徙。抚巡三司,奏要改设流官知府。本部覆题,奉圣旨:"准改设流官知府。钦此。"选知府程春震讫。

【注释】

[1]马湖府:明代府名,治所在今四川屏山。《明史·土司列传·四川土司一》:"马湖,汉犍为郡内地也,有龙马湖,因名焉。唐为羁縻州四,总名马湖部。洪武四年冬,马湖路总管安济,遣其子仁来归附,诏改马湖路为马湖府。领长官司四:曰泥溪,曰平夷,曰蛮夷,曰沐川。以安济为知府,世袭。"

[2]长官:指长官司,土司机构名。

四川　263

[3]罗罗:一种古代少数民族名。

[4]付开:交付记录。

[5]为事:因为犯罪。问拟:初审判决。凌迟:将犯人碎割而死的刑罚。

龙州[1] 知州

薛文胜,本州镇平乡人。先任明氏[2]龙州宣慰司同知,洪武四年投降。七年,授龙州知州。十二年,克复松州[3],文胜署松州事。十三年,招谕到雪郎等一十四族土官,备马赴京朝觐。钦依松潘安抚司[4]安抚。故。男薛继贤,十八年九月,奉太祖皇帝圣旨:"不要照勘,准他承袭。钦此。"十九年,备马赴京谢恩。二十年,赴京请授诰命[5]。本年正月,奉太祖皇帝圣旨:"改为龙州知州,与他诰命。钦此。"患疾。长男薛忠义,永乐二年八月,奉圣旨:"准他替,钦此。"宣德二年,为因松潘番人作耗,坐[6]调本职,前征有功。宣德九年十一月,升袭宣抚司[7]宣抚。患疾。男薛志升,正统二年十二月,奉圣旨:"该部知道。钦此。"兵部掌行[8]。

【注释】

[1]龙州:明代州名,在今四川平武一带。

[2]明氏:明玉珍,元末农民军领袖,曾在四川重庆建大夏国称帝。

[3]松州:指松州卫,在今四川松潘。

[4]钦依:圣旨(授予)。安抚司:明代土司机构名。

[5]诰命:皇帝授予官员家属荣誉称号的文书。

[6]坐:因此事。

[7]宣抚司:明代土司机构名。

[8]兵部掌行:兵部负责执行。宣抚司、安抚司均为武职土司,归兵部管理。

贵州

婺州县[1]知县

田惟厚，思南宣慰司[2]民，祖土居头目[3]，前元授武德将军、沿溪洞掌管职事。男田茂得，患病未任。故。后有婺州县缺流官土官知县。宣慰田大雅[4]举保伊男田任信，永乐元年四月，奉圣旨："准他做，只不做世袭。若不守法度时，换了。钦此。"患疾。男田弘济应袭，为查无田任信不系世袭官员[5]，今既患疾，本县见有流官知县孙骑管事，难以准袭。具奏，将本人送顺天府[6]，给引照[7]回原籍讫。

【注释】

[1]婺州县：应为"婺川县"之误。婺川县，明代县名，属思南府，在今贵州务川。《明史·地理志·贵州》思南府："婺川，府北。元属思州安抚司。洪武五年属镇远州，十七年后仍属思州，永乐十二年三月来属。东有河只水，又有罗多水，下流俱注于水德江。"

[2]思南宣慰司：即思南镇西等处宣慰使司，明代土司机构名，治所在今贵州思南。后改思南府。

[3]祖土居头目：祖上是世代居住于此的土官手下头目。

[4]田大雅：明代贵州土官，洪武十一年任思南宣慰使司宣慰使。

[5]为查无田任信不系世袭官员："无"字赘余，语不通。

[6]顺天府：明代府名，治所在今北京，属朝廷直辖。

[7]引照：证明身份准许通行的文书。

县丞

陈隐,思南思印江长官司积[1],祖土居头目,前元授思州安夷县知县。男陈思贤,洪武四年,前土官宣慰使田任智委令官解方物[2],在途病故。后因婺州县[3]缺土官县丞,宣慰使田大雅将伊男陈怡举保。永乐元年四月,奉圣旨:"准他做,只不做世袭。若不守法度时,换了。钦此。"故。庶长男陈瑀保袭,查无世袭事例,发回原籍当差。

【注释】

[1]思印江长官司:明代土司机构名,属贵州思南府,在今贵州印江,后改印江县。《明史·地理志·贵州》思南府:"印江,府东。本思印江长官司,元属思南宣慰司。永乐十二年三月属府。弘治七年六月改为印江县。"积:疑为"籍"之误。

[2]官解方物:押送地方官进贡朝廷的特产赴京。

[3]婺州县:为"婺川县"之误。

都儒五堡三坑等处巡检司[1]巡检

申世隆,原三坑图人。前任大万山长官司[2]长官申俊,系世隆孙男。该宣慰使田大雅举保到部,永乐元年四月,除授前职。故。正统七年,保男监生申祐袭职,本部参得[3]不系世袭,奏准立案。景泰四年,三司又保嫡孙申秩承袭,本部仍参不系世袭。三月二十九日,奏准发回为民。文选司缺册内,查得成化十年七月,除流官朱光。

【注释】

[1]都儒五堡三坑等处巡检司:明代土司机构名,在今贵州思南。《明史·地理志·贵州》思南府:"有都儒五堡三坑等处巡检司,又有覃韩遍力水土巡检司;又有板桥巡检司,旧属石阡府,后来属。"

[2]大万山长官司:明代土司机构名,属贵州铜仁府,在今贵州铜仁。《明史·地理志·贵州》:"永乐十一年置铜仁府,万历二十六年始改铜仁长官司为县治。领长官司五:曰省溪,曰提溪,曰大万山,曰乌罗,曰平头著可。"

[3]本部:指吏部。参得:查得。

贵州都司普安卫军民指挥使司安顺州[1]同知

阿窝,原充龙家[2]寨长。洪武十四年归附,累年[3]备马赴京朝贺。十八年,除授本州判官。三十五年,无嗣[4]。亲侄阿宇,本年九月,奏准令袭职。升本州同知。永乐五年十二月,男阿宠替职。景泰二年,遇例纳米[5],升知州。故。长男张承祖,天顺七年闰七月,题准不为常例,将张承祖准袭土官知州,仍贴[6]流官知州办事。成化二年,为因土官安受堂弟安查与土官顾钟争管地方仇杀人命,互相奏告。三司会问[7]得张承祖造意[8],主使杀人。监故。男张节故,绝。太监张成[9]等奏称,张承祖既是不曾犯该奸盗判逆[10]革职等罪,在监病故绝嗣,张杰系承祖胞养为子堂侄[11],应袭。其张杰高叔祖阿窝,原任土官判官;伊曾祖阿宇,原任土官州同知,俱因军功升授。成化十八年三月,奉圣旨:"张杰,准他袭土官州同知。钦此。"故。侄张轼,弘治十六年告袭。查本舍祖父不曾开有世袭字样。奉圣旨:"张轼准袭土官同知。钦此。"

【注释】

[1]贵州都司:指贵州都指挥使司。是明代贵州最高军事机构。普安卫军民指挥使司:明

代土司性质的军事机构,设于普安州。《明史·地理志·贵州》:"普安州,本贡宁安抚司,建文中置,属普安军民府。永乐元年正月改普安安抚司,属四川布政司。十三年十二月改为州,直隶贵州布政司。万历十四年二月徙治普安卫城。三十年九月属府。普安卫旧在州南,洪武十五年正月置,属云南都司,后改属贵州都司。二十二年三月升军民指挥使司。万历十四年二月,州自卫北来同治。"安顺州:此处疑有误。明代前期有安顺州,并不属于普安卫军民指挥使司管辖,后升安顺府。《明史·地理志·贵州》:"安顺军民府,元安顺州,属普定路。洪武十五年三月属普定府,十八年直隶云南布政司,二十五年八月属四川普定卫,正统三年八月直隶贵州布政司。成化中,徙州治普定卫城。万历三十年九月升安顺军民府。"或另有安顺土州。

[2]龙家:古代贵州少数民族名。明王士性《黔志》:"土无他民,止苗彝。然非一种,亦各异俗。曰宋家,曰蔡家,曰仲家,曰龙家,曰曾行龙家,曰罗罗,曰打牙犵狫,曰红犵狫,曰花犵狫,曰东苗,曰西苗,曰紫姜苗。"《蛮司合志·贵州》:"至若龙家,则俗类仲家,而衣尚白,遇丧,服则易之以青。然有所谓小头龙家、大头龙家、狗耳龙家者。"

[3]累年:连年。

[4]三十五年,无嗣:有漏字,应为"三十五年故,无嗣"。三十五年:洪武三十五年,实为建文四年(1402)。

[5]遇例纳米:遇到朝廷颁布相关条例缴纳粮米换取官职。

[6]贴:依靠;帮助。

[7]会问:会同审问。

[8]造意:出主意;主谋。

[9]太监张成:应为贵州镇守太监。

[10]判逆:为"叛逆"之误。叛逆,指反叛、忤逆,这是古代的重罪。

[11]胞养为子堂侄:本是堂侄,但从小当作亲生儿子养育。

镇远府[1]同知

何斌,思南宣慰使司镇远州镇远金容金达蛮夷长官司[2]籍,祖土居头目。曾祖何信甫,前原任高舟洞长官[3]。故。祖何九升,任思印江长官司正长官。故。父何济,系嫡长男,袭职。本州知州戴子美病故,户无应袭之人,蒙思南宣慰使司宣慰田大雅将父举保。洪武三十五年[4]九月,奉圣旨:"州县设的官,都依太祖皇帝旧制。这长官,准他保做知州。钦此。"后该贵州镇远府镇远州吏目胡焘,奏称民少官多,要行裁革。镇远州存留,新设镇远府[5],将土官知州调除同知判官,对品[6]改用;其余流官,乞取回部[7]。三司议计得,镇远府镇远州委的[8]民少官多,欲将镇远州裁革,存留镇远府,管属各长官司。本州土官知州、同知、判官何瑄等乞敕[9],该部定议,知州量改[10]镇远府佐二官[11]职事,同知、判官量改镇远、施秉[12]二长官司正副长官等职。本州流官印信,俱送该部。正统三年四月,奉圣旨:"该部知道。钦此。"议得镇远府镇远州委的民少官多,要将镇远州裁革,止存留镇远府,管属各长官司。合无[13]准其所奏。数[14]内土官同知、判官,量改镇远、施秉二长官司正副长官等职,系行在兵部掌行除行定夺[15]外,缘[16]土官知州何瑄[17],系从五品,本府止有同知系正品[18],别无从五品职事,未敢定夺。乃裁革本州流官知州梁埠、吏目胡焘,并印信合当取回,吏典[19]合当从改拨。正统三年五月,奉圣旨:"土官知州何瑄,不为例,着做镇远府同知。其余的准议。钦此。"天顺四年九月,患疾。长畏[20]何斌替职。天顺五年六月,奉圣旨:"是。钦此。"故。五年,长男何麒应袭。本年十月,准行令何麒就彼冠带承袭。故。庶男何鲁承袭,就彼冠带,本舍自祖不曾开世袭字样。弘治十六年十月,奉圣旨:"何鲁,准他袭。钦此。"故。长男何承宗应袭父职,本部看得,本舍自父祖授官承袭以来,原无开有世袭字样等因题,奉圣旨:"准他袭。钦此。"

【注释】

[1]镇远府:明代府名,治所在今贵州镇远。《明史·地理志·贵州》:"镇远府,元镇远府,属思州安抚司。洪武四年降为镇远州,属思南宣慰司。五年六月直隶湖广。永乐十一年二月置镇远府于州治,属贵州布政司。正统三年五月省州入焉。领县二,长官司三。西距布政司五百三十里。"

［2］思南宣慰使司：明代土司机构名，治所在今贵州思南，后改思南府。镇远州：明代州名，在今贵州镇远。镇远金容金达蛮夷长官司：明代土司机构名，为镇远州的前身。《明史·土司列传·贵州土司》："镇远，故为竖眼大田溪洞。元初，置镇远沿边溪洞招讨使，后改为镇远府。洪武五年改为州，隶湖广。永乐十一年仍改府，属贵州。领长官司二：曰遍桥，曰邛水十五洞。领县二：曰镇远，即金容金达、杨溪公俄二长官司地。……弘治十年，改镇远金容金达长官司为镇远州，设流官。"

［3］曾祖何信甫，前原任高舟洞长官：按《贵州通志·土司志·镇远府土同知》所载与此有异："宋时，何永寿以功授高丹洞正长官。三传至信辅，以功授镇远军民宣抚司。""信甫"作"信辅"，"高舟"作"高丹"。又："前原"应为"前元"之误。前元，指元朝。

［4］洪武三十五年：实为建文四年（1402）。

［5］镇远州存留，新设镇远府：此语应有误，既与前句"该贵州镇远府镇远州吏目"一语不符，亦与下文"欲将镇远州裁革，存留镇远府"之语矛盾。

［6］对品：按照原来的官职品级。

［7］乞取回部：请求吏部调回。

［8］委的：确实是。

［9］乞敕：请求得到有关此事的敕令。

［10］量改：酌情改任。

［11］佐二官：应为"佐贰官"，正长官的副手。

［12］施秉：地名，在今贵州施秉，明代在此地先设蛮夷长官司，后改县。

［13］合无：是否。

［14］数：指开列的官员名单。

［15］系行在兵部掌行除行定夺：是由南京兵部掌管执行这些官员的职务变动。

［16］缘：因为。

［17］何瑄：《贵州通志·土司志·镇远府土同知》作何宣："信辅子九升，于明洪武三年以功授金容金达蛮夷长官司。子济承袭，以功授镇远州土知州。弟宣承袭，正统四年改州设府，改授镇远府土同知。"

［18］正品：指正五品。

［19］吏典：吏目、典史，州县属官名称。

[20]长畏:应为"长男"之误。

镇远府通判[1]

杨从礼[2],思南宣使司[3]镇远州镇远金容金达蛮夷长官司土官籍,授前代忠翊校慰[4],镇远州同知。病故。男杨忠顺,授前代忠勇校慰[5],镇远州同知。洪武五年,改设镇远州世袭同知。男杨思恭,于二十三年九月十九日袭职。患疾。宣慰田大雅举杨政麒系嫡长男,保送到部。洪武三十二年[6]正月,准袭。患病。长男杨永泰,保袭间故。杨政麒次男杨永宁,带领永泰次男杨瑄,赴京承袭。杨永宁奏称,要照知州何瑄改升同知事[7]例,令侄杨瑄袭任镇远府佐二官[8]。该兵部议拟,正统七年十一月奉圣旨:"杨瑄着做镇远通判。不为例。钦此。"正统十四年,杨瑄杀贼有功,升从五品[9]。成化二年,调领民兵征进茅坪[10]等处,阵亡。未有儿男,保送亲叔永宁嫡长男杨裕。袭替间,杨瑄妾赵氏生子杨复生,仍保杨裕借袭。三年十二月,题准行令杨裕就彼冠带,借袭堂兄杨瑄土官通判,候杨复生长成,照旧承袭。弘治三年,杨裕退还通判职事,已故通判杨瑄庶长男杨复生应袭。弘治三年五月,奉圣旨:"是。钦此。"故。亲男杨蕃该袭,查得本舍自祖以来,不曾开有世袭字样。嘉靖元年十一月,奉圣旨:"是,准他袭。钦此。"故。嘉靖十五年五月,亲弟杨薰应袭,查得本舍自祖以来,不曾开有世袭字样。本月初四日,奉圣旨:"准他袭。钦此。"

【注释】

[1]通判:知府的副手之一,官级低于同知。

[2]杨从礼:按《贵州通志·土司志·镇远府土通判》称杨从礼为宋代人且明初仍得授官:"宋时,杨从礼以功授节度同知。明洪武元年,改授镇远州同知。累传至瑄,于正统四年改州设府,改授镇远府土通判。"应有误。

[3]思南宣使司:应为"思南宣慰使司",漏字。

[4]前代:指元代。忠翊校慰:应为"忠翊校尉"之误。忠翊校尉:元代散官名号。

[5]忠勇校慰:应为"忠勇校尉"之误。忠勇校尉:元代散官名号。

[6]洪武三十二年:实为建文元年(1399)。

[7]知州何瑄改升同知事:参见上文《镇远府同知》篇。

[8]佐二官:应为"佐贰官"。

[9]升从五品:府通判原为正六品官。

[10]茅坪:地名,在今贵州镇远,明成化间当地苗民曾起事。

推官[1]

杨再华[2],思南宣慰使司镇远州金容金达蛮夷长官司籍,祖土居头目。前元任思州军民宣慰司管军万户[3]。男杨政潮[4],任镇远军民安抚司副使。故。后因本州缺土官流官判官,本司宣慰使田大雅,举保伊男杨通全送部,填任判官。永乐元年四月,奉圣旨:"准他做,只不做世袭。若不守法度时,换了。钦此。"患病。长男杨光胜替职,缘本官不系世袭官员。十四年十二月,奉圣旨:"准他替。钦此。"患病。长男杨昌珪应袭,缘不系世袭官员。宣德十年二月,奉圣旨:"准他替职去管事。钦此。"正统三年,裁革本州衙门,将杨昌珪量改镇远等长官司副长官。未授,病故。将男杨忠,保送替职;杨忠比[5]土官何瑄等改任府官事例,于正统十一年正月,奉圣旨:"杨忠不拘例,着做镇远府推官职事。钦此。"杨忠患疾,男杨钦应袭。成化十三年十一月,题准行令就彼冠带袭职。患病。男举人杨载春应袭。正德四年十二月,奉圣旨:"是,杨载春准他替。钦此。"

【注释】

[1]推官:明代官名,知府属官,掌刑狱,正七品。

[2]杨再华:按《贵州通志·土司志·镇远府土推官》作杨载华:"宋时,杨载华以功授思州军民宣抚司。子正朝,以功授镇远军民副长官,又功加镇远军安抚司佥事。子通全,于元至正十五年改授金容金达等处副长官。至明洪武初,功授镇远州土通判。累传至忠,于正统十一年改授镇远府土推官。"

[3]管军万户:元代军职土官名。

[4]杨政潮:《贵州通志·土司志·镇远府土推官》作杨正朝。

[5]比:依照。

覃韩徧刀水巡检司[1]巡检

陆公阅,思南宣慰使司思印江长官司籍,充思南宣慰使司奏差[2]。洪武七年十一月,本司前宣慰使田任智举保,钦除本司巡检。男陆传应袭,老疾。保侄陆机替袭。正德十一年七月,奉圣旨:"既是土官,准他替。还催保结来。若有虚诈,问罪不饶。钦此。"正统十六年[3],该部题,土舍陆爵高祖陆公阅,父陆玟袭替土舍,陆爵系已故土官陆机亲孙,故舍[4]陆玟亲男。为照[5]陆爵,祖、父故后十年之外,既经守巡比册无碍[6],但本舍自祖以来,不曾开有世袭字样。题,奉钦依:"准他袭,仍不世袭。钦此。"

【注释】

[1]覃韩徧刀水巡检司:明代土司机构名,在今贵州镇远。《蛮司合志·贵州》:"镇远府同知一,通判一,推官一,司狱一,安顺州同知一,普安州判官一;婺州县知县一,县丞一;曹沙渡、瓮城河、盘江、谷龙、的成河、覃韩徧刀水、都儒五堡三坑巡检七。"

[2]奏差:跑京城等地办事的小差官。

[3]正统十六年:此误,正统年号只有十四年,无十六年。

[4]故舍:已故土舍。

[5]为照:同"照得",公文用语,意为"查得"。

[6]守巡:镇守太监、巡按御史。比册无碍:对照档案证明没有差错。

新添卫新添长官司瓮城河[1]土官巡检

罗补孟,原系本处土人。正统十四年,贼首阿抱等伪称蛮王反叛,男罗信,潜从山箐偷路[2],告讨救兵,领副总兵田都督榜[3],起集民夫,采木搭盖瓮城河桥梁,节次随军敌贼,斩获首级解官。景泰二年,总督军务侍郎侯琎[4]题,钦依升授土官巡检职事,专守瓮城河巡捕。伤故。男罗澄应袭,成化十四年正月,奉圣旨:"罗澄,准袭他父原职。钦此。"

【注释】

[1]新添卫:明代卫所名,在今贵州贵定。《明史·土司列传·贵州土司》:"新添卫,故麦新地也。宋时克麦新地,乃改为新添。元置新添葛蛮安抚司。洪武四年置长官司。二十三年改为卫。二十九年置新添卫军民指挥使司,领长官司五:曰新添,曰小平伐,曰把平寨,曰丹平,曰丹行。"新添长官司:明代土司机构名,在今贵州贵定。《贵州通志·土司志·新添长官司》:"唐时,宋景阳功授大万谷总管,历宋、元。至明洪武五年,改授新添正长官。"瓮城河:地名,在今贵州贵定,明代在其地设土巡检司。《明史·地理志·贵州》:"新添长官司,倚,洪武四年置。东有凭虚洞,一名猪母洞。西北有清水江。西南有瓮城河,有瓮城河土巡检司。"

[2]山箐(qìng):山地密林。偷路:偷跑。

[3]榜:榜文;告示。

[4]侯琎:明代山西泽州人,宣德二年进士,历官兵部侍郎、兵部尚书等。

宣慰司谷龙巡检司[1] 土官巡检

宋海,先充头目。正统十四年,贵州诸夷反叛,宋海领兵,亲杀首级六颗。景泰元年,攻克光翁、羊场[2]等处寨,共杀首级五颗。总督军务侍郎侯琎奏准,将宋海授巡检,就领所管原寨人民,守谷龙一带地方,巡捕盗贼。天顺四年患病。的长男[3]宋权,题准承替,照旧守把谷龙等处路口,巡捕盗贼。老疾。嫡次男宋辉应袭,弘治十一年十月,奉圣旨:"是,准他替。钦此。"

【注释】

[1]宣慰司:指贵州宣慰使司(名称如此,并非省级宣慰使司),治所在今贵州贵阳。《明史·地理志·贵州》:"贵州宣慰使司,元改顺元路军民安抚司置,属湖广行省。洪武五年正月属四川行省,九年六月属四川布政司。永乐十一年二月来属。有沙溪、的澄河二巡检司,又有黄沙渡、龙谷二土巡检司。领长官司七。"谷龙巡检司:应为"龙谷巡检司",明代土司机构名,在今贵州龙里。

[2]光翁、羊场:皆为明代贵州地名。光翁未详。羊场在今贵州开阳,其地设有土司。《贵州通志·土司志·羊场长官司》:"明洪武三十二年,郭九龄以征蛮功授羊场长官司。"

[3]的长男:应为"嫡长男"之误。

的澄河巡检司[1] 巡检

刘枢,原系贵竹长官司[2]土民。正统十四年,洪江邛水[3]贼寇反叛,指挥张贵招谕民兵。将男刘仲成等充总甲[4],刘枢及弟刘机等充当敢勇[5],随同张贵杀贼。刘枢节次[6]杀贼有功。景泰二年,总督侍郎侯琎等奏准,将刘枢授的澄河巡检职事,着令守把隘口,巡捕盗贼。故。男刘炎,成化十七年十月,奉圣旨:"刘炎准做土官巡检。钦此。"故。男刘坤,弘治十二年七月,奉圣旨:"是,准他袭。钦此。"

【注释】

[1]的澄河巡检司:明代土司机构名,在今贵州贵阳。《明史·地理志·贵州》:"贵州宣慰使司……有沙溪、的澄河二巡检司。"

[2]贵竹长官司:明代土司机构名,属贵阳府,在今贵州贵阳。《明史·土司列传·贵州土司》:"贵阳府,旧为程番长官司,洪武初,置贵州宣慰司,隶四川。永乐十一年改隶贵州。成化十二年置程番府。隆庆三年移程番府为贵阳府,与宣慰司同城,府辖城北,司辖城南。万历时,改为贵阳军民府。领安抚司一,曰金筑;领长官司十八,曰贵竹,曰麻向,……,曰平伐。"

[3]洪江:地名,在今贵州施秉。邛水:指邛水十五洞蛮夷长官司,明代土司机构名,在今贵州施秉。《明史·地理志·贵州》:"施秉府,西南,本施秉蛮夷长官司,洪武五年置,属思南宣慰司。永乐十二年三月属州。正统九年七月改为县。天启元年四月省。崇祯四年十一月复置。南有洪江,即镇阳江。……邛水十五洞蛮夷长官司,府东。元邛水县。洪武五年改置团罗、得民、晓隘、陂带、邛水五长官司,属思州宣慰司。二十九年以四司并入邛水司,属思南宣慰司。永乐十二年三月属府。"

[4]总甲:民团头目名。

[5]敢勇:敢死队员。

[6]节次:连续几次。

永宁州盘江巡检司[1]巡检

李阿康,洪武年间充普安路[2]把事。故。男李阿定,承充把事。故。永乐十四年,改设普安州[3],将男李夸仍充把事。正统三年,跟随土官隆本等征进麓川等处,节次杀贼有功。总督侍郎侯琎,奏准升授永宁州盘江巡检司巡检[4],不世袭,仍管本州把事,专一捕盗,不管司事。故。男李安,患疾,嫡长男李英应袭祖职。成化十八年八月,奉圣旨:"李英准做巡检,不世袭。钦此。"

【注释】

[1]永宁州:明代州名,在今贵州关岭。《明史·地理志·贵州》:"永宁州,元以打罕夷地置,属普定路。洪武十五年三月属普定府。二十五年八月属普定卫,后侨治卫城。正统三年八月直隶贵州布政司。嘉靖十一年三月徙州治关索岭守御千户所城。万历三十年九月属府。……西有北盘江,自普安州流入,有盘江河巡检司。东北距府一百二十里。"盘江巡检司:明代土司机构名,在今贵州关岭。

[2]普安路:元代路名,治所在今贵州盘县。明初改普安府。

[3]普安州:明代州名,在今贵州盘县。《明史·地理志·贵州》:"普安州,本贡宁安抚司,建文中置,属普安军民府。永乐元年正月改普安安抚司,属四川布政司。十三年十二月改为州,直隶贵州布政司。万历十四年二月徙治普安卫城,三十年九月属府。"

[4]正统三年……奏准升授永宁州盘江巡检司巡检:按《贵州通志·土司志·盘江土巡检》云:"明洪武八年,李当以功授盘江土巡检。"所载盘江巡检司设置时间及首任土巡检姓名均与此处内容有异。

普安州判官

隆礼,始祖金龙,任元普安路军民总管府怀远大将军,升曲靖宣慰司[1]。故。始,祖母适恭,率部夷民首先归附。洪武十六年,授普安军民府知府世袭。故。高伯祖普旦袭,故。高伯祖者昌,三十二年[2]袭,授贡宁安抚司[3]安抚,改设衙门任事。调征新添等处,杀贼有功,故。永乐元年,曾祖慈长袭,改设普安安抚司。永乐十四年,改设普安州。祖隆本,宣德八年袭本州土官判官。后征麓川有功,正统五年升本州同知。伯父隆德,先故。次伯父隆寿袭,故。三伯父隆赛,未袭故。俱无嗣。父隆畅,系祖隆本第四男。成化三年,袭本州土官判官。患病。嫡次男隆礼应袭,查得父原袭土官判官,俱不曾开有世袭字样。成化二十二年五月,奉圣旨:"隆礼准做本州土官判官。钦此。"弘治十五年,题开已故土官判官隆畅、隆礼,被贼杀死,止有隆畅妾适擦同女阿铎见在,就彼承袭,候伊女袭替,阿铎身终,另行[4]。奉圣旨:"是,着就彼袭职。钦此。"

【注释】

[1]曲靖宣慰司:指曲靖宣慰使司宣慰使,元代土官名,辖地在今云南曲靖一带。

[2]三十二年:洪武三十二年,实为建文元年(1399)。

[3]贡宁安抚司:即贡宁安抚使司,明代土司机构名,普安州的前身,在今贵州盘县。《明史·地理志·贵州》:"普安州,本贡宁安抚司。"

[4]另行:另作安排。

黄沙渡巡检司[1] 土官巡检

黎彬,永乐年间充办事人,征进清水江[2]等处,杀贼有功。故。宣德年间,男黎通率领夷兵,往来哨捕蛮贼。正统十四年,总兵官方瑛仰[3]黎通,会合指挥张贵,节次杀贼。巡抚贵州、大理寺右寺丞王询[4]等,议得黎通招抚寨民,杀贼有功,奏准黎通填注黄沙渡巡检司土官巡检。故。男黎谌,成化十年十一月奉圣旨:"黎谌着做土官巡检,不世袭。钦此。"故,绝。嘉靖十六年三月,弟黎诜、男黎完借袭,候[5]侄黎元麟(系黎谌长侄孙)出幼,袭。

【注释】

[1]黄沙渡巡检司:明代土司机构名,在今贵州贵阳。《明史·地理志·贵州》:"贵州宣慰使司,……有沙溪、的澄河二巡检司,又有黄沙渡、龙谷二土巡检司。"

［2］清水江：水名，在今贵州贵定一带。《明史·地理志·贵州》："新添长官司，倚，洪武四年置。东有凭虚洞，一名猪母洞。西北有清水江。西南有瓮城河，有瓮城河土巡检司。"明成化间此地有苗民起事。

［3］仰：命令。

［4］王询：明代山东曹县人，成化五年进士，历官贵州巡抚、南京都察院右副都御史等。

［5］侯：为"候"之误，等候。

思南宣慰使司司狱司[1]司狱

曹克敬，思南宣慰使司思印江长官司土民。祖父曹伯玉，父曹承泽，积祖[2]充宣慰司头目。洪武三十一年故[3]，克敬接充头目。本司司狱程汝良故，伊男程存仁，见任[4]思南千户所[5]。镇抚缺官，宣慰田大雅举保，奉勘起取赴部[6]。永乐二年四月奉圣旨："着他做。钦此。"

【注释】

［1］司狱司：土司机构中管理监狱事务的部门。

［2］积祖：祖上以来。

［3］洪武三十一年故：应指曹承泽死。

［4］见任：通"现任"。

［5］千户所：军事机构名，长官为千户。

［6］奉勘起取赴部：奉命勘察合格前往吏部待选。

湖广

永顺军民宣慰使司上溪州[1]知州

张友谅[2]，永顺军民宣慰使司上溪州永顺白岩峒[3]村人。已故知州彭义，保土民张麦直踵。次男甲辰，年方一岁，出继与伯父、白岩峒长官张金隆为男。后本官病故。洪武九年，就袭伯父长官司职事。知州彭义保，洪武三年，除授知州[4]。故。宣慰使彭添，保举友谅归宗[5]，袭父知州。永乐三年三月，奉圣旨："既这等保结来了，张友谅着他做知州。行文书，着他就那到任。钦此。"正德十四年五月，本部题，据湖广布政司奏，土官知州张宗保射伤病疾。亲男张大本该袭到部，本舍自祖以来，俱无世袭字样。奏，奉圣旨："准他袭。钦此。"

【注释】

[1]永顺军民宣慰使司：明代土司机构名，治所在今湖南永顺。《明史·地理志·湖广》："永顺军民宣慰使司，元至元中置永顺路，后改永顺保靖南渭安抚司，至大三年四月改永顺等处军民安抚司，至正十一年四月升宣抚司，属四川行省。洪武二年为州，十二月置永顺军民安抚司。六年十二月升军民宣慰使司，属湖广行省，寻改属都司。西南有水溪，即酉水也，下流入沅陵县界。领州三，长官司六。东北距布政司二千里。"上溪州：明代州名，在今湖南永顺。

[2]张友谅：从文中表述看，未知此人身份。本则文字表述混乱，人物关系不清。

[3]白岩峒：地名，亦作白崖峒，在今湖南永顺。明代在此设长官司。

[4]知州彭义保，洪武三年，除授知州：从行文看，此处所说得"除授知州"的人应是张甲辰。然而文意矛盾不通：知州彭义本人尚在职，为何要保举张甲辰或张麦直踵这些别姓的人来取代自己？而且这张甲辰已经袭任其伯父的土官职务，岂能又任知州？

[5]保举友谅归宗：此语亦不知所云。前文称过继给伯父当儿子的人是张甲辰，未见提及张友谅，张友谅何来"归宗"之说？而且张甲辰过继给伯父，仍在宗族之内，亦无须归宗。或者张友谅是前文提及的张麦直踵的儿子，然而这样一来，张友谅"归宗"之说更难成立。

湖 广　285

南渭州[1]知州

彭什才,有祖父驴总可宜,原系土民头目,归附,授本州知州。故。洪武三年,令父彭万满袭。二十三年,为夏得中等作耗,总兵官将本官擒获在阵,身故。什才年幼,已故宣慰司彭添,将本州印信拘收[2]掌管。三十四年[3],将印信与什才署事。若便将本州印信拘送,诚恐土民惊疑,如梦[4]将印信与人户存留,仍令已故知州彭万满嫡长亲男彭什才承袭,掌管土民,便益[5]。永乐九年十一月,奉圣旨:"准他,着彭什才做南渭州知州。钦此。"弘治十五年七月,题湖广都司[6]会奏,南渭州知州病故,彭靖系借职,曾孙彭定;上溪州知州张信病故,孙男张宗保;施溶州知州田旺病故,孙男田广,各相应就彼承袭。但各土舍祖授,俱不开世袭字样。奉圣旨:"各准袭土官知州职事。钦此。"故。孙男彭良诚,正德十年七月奏袭,查本舍自祖以来,不曾开有世袭字样。奏,奉圣旨:"是,各准承袭父祖原职。钦此。"

【注释】

[1]南渭州:明代州名,属永顺军民宣慰使司,在今湖南永顺。

[2]拘收:扣留。

[3]三十四年:洪武三十四年,实为建文三年(1401)。

[4]如梦:按照梦中的指示。然而这所谓"如梦"指何事,前文并无交代。

[5]便益:便利而有益。

[6]湖广都司:指湖广都指挥使司。南渭州等几个州隶属于永顺军民宣慰使司,宣慰使司是武职土官,所以这几州土官的承袭事由都指挥使司申报。

施溶州[1]知州

　　田金隆,本州祖居。洪武三年,授本州知州,故。男田健隆,蒙宣慰使司着令承袭署事。故。宣慰司彭添,就令健贤署事,不曾实授。布政司奏保田健贤,的系田金隆亲孙,例袭。查得田健贤、田金隆,不曾申达奏请[2],擅称知州职名,合行取问[3]。永乐九年十月,奉圣旨:"着田健贤袭知州了罢。行文书去,着他知道,再这等时[4],不饶。钦此。"故。男田旺,无三司保结。正统元年闰六月,奉圣旨:"既是洪武、永乐年间有这等事例,田旺也准他袭职回去。还行文书去,着湖广三司官吏将保[5]缴来。钦此。"故。男田润奏袭。弘治十五年,节次行勘[6],未报。正德十年,本部题,湖广布政司奏已故土官知州田广男田贵该袭,连人到部。本舍自祖以来,不曾开有世袭字样。奏,奉圣旨:"是,各准承袭父祖原职。钦此。"

【注释】

[1]施溶州:明代州名,隶属永顺军民宣慰使司,在今湖南永顺。

[2]申达奏请:奏报朝廷请求授职。

[3]合行取问:应该捉拿审问。

[4]再这等时:如果再有这样的行为。

[5]保:保结。担保文书。

[6]节次行勘:几次下令勘查。

广东

广州府新设龙门县龙门巡检司[1]土官副巡检

黄宗诚,系土人。该镇巡[2]会奏,土人黄宗诚,堪任副巡检。弘治九年八月,奉圣旨:"是。钦此。"

【注释】

[1]龙门县:明代县名,在今广东龙门。《明史·地理志·广东广州府》:"龙门,府东。弘治六年以增城县七星冈置,析博罗县地益之。南有龙门水,亦曰九淋水,流入东江。东有上龙门巡检司。"龙门巡检司:明代土司机构名,在今广东龙门。

[2]该镇巡:指广东镇守太监和巡按御史。

附录

附录一

《四库全书·土官底簿》提要[1]

  臣等谨案:《土官底簿》二卷,原本不题撰人姓名,朱彝尊跋但云抄之海盐郑氏[2],亦不言作者为何人。凡明正德以前[3]云贵诸省土司爵氏因袭[4],皆载焉。观其命名与缮写之式,疑当时案牍之文[5],而好事者录存之也。所载云南百五十一家,广西百六十七家,四川二十四家,贵州一十五家,湖广五家,广东一家,共三百六十三家[6]。其官虽世及[7],而请袭之时,必以"并无世袭"之文上请;所奉进止[8],亦必以"姑准任事仍不世袭"为词。欲以是[9]示驾驭之权,盖其相沿体式如此。

  明自中叶而后,抚绥[10]失宜,威柄日弛[11],诸土司叛服不常[12],仅能羁縻勿绝[13]。我国家声灵赫濯[14],蛮服向风[15]。逆命者必诛,奉职者蒙赏。旧籍所载,大半皆已改土归流[16]。其存者亦无不革心顺化[17],比于郡县[18]。书中所列,乃前代一时苟且[19]之制,本不足道;然《明史·土司列传》只记其征伐刑政[20]之大端[21],而于支派[22]本末,未能具晰[23]。是编[24]词虽俚浅,而建置源委[25],一一可征[26]。存之亦有足资考证者焉。

  乾隆四十二年三月恭校上。
  总纂官臣纪昀[27]、臣陆锡熊[28]、臣孙士毅[29];
  总校官臣陆费墀[30]。

【注释】

  [1]见台湾商务印书馆影印版文渊阁《四库全书》第599册《史部》十二《职官类一·官制之属》。
  [2]朱彝尊跋但云抄之海盐郑氏:参见下文《土官底簿跋》篇注释。
  [3]正德以前:此语不确。《土官底簿》内容的时间下限在明嘉靖间。

[4]爵氏:封爵与姓氏。因袭:传位与继承。

[5]案牍之文:公文;官府文书。

[6]所载云南百五十一家……共三百六十三家:此处所列各省土司"家"数,并不准确。参见前言。

[7]世及:世袭。

[8]进止:命令;圣旨。

[9]是:这种方式。

[10]抚绥:安抚土司以保持局势稳定的政策。

[11]威柄:威权;掌控局势的能力。日弛:一天天衰微。

[12]叛服:或叛乱或服从。不常:不稳定。

[13]羁縻勿绝:维持基本的羁縻政策,不至于关系完全破裂。羁縻:指朝廷笼络土官的政策。

[14]声灵:声势威灵。赫濯:显赫威严。

[15]蛮服向风:蛮夷闻风归顺。

[16]改土归流:将土司治理改为由朝廷派出流官治理。

[17]革心:改正错误思想。顺化:顺服感化。

[18]比于郡县:与普通州县相同。

[19]苟且:缺乏远见,只顾眼前。

[20]刑政:刑法政令。

[21]大端:重点内容。

[22]支派:土司家族的宗派分支。

[23]具晰:全都清晰记载。

[24]是编:这本书。指《土官底簿》。

[25]建置:指土司机构的设置。源委:缘由;由来。

[26]征:征引;考证。

[27]纪昀:清代直隶献县人,乾隆十九年进士,官至礼部尚书、协办大学士,卒谥"文达";《四库全书》的主要编纂者;著有《纪文达公文集》《阅微草堂笔记》等。

[28]陆锡熊:清代江苏上海人,乾隆二十六年进士,官至左副都御史;《四库全书》总纂官

之一;著有《篁村诗抄》《宝奎堂文集》等。

　　[29]孙士毅:清代浙江仁和人,乾隆二十六年进士,官至总督;《四库全书》总纂官之一;著有《百一山房集》等。

　　[30]陆费墀:清代浙江桐乡人,乾隆三十一年进士,官至礼部侍郎;《四库全书》总校官;著有《枝荫阁诗文集》等。

附录二

《土官底簿》跋

　　《土官底簿》二册，未详撰人姓氏，海盐郑氏[1]藏书也。按《禹贡》[2]："三百里蛮[3]。"《书·旅獒》《周官礼·职方氏》《戴记·明堂位》称八蛮[4]，《尔雅》称六蛮[5]。其种[6]，曰黎[7]，曰狫[8]，曰狑，曰獠，曰獞。各有大姓，为之雄长[9]。明制[10]，仿元旧事[11]，分设官吏[12]，立宣慰、招讨、安抚、长官[13]四司，云南百五十一员，广西百六十七员，四川二十四员，贵州一十五员，湖广五员，广东一员。初隶验封[14]，后以其半隶武选[15]。嘉靖中，申明旧典[16]，验封者布政司[17]领之，隶武选者都指挥使[18]领之。文武相维[19]，羁縻有术[20]。虽间有不靖[21]，旋[22]即削平。瀇泽沾濡[23]，久而渐知向学[24]。若黔之宋氏昆友[25]，滇之木氏祖孙[26]，各著诗文，刊有私集[27]。以雅以南[28]，昧任侏离[29]。明之声教[30]远矣！予在史馆[31]，劝立土司传[32]，以补前史所未有。毛检讨大可是予言[33]，撰《蛮司合志》[34]。因以是编[35]，资其[36]采择焉。秀水朱彝尊[37]跋。

【注释】

　　[1]海盐：清代县名，在今浙江海盐县。郑氏：未详具体指何人。

　　[2]《禹贡》：《尚书》中的一篇。

　　[3]三百里蛮：《尚书·禹贡》："三百里蛮，二百里流。"意为距离国都最远的"荒服"（"五服"之末）地方，广五百里，其中三百里为蛮人所居。出此。蛮：古时对南方少数民族的称谓。

　　[4]《书·旅獒》：《书》指《尚书》，儒家经典之一。《旅獒》是其中的一篇。《周官礼·职方氏》：《周官礼》指《周礼》，儒家经典之一。因其中有《春官》《夏官》《秋官》《冬官》等篇名，故亦称"周官礼"。"职方氏"是《夏官》中的一段。《戴记·明堂位》：《戴记》指《大戴礼记》。《大戴礼记》是汉代学者戴德的著作，其中有"明堂之位曰"一段。八蛮：泛指蛮人种类繁多。"八"非实数。《书·旅獒》《周官礼·职方氏》《戴记·明堂位》称八蛮：按，《尚书》和《周礼》都有"八

蛮"的记载。《尚书·旅獒》:"惟克商,遂通道于九夷八蛮。"《周礼·夏官·职方氏》:"职方氏:掌天下之图,以掌天下之地,辨其邦国、都鄙、四夷、八蛮、七闽、九貉、五戎、六狄之人民与其财用。"指此。但朱彝尊此处所说"《戴记·明堂位》"称八蛮之事,则未见。《大戴礼记》"明堂之位曰"一段并无"八蛮"内容。

[5]《尔雅》称六蛮:《尔雅》是一种古文献,儒家经典之一。其中有:"九夷、八狄、七戎、六蛮,谓之四海。"典出此。"六蛮"与上文的"八蛮"义同。

[6]种:种类。

[7]黎:黎人。今为黎族。

[8]犵(gē):与后面的狑(líng)、獠(lǎo)、獞(zhuàng),均为古代南方少数民族名。字加"犭"旁,是古代通行的对少数民族的歧视性惯例。按:古代南方少数民族众多,分类情况复杂,并不如此处朱彝尊所说分为五类这么简单,实际上彼此间不易明确区分,亦难以与今之某民族一一对应。古文献相关记载亦不一致。例如:宋陆游《老学庵笔记》卷四:"辰、沅、靖州蛮有犵狑,有犵獠,有犵㹿,有犵㺄,有山猺,俗亦土著,外愚内黠,皆焚山而耕,所种粟豆而已。食不足则猎野兽,至烧龟蛇啖之。"明田汝成《炎徼纪闻·蛮夷》:"犵狫一曰犵獠,其种有五,蓬头赤脚,矫而善奔,轻命而死党,触之则麇沸而起。得人片肉卮酒,即捐躯与之,蹈奔汤火。以布一幅横围腰间,傍无襞积,谓之桶裙,男女同制。花布者为花犵狫,红布者为红犵狫,各有族属,不通婚姻。殁死有棺而不葬,置之厓穴间,高者绝地千尺,或临大河,不施蔽盖,以木主若圭罗树其侧,号曰家亲。殿在平伐者为打牙。犵狫栗悍尤甚,善敛百物之毒以染箭刃,当人立死,触其气者亦死。……犺狫,其俗与犵狫略同。"清毛奇龄《蛮司合志》卷一:"其地踞湖、贵、川、云、两广六省。自巴、夔上下,迤及海峤数万里,溪峒箐篁之中,曰犵、曰狑、曰獠、曰猺、曰獞,凡数十种。"

[9]雄长:称雄者;首领。

[10]明制:指明代的少数民族管理制度。

[11]旧事:旧制度。

[12]分设官吏:指在少数民族地区设立官职。

[13]宣慰、招讨、安抚、长官:指宣慰司、招讨司、安抚司、长官司,皆为明代土司机构名。按:土官之名号尚有多种。

[14]初隶验封:最初隶属于验封司管辖。验封:验封司,朝廷吏部的一个司,掌管封爵、世

职、恩荫、请封等事务。

[15]武选:朝廷兵部的一个司,掌管武将调动、安排等事务。某些土司机构属军事性质,故拨归兵部管理。

[16]申明旧典:重新明确先前的制度。

[17]布政司:布政使司,明代主管一省行政事务的官署。

[18]都指挥使:明代高级军官名,为一省最高军事长官。

[19]相维:互相维系。

[20]羁縻有术:指在笼络少数民族方面有良好策略。羁縻:从汉代开始朝廷对少数民族实施的一种政策。要点是,将少数民族地区纳入国家版图,当地一切事务仍由原来的少数民族首领管理,由中央政府给他们授予新的官职,履行一些规定义务。

[21]虽间有不靖:即使偶然有一些土司叛乱不安宁。

[22]旋:随即;不久。

[23]濊(huì)泽沾濡:深广的恩泽使得民众普遍受惠。濊:深广;广大。

[24]向学:学习文化知识。

[25]黔之宋氏昆友:贵州的土官宋氏兄弟。明代贵州宋氏土司有宋昂、宋昱兄弟等。

[26]滇之木氏祖孙:云南的土官木氏父子祖孙。明清时期,云南丽江木氏土司中有木公、木太、木增、木青等人,皆能诗文。

[27]刊有私集:刻印有个人诗文集。按:明代贵州宋氏土司中,宋昂、宋昱兄弟著有《联芳文集》(亦名《联芳类稿》);云南木氏土司中,木公有《雪山始音》《隐园春兴》《万松吟卷》《庚子稿》《仙楼琼华》,木青有《玉水清音》,木增有《山中逸趣》《芝山云薖集》《云薖淡墨》《啸月堂空翠居集》《隐居十记》等,皆诗文集。

[28]以雅以南:开始演奏雅乐和南乐。喻指受到先进文化的熏陶。雅、南,雅乐和南乐,皆指正统的音乐。典出《诗经·小雅·鼓钟》:"鼓钟钦钦,鼓瑟鼓琴,笙磬同音。以雅以南,以龠不僭。"

[29]眛任侏离:意为代替了原先的夷人乐曲。眛任:典出晋左思《三都赋》:"鞮鞻所掌之音,鞻眛任禁之曲。以娱四夷之君,以睦八荒之俗。"侏离:典出《周礼》"娄氏掌四夷之乐与其声歌"郑注:"四夷之乐,……南方曰任,西方曰侏离。"

[30]声教:声威与教化。

[31]予在史馆:朱彝尊任翰林院检讨时曾参与《明史》的纂修工作。

[32]土司传:《明史》有《土司列传》。

[33]毛检讨大可:指毛奇龄。毛奇龄,字大可,清初浙江萧山人,康熙时荐举博学鸿词科,授翰林院检讨,充明史馆纂修官,著名学者,著述甚多。是予言:赞同我的话。

[34]《蛮司合志》:毛奇龄的一种史志著作,记叙土司历史。

[35]是编:这本书。指《土官底簿》。

[36]资其:提供给他。

[37]秀水:清代县名,在今浙江嘉兴市。朱彝尊:清初浙江秀水人,康熙时荐举博学鸿词科,授翰林院检讨,参与纂修《明史》,著名文学家、学者,著述甚多。